Münz/Nefzger
HTML & Web-Publishing Handbuch

Stefan Münz/Wolfgang Nefzger

HTML &
Web-Publishing
Handbuch

HTML 4.01 - XHTML 1.0/1.1 - JavaScript - DHTML - CSS

Mit 285 Abbildungen

Franzis'

Die Deutsche Bibliothek – CIP-Einheitsaufnahme

Ein Titeldatensatz für diese Publikation
ist bei der Deutschen Biliothek erhältlich

© 2002 Franzis´ Verlag GmbH, 85586 Poing

Alle Rechte vorbehalten, auch die der fotomechanischen Wiedergabe und der
Speicherung in elektronischen Medien.
Die meisten Produktbezeichnungen von Hard- und Software sowie Firmennamen und
Firmenlogos, die in diesem Werk genannt werden, sind in der Regel gleichzeitig auch
eingetragene Warenzeichen und sollten als solche betrachtet werden. Der Verlag folgt
bei den Produktbezeichnungen im wesentlichen den Schreibweisen der Hersteller.

Cover: www.adverma.de
Satz: DTP-Satz A. Kugge, München
Druck: Bercker, 47623 Kevelaer
Printed in Germany - Imprimé en Allemagne

ISBN 3-7723-7515-4

Vorwort

Das Gebiet der Web-Technologien – also der Sprachen, Übertragungsprotokolle und Schnittstellen, die dafür sorgen, dass Web-Seiten ins Browser-Fenster des Anwenders gelangen – ist mittlerweile unübersehbar groß. Einige davon bauen aufeinander auf, andere konkurrieren miteinander. Neueinsteiger stellen deshalb häufig Fragen wie die, womit sie eigentlich anfangen sollen, welche Sprachen zu lernen sich am ehesten lohnt, in welcher Reihenfolge man vorgehen sollte usw.

Fast ebenso unübersehbar wie das Gebiet der Web-Technologien ist mittlerweile aber auch das Angebot an Einzelpublikationen zu bestimmten Technologien. Angesichts dieser Situation ist es wichtig, den Überblick zu behalten. Zusammenhänge zwischen den einzelnen Web-Technologien müssen verstanden werden, grundlegende Unterschiede wie der zwischen serverseitiger und clientseitiger Datenverarbeitung müssen begriffen werden.

Das vorliegende Buch, das in der vollständigen Ausgabe aus zwei Bänden besteht, ist eine Gesamtschau auf die heutige Situation beim Web Publishing. Der erste Band behandelt die Basis-Technologien HTML, CSS Stylesheets und JavaScript/DHTML sowie einführende Abschnitte für Einsteiger. Der zweite Band behandelt weiterführende Technologien wie das Definieren eigener Beschreibungssprachen mit XML und serverseitige Datenverarbeitung mit CGI/Perl. Trotz seines Umfangs kann auch die gesamte zweibändige Ausgabe nicht alles behandeln, was heute verbreitet ist. So werden beispielsweise PHP, die Microsoft-orientierte ASP-Technologie, die neueren JavaServerPages (JSP) oder proprietäre, aber beliebte Themen wie Macromedia Flash ausgeklammert. Dennoch ist das Buch wohl eines der umfassendsten Werke im Bereich der Web-Technologien auf dem Markt. Es richtet sich sowohl an Einsteiger, die Schritt für Schritt in einer empfohlenen Reihenfolge an die beschriebenen Technologien herangeführt werden, als auch an Profis, die eher etwas zum schnellen Nachschlagen benötigen.

Eine Besonderheit dieses Buches ist, dass sein zugrunde liegender Text im Web bereits berühmt und tausendfach verlinkt ist. Das Buch basiert nämlich auf der im Web frei erhältlichen Dokumentation SELFHTML. Diese Dokumentation hat im deutschsprachigen Raum eine siebenstellige Leserzahl, gilt als anerkanntes Lehrwerk an Schulen, Berufsschulen und Universitäten, und ist in vielen Intranets, Web-Agenturen und Software-Schmieden längst zu einer unentbehrlichen Basishilfe geworden. SELFHTML (auf der CD zu diesem Buch enthalten) ist ein Hypertext-Werk, das selbst in HTML geschrieben ist und in mehreren Jahren durch Feedback und anhaltendes Autoreninteresse gereift ist. Viel Anwender-Feedback und die Unterstützung durch engagierte, dem Autor nahe stehende Fachleute sind in den Text mit eingeflossen.

Von dieser Praxisnähe profitiert natürlich auch die Print-Ausgabe. Der Buchinhalt ist keine Auftragsarbeit des herausgebenden Franzis Verlages, sondern eine zeitlich und inhaltlich ungebundene Eigenleistung des Autors und seiner Unterstützer.

Der Autor bedankt sich besonders bei folgenden Personen, die zur inhaltlichen Qualitätssicherung von SELFHTML und damit auch des Textes der beiden Bände dieses Buches mit beigetragen haben:

Antje Hofmann (http://www.pc-anfaenger.de/), Thomas J.Sebestyen (http://www.meta-text.net/), Burkhard Becker (http://www.bubec.de/), Swen Wacker (http://www.mixtura.de/) und André Malo (http://www.o3media.de/).

Der Dank geht ferner an viele andere, die durch Fehlermeldungen, andere Zuarbeiten oder fachlich besonders produktives Engagement im Aktuell-Raum des SELFHTML-Projekts (http://selfaktuell.teamone.de/) dazu beigetragen haben und weiter dazu beitragen, dass das Projekt weiterlebt und damit auch die Basis zur Weiterentwicklung der vorliegenden Print-Ausgabe bilden kann. Genannt werden diese Personen auf den Seiten http://selfaktuell.teamone.de/people/devs.htm und http://selfaktuell.teamone.de/people/devs.htm.

Dank geht ferner an Wolfgang Nefzger, der die Buchumsetzung von SELFHTML besorgte, sowie an den Franzis Verlag, bei dem sich der Autor gut aufgehoben fühlt.

München, im Februar 2002

Stefan Münz

Verwendete Symbole

HTML 2.0 Das beschriebene Feature gehört seit der Version 2.0 zum HTML-Standard.

HTML 3.2 Das beschriebene Feature gehört seit der Version 3.2 zum HTML-Standard.

HTML 4.0 Das beschriebene Feature gehört seit der Version 4.0 zum HTML-Standard.

X HTML 1.0 Das beschriebene Feature gehört zur Version 1.0 des XHTML-Standard.

⚠ Symbol für *deprecated*. Bedeutet, dass das beschriebene Feature noch zum HTML-Standard gehört, in Zukunft jedoch entfallen soll. In der Regel gibt es andere HTML-Elemente oder andere Ergänzungssprachen wie CSS Stylesheets, durch die das entsprechende Feature in Zukunft realisiert werden soll.

CSS 1.0 Das beschriebene Feature gehört seit der Version 1.0 zum CSS-Standard.

CSS 2.0 Das beschriebene Feature gehört seit der Version 2.0 zum CSS-Standard.

XML 1.0 Das beschriebene Feature gehört seit der Version 1.0 zum XML-Standard.

XSLT 1.0 Das beschriebene Feature gehört seit der Version 1.0 zum XSLT-Standard.

XPath 1.0 Das beschriebene Feature gehört seit der Version 1.0 zum XPath-Standard.

DOM 1.0 Das beschriebene Feature gehört seit der Version 1.0 zum DOM-Standard (Document Object Model).

DOM 2.0 Das beschriebene Feature gehört seit der Version 2.0 zum DOM-Standard (Document Object Model).

JS 1.0 Das beschriebene Feature ist seit der Version 1.0 von JavaScript verfügbar.

JS 1.1 Das beschriebene Feature ist seit der Version 1.1 von JavaScript verfügbar.

JS 1.2 Das beschriebene Feature ist seit der Version 1.2 von JavaScript verfügbar.

JS 1.3 Das beschriebene Feature ist seit der Version 1.3 von JavaScript verfügbar.

JS 1.5 Das beschriebene Feature ist seit der Version 1.5 von JavaScript verfügbar.

1.0 Das beschriebene Feature unterstützt der MS Internet Explorer ab Version 1.0.

⚑ 2.0 Das beschriebene Feature unterstützt der MS Internet Explorer ab Version 2.0.

⚑ 3.0 Das beschriebene Feature unterstützt der MS Internet Explorer ab Version 3.0.

⚑ 4.0 Das beschriebene Feature unterstützt der MS Internet Explorer ab Version 4.0.

⚑ 5.0 Das beschriebene Feature unterstützt der MS Internet Explorer ab Version 5.0.

⚑ 5.x Das beschriebene Feature unterstützt der MS Internet Explorer ab Version 5.0 oder 5.5.

N 1.0 Das beschriebene Feature unterstützt Netscape seit Version 1.0.

N 1.1 Das beschriebene Feature unterstützt Netscape seit Version 1.1.

N 2.0 Das beschriebene Feature unterstützt Netscape seit Version 2.0.

N 3.0 Das beschriebene Feature unterstützt Netscape seit Version 3.0.

N 4.0 Das beschriebene Feature unterstützt Netscape seit Version 4.0.

N 4.x Das beschriebene Feature unterstützt Netscape seit Version 4.01, 4.5, 4.6, 4.7.

N 6.0 Das beschriebene Feature unterstützt Netscape seit Version 6.0.

Inhaltsverzeichnis

1   Internet und WWW

1.1   Entstehung des Internet

1.1.1 Das ARPA-Net

Die Ursprünge des heutigen Internet reichen in die 60er Jahre zurück. Es war die Zeit des Kalten Krieges zwischen den beiden Weltmächten USA und UdSSR. Neue Impulse in der Elektronischen Datenverarbeitung (EDV) kamen in jener Zeit hauptsächlich durch militärische Initiativen zustande. Mittlerweile gibt es zwar im Internet Proteste gegen die Auffassung, militärische Interessen hätten das Internet geboren. Das ist insofern berechtigt, als es keine unmittelbare Ursachen-Wirkungs-Verhältnisse gibt. Doch die technologischen Ideen und Entwicklungen der Vorläufernetze kamen definitiv aus dem militärnahen Umfeld in den USA, und es ist deshalb auch nicht verkehrt, das so darzustellen.

Im Department of Defense, dem amerikanischen Verteidigungsministerium, wurde seit den frühen 60er Jahren überlegt, wie man wichtige militärische Daten besser schützen könnte. Selbst bei einem atomaren Angriff des Gegners sollten die Daten nicht zerstört werden können. Als Lösung kam nur ein elektronisches Datennetz in Frage. Die gleichen Daten sollten dabei auf mehreren, weit voneinander entfernten Rechnern abgelegt werden. Bei neuen oder geänderten Daten sollten sich alle angeschlossenen Rechner binnen kürzester Zeit den aktuellen Datenstand zusenden. Jeder Rechner sollte dabei über mehrere Wege mit jedem anderen Rechner kommunizieren können. So würde das Netz auch dann funktionieren, wenn ein einzelner Rechner oder eine bestimmte Leitung durch einen Angriff zerstört würde. So gab die US Air Force 1964 bei der RAND Corporation das so genannte »dezentrale Netzwerk« in Auftrag. Bei dem, was da entwickelt werden sollte, handelt es sich noch nicht um den direkten Vorläufer des heutigen Internet. Nach vielem Hin und Her scheiterte dieses Projekt auch und wurde nie realisiert. Die Idee des »dezentralen Netzwerks« mit der paketweisen Datenübertragung blieb jedoch in den Köpfen hängen.

Die Advanced Research Projects Agency (ARPA), eine seit 1958 bestehende wissenschaftliche Einrichtung, deren Forschungsergebnisse in militärische Zwecke einflossen, entschloss sich 1966 zur Vernetzung der ARPA-eigenen Großrechner. Dabei wurde die Idee des »dezentralen Netzwerks« wieder aufgegriffen. Ende 1969 waren die ersten vier Rechner an das ARPA-Net angeschlossen. Drei Jahre später waren es bereits 40 Rechner. In dieser Zeit war es jedoch das ARPA-eigene Netz. In den ersten Jahren wurde das Netz deshalb auch **ARPA-Net** genannt. Aus ihm sollte später das Internet entwachsen.

Die Geschichte des Internet beginnt also zur Zeit der ersten Mondlandung und in jener Zeit, als die Hippies das Zeitalter des Wassermanns heraufziehen sahen. Informationen zum ARPA-Net im WWW:

*   Defense Advanced Research Projects Agency (DARPA) (*www.arpa.mil/*)

1.1.2 Wissenschaftliche Einrichtungen

Das Prinzip der vernetzten Rechner war aber nicht nur für militärische Zwecke interessant. Man erkannte schnell, dass auch der akademische Betrieb vom ARPA-Net profitieren würde. Für Wissenschaftler war allerdings weniger das Synchronisieren von gleichen Daten auf mehreren Rechnern interessant als vielmehr die Möglichkeit, Daten von einem anderen Rechner abzurufen. Wegen der offenen Architektur des ARPA-Net stand einer solchen Verwendung nichts im Wege. Wissenschaftler konnten von den frühen 70er Jahren an Forschungsergebnisse anderer Institute über das ARPA-Net abrufen oder anderen angeschlossenen Instituten eigene Daten zur Verfügung stellen.

Die Anzahl der angeschlossenen Rechner stieg an. Es handelte sich um sehr unterschiedliche Rechnertypen mit nicht kompatiblen Betriebssystemen und unterschiedlichem Netzzugang. Großrechner verschiedener Fabrikate, Unix-Rechner und später auch Personalcomputer drängten ins Netz. Einige hatten eine Standleitung, also eine ständige Internet-Verbindung, andere wählten sich über Telefon und Modem ein. Um die unterschiedlichen Voraussetzungen unter einen Hut zu bringen, entstand die Notwendigkeit, ein neues Datenübertragungsprotokoll für das Netz zu entwickeln. Das Protokoll sollte nicht an bestimmte Computersysteme, Übertragungswege oder Übertragungsgeschwindigkeiten gebunden sein. Aus den Bemühungen um ein solches Protokoll ging schließlich das TCP/IP-Protokoll hervor. Datenübertragungen im ARPA-Net liefen nach Einführung von TCP/IP nach einem einheitlichen und standardisierten Schema ab.

Zu den wissenschaftlichen Einrichtungen gehörten natürlich auch Studenten. Die entdeckten das Netz auf ihre Weise. Eine Art »black board« war ihr Wunsch, ein Nachrichtenbrett wie in Universitäten üblich, für Mitfahrgelegenheiten, Jobs, Wohnmöglichkeiten, Reisepartner oder die Möglichkeit, einfach nur zu diskutieren und zu labern. So entstand das Usenet, die Hauptader der heutigen Newsgroups. Viele eingefleischte »Internetter« halten die Newsgroups auch heute noch für den spannendsten und lebendigsten Teil des Internet.

1.1.3 Das Netz der Netze

Der Anschluss der akademischen Welt ans Netz erforderte eine Trennung zwischen militärischem und zivilem Teil, da die Militärs ihre eigenen Interessen wahren wollten. So kam es, dass Anfang der 80er Jahre ein neues militärisches Datennetz, das Milnet, vom ARPA-Net abgekoppelt wurde. Das ARPA-Net selbst wurde dem wissenschaftlichen Betrieb überlassen.

In diesem zivilen Teil des Netzes nahm die Anzahl der angeschlossenen Rechner im Laufe der 80er Jahre sprunghaft zu. Eine wichtige Rolle spielte dabei die amerikanische **National Science Foundation (NSF)**. Diese Organisation schaffte ein Leitungsverbundsystem, das alle bedeutenden wissenschaftlichen Rechenzentren des Landes miteinander verband. Einzelne Universitätsrechner oder kleinere Rechnernetze konnten sich mit einem Rechenzentrum verbinden und darüber in andere Netze gelangen. So entstand buchstäblich ein Netz der Netze. Alsbald bürgerte sich denn auch der Name »Internet« dafür ein. Die Bezeichnung »ARPA-Net« wurde Ende der 80er Jahre verworfen. Das Leitungs-Verbundsystem, über das die kleineren Einzelnetze zu einem Gesamtnetz wurden, erhielt die treffende Bezeichnung **Backbone** (Rückgrat).

In Europa gab es zeitgleich ähnliche Entwicklungen. Auf dem alten Kontinent setzte man jedoch zunächst auf ISO-Normen. Von dem amerikanischen TCP/IP-Modell, das nicht ISO-normiert war, wollte man deshalb nichts wissen. 1986 wurde die Organisation **RARE (Réseaux Associés pour la Recherche Européenne)** gegründet. Diese Organisation sollte alle Initiativen zur systemübergreifenden Rechnervernetzung europaweit koordinieren. RARE rief dazu ein Projekt namens **COSINE (Cooperation for an Open Systems Interconnection Networking in Europe)** ins Leben.

Der Siegeszug des TCP/IP-Protokolls war jedoch nicht mehr aufzuhalten. Unter dem Druck des Erfolgs in Amerika entstand schließlich ein europäisches Datennetz, das multiprotokollfähig war und unter anderem TCP/IP unterstützte. Dieses Netz lief zunächst unter der Bezeichnung **EuropaNET**. Verschiedene nationale wissenschaftliche Netzwerke, etwa das Deutsche Forschungsnetz (DFN), wurden daran angeschlossen.

Mittlerweile sorgen transatlantische Leitungen für die Anbindung Europas an den Backbone in den USA. Die Koordination des Internetverkehrs innerhalb Europas wurde der Organisation **RIPE (Réseaux IP Européens)** übertragen. Auch in Europa gibt es seit 1992 ein Leitungs-Verbundsystem. Dieses System nennt sich **Ebone (Europäischer Internet-Backbone)**. Auf anderen Kontinenten gab und gibt es vergleichbare Entwicklungen.

Was wir also heute unter »Internet« verstehen, ist nicht ein einziges homogenes Netz, sondern ein Verbund aus vielen kleinen, territorial oder organisatorisch begrenzten Netzen. Diese Netze besitzen eine Anbindung an die Backbones und damit an das Gesamtnetz. Auch kommerzielle Internet-Provider hängen an entsprechenden Netzen. Und Endanwender, die ihren Internetzugang in Form einer Verbindung zu einem solchen Provider haben, können über diese Brücke das gesamte Internet nutzen. Ein paar Adressen im WWW zu diesen Themen:

- National Science Foundation (NSF, *www.nsf.gov/*)

- Deutsches Forschungsnetz (DFN, *www.dfn.de/*)

- Ebone-Net (*www.ebone.com/*)

- Réseaux IP Européens (RIPE, *www.ripe.net/*)

1.2 Basis-Standards im Internet

1.2.1 Das TCP/IP-Protokoll

TCP/IP ist der kleinste gemeinsame Nenner des gesamten Datenverkehrs im Internet. Erst durch dieses Protokoll wurde historisch gesehen aus einem begrenzten Netz ein Netz der Netze. Egal, ob Sie Web-Seiten aufrufen, E-Mails versenden, mit FTP Dateien downloaden oder mit Telnet auf einem entfernten Rechner arbeiten: Stets werden die Daten auf gleiche Weise adressiert und transportiert. TCP bedeutet **Transmission Control Protocol** (Protokoll für Übertragungskontrolle), IP bedeutet **Internet Protocol**.

Wenn Sie eine E-Mail verschicken oder eine HTML-Datei im Web aufrufen, werden die Daten bei der Übertragung im Netz in kleine Pakete zerstückelt. Jedes Paket enthält eine Angabe dazu, an welche Adresse es geschickt werden soll und das wievielte Paket innerhalb der Sendung es ist.

Die Adressierung besorgt das IP. Dazu gibt es ein Adressierungsschema, die so genannten IP-Adressen. Dass die Datenpakete auch wirklich beim Empfänger ankommen, und zwar in der richtigen Reihenfolge, dafür sorgt das TCP. Das TCP verwendet Sequenznummern für die einzelnen Pakete einer Sendung. Erst wenn alle Pakete einer Sendung vollständig beim Empfänger angekommen sind, gilt die Übertragung der Daten als abgeschlossen.

Jeder Rechner, der am Internet teilnimmt, ist mit einer IP-Adresse im Netz angemeldet. Rechner, die ans Internet angeschlossen sind, werden als **Hosts** oder **Host-Rechner** bezeichnet. Wenn Sie also mit Ihrem PC im Web surfen oder neue E-Mails abholen, sind Sie mit einer IP-Adresse im Internet angemeldet. Ihr Zugangs-Provider, über dessen Host-Rechner Sie sich einwählen, kann feste IP-Adressen für Sie einrichten. Große Zugangs-Provider, etwa Online-Dienste wie T-Online oder AOL, vergeben auch personenunabhängig dynamische IP-Adressen für jede Internet-Einwahl. Damit ein Rechner am Internet teilnehmen kann, muss er über eine Software verfügen, die das TCP/IP-Protokoll unterstützt. Unter MS Windows ist das beispielsweise die Datei *winsock.dll* im Windows-Verzeichnis.

1.2.2 IP-Adressierung

Eine typische IP-Adresse sieht in Dezimalschreibweise so aus: `149.174.211.5` – vier Zahlen also, getrennt durch Punkte. Die Punkte haben die Aufgabe, über- und untergeordnete Netze anzusprechen. So wie zu einer Telefonnummer im weltweiten Telefonnetz eine Landeskennzahl, eine Ortsnetzkennzahl, eine Teilnehmerrufnummer und manchmal auch noch eine Durchwahlnummer gehört, gibt es auch im Internet eine Vorwahl – die **Netzwerknummer**, und eine Durchwahl – die **Hostnummer**.

Der erste Teil einer IP-Adresse ist die Netzwerknummer, der zweite Teil die Hostnummer. Wo die Grenze zwischen Netzwerknummer und Hostnummer liegt, bestimmt ein Klassifizierungsschema für Netztypen. Die folgende Tabelle verdeutlicht dieses Schema. In den Spalten für die IP-Adressierung und einem typischen Beispiel ist die Netzwerknummer (der Vorwahlteil) fett dargestellt. Der Rest der IP-Adresse ist die Hostnummer eines Rechners innerhalb dieses Netzes.

Netztyp	Schema	Typische IP-Adresse
Klasse-A-Netz	xxx.xxx.xxx.xxx	103.234.123.87
Klasse-B-Netz	xxx.xxx.xxx.xxx	151.170.102.15
Klasse-C-Netz	xxx.xxx.xxx.xxx	196.23.155.113

Die oberste Hierarchiestufe bilden die so genannten **Klasse-A-Netze**. Nur die erste Zahl einer IP-Adresse ist darin die Netzwerknummer, alle anderen Zahlen sind Hostnummern innerhalb des Netzwerks. Bei Netzwerknummern solcher Netze sind Zahlen zwischen 1 und 126 möglich, d.h., es kann weltweit nur 126 Klasse-A-Netze geben. Eine IP-Adresse, die zu einem Klasse-A-Netz gehört, ist also daran erkennbar, dass die erste Zahl zwischen 1 und 126 liegt. Das amerikanische Militärnetz ist beispielsweise so ein Klasse-A-Netz. Innerhalb eines Klasse-A-Netzes kann der entsprechende Netzbetreiber die zweite, dritte und vierte Zahl der einzelnen IP-Adressen seiner Netzteilnehmer frei vergeben. Da alle drei Zahlen Werte von 0 bis 255 haben können, kann ein Klasse-A-Netzbetreiber also bis zu 16,7 Millionen IP-Adressen an Host-Rechner innerhalb seines Netzes vergeben.

Die zweithöchste Hierarchiestufe sind die **Klasse-B-Netze**. Die Netzwerknummer solcher Netze erstreckt sich über die beiden ersten Zahlen der IP-Adresse. Bei der ersten Zahl können Klasse-B-Netze Werte zwischen 128 und 191 haben. Eine IP-Adresse, die zu einem Klasse-B-Netz gehört, ist also daran erkennbar, dass die erste Zahl zwischen 128 und 191 liegt. Bei der zweiten Zahl sind Werte zwischen 0 und 255 erlaubt. Dadurch sind etwa 16.000 solcher Netze möglich. Da die Zahlen drei und vier in solchen Netzen ebenfalls Werte zwischen 0 und 255 haben dürfen, können an jedem Klasse-B-Netz bis zu ca. 65.000 Host-Rechner angeschlossen werden. Klasse-B-Netze werden vor allem an große Firmen, Universitäten und Online-Dienste vergeben.

Die unterste Hierarchie stellen die **Klasse-C-Netze** dar. Die erste Zahl einer IP-Adresse eines Klasse-C-Netzes liegt zwischen 192 und 223. Die Zahlen zwei und drei gehören ebenfalls noch zur Netzwerknummer. Über zwei Millionen solcher Netze sind dadurch adressierbar. Vor allem an kleine und mittlere Unternehmen mit direkter Internet-Verbindung, aber auch an kleinere Internet-Provider, werden solche Adressen vergeben. Da nur noch eine Zahl mit Werten zwischen 0 und 255 übrig bleibt, können in einem C-Netz maximal 255 Host-Rechner angeschlossen werden. Eine Zahl davon ist reserviert, also bleiben 254 mögliche Host-Rechner übrig.

Durch die Vergabe dynamischer IP-Adressen pro Einwahl können Netzbetreiber die Anzahl der tatsächlich internetfähigen Anschlüsse deutlich höher halten, als wenn wirklich nur jeder Rechner eine feste Adresse erhalten würde, egal, ob er online ist oder nicht. Ob dieses Adressierungsschema jedoch den Anforderungen der Zukunft noch gerecht wird, bezweifeln manche. Es gibt bereits Ideen zu einer Neustrukturierung der Adressierung von Netzen und Host-Rechnern.

1.2.3 Client-Server-Technologie

Für die einzelnen Internet-Dienste wie World Wide Web, Gopher, E-Mail, FTP usw. muss auf einem Host-Rechner, der anderen Rechnern diese Dienste anbieten will, eine entsprechende **Server-Software** laufen. Ein Host-Rechner kann einen Internet-Dienst nur anbieten, wenn eine entsprechende Server-Software auf dem Rechner aktiv ist, wenn der Rechner »online« ist, und wenn keine schützende Software (Firewall) den Zugriff von außen verhindert bzw. einschränkt.

Server sind Programme, die permanent darauf warten, dass eine Anfrage eintrifft, die ihren Dienst betreffen. So wartet etwa ein Web-Server darauf, dass Anfragen eintreffen, die Web-Seiten auf dem Server-Rechner abrufen wollen.

Clients sind dagegen Softwareprogramme, die typischerweise Daten von Servern anfordern. Ihr Web-Browser ist beispielsweise ein Client. Wenn Sie etwa auf einen Verweis klicken, der zu einer HTTP-Adresse führt, startet der Browser, also der Client, eine Anfrage an den entsprechenden Server auf dem entfernten Host-Rechner. Der Server wertet die Anfrage aus und sendet die gewünschten Daten. Um die Kommunikation zwischen Clients und Servern zu regeln, gibt es entsprechende Protokolle. Client-Server-Kommunikation im Web etwa regelt das HTTP-Protokoll. Ein solches Protokoll läuft oberhalb des TCP/IP-Protokolls ab.

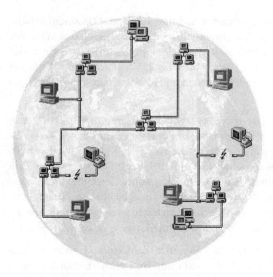

1.1: Das Internet setzt sich aus Host- und Client-Rechnern zusammen.

Dass ein Client Daten anfordert und ein Server die Daten sendet, ist der Normalfall. Es gibt jedoch auch Ausnahmen. So kann ein Client nicht nur Daten anfordern, sondern auch Daten an einen Server schicken zum Beispiel wenn Sie per FTP eine Datei auf den Server-Rechner hochladen, wenn Sie eine E-Mail versenden oder im Web ein Formular ausfüllen und abschicken. In diesen Fällen spricht man auch von **Client-Push** (»Client drängt dem Server Daten auf«).

Ein anderer Ausnahmefall liegt vor, wenn der Server zuerst aktiv wird und dem Client etwas ohne dessen Anforderung zuschickt. Das nennt man **Server-Push** (»Server drängt dem Client Daten auf«). Einige Technologien wollten diesen Ausnahmefall vor einigen Jahren zu einer Regel erheben mit den so genannten **Push-Technologien**. Diese Technologien sollten ermöglichen, dass ein Client regelmäßig Daten empfangen kann, ohne diese eigens anzufordern. Das ermöglicht Broadcasting-Dienste wie aktuelle Nachrichten. Netscape und Microsoft Internet Explorer (beide ab Version 4.0) bauten entsprechende Schnittstellen, um solche Dienste in Anspruch zu nehmen. Man kann jedoch von Glück sagen, dass sie sich nicht durchgesetzt haben. Das Internet ist eben nicht Fernsehen, sondern ein Medium, das von der Aktivität der Anwender lebt, nicht von deren Konsumbeflissenheit.

1.2.4 DNS – Domain Name Service

Computer können mit Zahlen besser umgehen, Menschen in der Regel besser mit Namen. Deshalb hat man ein System ersonnen, das die numerischen IP-Adressen für die Endanwender in anschauliche Namensadressen übersetzt.

Dieses System ist ähnlich wie das der IP-Adressen hierarchisch aufgebaut. Eine Namensadresse (Domain-Name) in diesem System gehört zu einer **Top-Level-Domain**. Die einzelnen Teile solcher Namensadressen sind wie bei IP-Adressen durch Punkte voneinander getrennt. Namensadressen (Domains) sind beispielsweise *yahoo.com*, *mozilla.org* oder *teamone.de*.

Top-Level-Domains stehen in so einem Domain-Namen an letzter Stelle. Es handelt sich um einigermaßen sprechende Abkürzungen. Die Abkürzungen, die solche Top-Level-Domains bezeichnen, sind entweder Landeskennungen oder Typenkennungen. Beispiele sind:

- `de` = Deutschland
- `at` = Österreich
- `ch` = Schweiz
- `it` = Italien
- `my` = Malaysia
- `com` = Kommerziell orientierter Namensinhaber
- `org` = Organisation
- `net` = Allgemeines Netz
- `edu` = Amerikanische Hochschulen
- `gov` = Amerikanische Behörden
- `mil` = Amerikanische Militäreinrichtungen

Derzeit (Redaktionszeitpunkt dieses Buches) entstehen neue Top-Level-Domains. Geplant sind:

- `biz` = Unternehmen
- `pro` = Berufsgruppen mit Werbeverbot (Anwälte, Steuerberater, Ärzte usw.)
- `name` = Privatpersonen
- `info` = Informationsdienste aller Art
- `museum` = Museen
- `aero` = Flugunternehmen, Flughäfen, Reiseveranstalter usw.
- `coop` = Genossenschaften, Verbände, Organisationen

Zum Redaktionszeitpunkt dieses Buches sind `info` und `biz` bereits verfügbar, `name` soll als Nächstes folgen.

Jede Top-Level-Domain stellt einen Verwaltungsbereich dar, für den es eine »Verwaltungsbehörde« gibt, die für die Namensvergabe von Domains innerhalb ihres Verwaltungsbereichs zuständig ist. Wenn Sie beispielsweise einen Domain-Namen wie `MeineFirma.de` beantragen wollen, muss der Antrag an das **DENIC** (Deutsches Network Information Center) gestellt werden. Kommerzielle Provider erledigen das für Sie, wenn Sie dort einen entsprechenden Service in Anspruch nehmen. Ihren Wunschnamen erhalten Sie aber nur, wenn die Namensadresse noch nicht anderweitig vergeben wurde. Schlaufüchse sind daher auf die Idee gekommen, Tausende Domain-Namen für sich zu reservieren, um sie dann an Interessenten weiterzuverkaufen. Mittlerweile gibt es um die Domain-Namen leider schon eine ganze Latte von Schauergeschichten und Rechtsstreitigkeiten. Wenn etwa zwei zufällig gleichnamige Firmen, die sonst nichts miteinander zu tun haben, den gleichen Domain-Namen reservieren lassen wollen, kann nur eine der Firmen den Zuschlag erhalten. Beliebt geworden sind angesichts der Namensknappheit mittlerweile auch längere Namensadressen wie `heute-geh-ich-ins-kino.de`.

Inhaber von Domain-Namen können nochmals Sub-Level-Domains vergeben. So gibt es beispielsweise eine Domain namens `seite.net`. Die Betreiber dieser Domain haben nochmals Sub-

Domains vergeben, wodurch Domain-Adressen wie `java.seite.net` oder `javascript.seite.net` entstanden.

1.2.5 Routing und Gateways

Im Internet als dem Netz der Netze ist es zunächst nur innerhalb des eigenen Sub-Netzes möglich, Daten direkt von einer IP-Adresse zu einer anderen zu schicken. In allen anderen Fällen, wenn die Daten an eine andere Netzwerknummer geschickt werden sollen, treten Rechner auf den Plan, die den Verkehr zwischen den Netzen regeln. Solche Rechner werden als **Gateways** bezeichnet. Diese Rechner leiten Daten von Host-Rechnern aus dem eigenen Sub-Netz an Gateways in anderen Sub-Netzen weiter und ankommende Daten von Gateways anderer Sub-Netze an die darin adressierten Host-Rechner im eigenen Sub-Netz. Ohne Gateways gäbe es gar kein Internet.

Das Weiterleiten der Daten zwischen Sub-Netzen wird als **Routing** bezeichnet. Die Beschreibung der möglichen Routen vom eigenen Netzwerk zu anderen Netzwerken sind in **Routing-Tabellen** auf den Gateway-Rechnern festgehalten.

Zu den Aufgaben eines Gateways gehört auch, eine Alternativ-Route zu finden, wenn die übliche Route nicht funktioniert, weil etwa bei der entsprechenden Leitung eine Störung oder ein Datenstau aufgetreten ist. Gateways senden sich ständig Testpakete zu, um das Funktionieren der Verbindung zu testen und für Datentransfers »verkehrsarme« Wege zu finden.

Wenn also im Internet ein Datentransfer stattfindet, ist keinesfalls von vornherein klar, welchen Weg die Daten nehmen. Sogar einzelne Pakete einer einzigen Sendung können völlig unterschiedliche Wege nehmen. Wenn Sie beispielsweise von Deutschland aus eine Web-Seite aufrufen, die auf einem Rechner in den USA liegt, kann es sein, dass die Hälfte der Seite über den Atlantik kommt und die andere über den Pazifik, bevor Ihr Web-Browser sie anzeigen kann. Weder Sie noch Ihr Browser bekommen davon etwas mit.

1.2.6 Selbstorganisation im Internet

In Anbetracht der Teilnehmerzahl im Internet ist der Verwaltungsaufwand im Netz vergleichsweise klein. Die meisten Endanwender wissen nicht einmal, dass es solche Verwaltungsstellen überhaupt gibt. Eine gesetzgeberische Institution, wie es sie etwa innerhalb des Verfassungsbereichs eines Staates gibt, gibt es im Internet als weltweitem Verbund nicht. Der Versuch, die ICANN-Behörde als oberste Vergabestelle für Domains und IPs zu etablieren, hat viel Staub aufgewirbelt, aber die Befürchtungen, dass da eine zentralistische Internet-Diktatur entsteht, haben sich bislang nicht bestätigt. Viele Bereiche im Internet beruhen faktisch auf Selbstorganisation. Bei Diensten wie E-Mail gilt beispielsweise das stille Abkommen, dass jeder beteiligte Gateway alle Mails weiterleitet, auch wenn weder Sender noch Empfänger dem eigenen Sub-Netz angehören. Die Kosten trägt zwar der Netzbetreiber, aber da alle ein Interesse am weltweiten Funktionieren des Netzes haben, ist jeder bereit, die anfallenden Mehrkosten zu tragen.

Die Funktionsfähigkeit des Internet basiert also auf der Bereitschaft der Beteiligten, keine Pfennigfuchserei zu betreiben. Großzügigkeit hat das Internet geschaffen, und Kleingeisterei ist der größte Feind der Internet-Idee.

Das Usenet, also der größte Teil der Newsgroups, organisiert sich sogar vollständig selbst, weshalb leidenschaftliche Anhänger dieses System gerne als real existierendes Beispiel für Herrschaftsfreiheit anführen. Die »Verwaltung« findet im Usenet in speziellen Newsgroups statt (solchen, die mit `news.` beginnen). Dort können beispielsweise Vorschläge für neue Gruppen eingebracht werden, und in Abstimmungen wird darüber entschieden, ob eine Gruppe eingerichtet oder abgeschafft wird.

Offizielle Anlaufstellen gibt es für die Vergabe von Netzwerkadressen und für Namensadressen (DNS). Für die Vergabe von IP-Adressen innerhalb eines Netzwerks ist der jeweilige Netzbetreiber verantwortlich. Dazu kommen Organisationen, die sich um Standards innerhalb des Internet kümmern.

Die Kosten für die Datenübertragungen im Internet tragen die Betreiber der Sub-Netze. Diese Kosten pflanzen sich nach unten fort zu Providern innerhalb der Sub-Netze bis hin zu Endanwendern, die über Provider Zugang zum Internet haben oder Internet-Services wie eigene Web-Seiten nutzen. Die folgende Liste enthält einige Verweise zu den wichtigsten internationalen und nationalen Organisationen im Internet:

- Deutsches Network Information Center (DE-NIC, *www.denic.de/*): Vergabestelle für Domain-Namen unterhalb der Top-Level-Domain `.de`.

- International Network Information Center (InterNIC, *www.internic.net/*): Kollaboratives Projekt zwischen AT&T, General Atomics und Network Solutions, Inc. AT&T. Internationale Vergabestelle für Domain-Namen.

- The Internet Corporation for Assigned Names and Numbers (ICANN, *www.icann.org/*): Organisation für die Schaffung von neuen Top-Level-Domains und für die Vergabe von Subnetzen und IP-Adressräumen.

- Internet Architecture Board (IAB, *www.iab.org/*): Organisation zur Dokumentation der Netzstruktur und der grundsätzlichen Abläufe im Internet.

- Internet Assigned Numbers Authority (IANA, *www.iana.org/*): Zentrale Koordinationsstelle für Internet-Protokolle.

- Internet Engineering Task Force (IETF, *www.ietf.org/*): Internationale Gemeinschaft von kommerziellen und nichtkommerziellen Aktiven im Internet mit dem Ziel, technische Standards im Internet vorzuschlagen.

- Internet Society (*www.isoc.org/*): Internationale Organisation für die Kooperation und Koordination von Technologien und Anwendungen im Internet.

- W3-Konsortium (W3C, *www.w3.org/*): Organisation, die speziell die Weiterentwicklung technischer Standards des World Wide Web koordiniert, etwa HTML oder das HTTP-Protokoll.

Vor allem jene Organisationen, die sich um die technische Weiterentwicklung im Internet kümmern, werden zunehmend von großen Softwarefirmen wie Microsoft, Netscape oder Sun bestürmt, da diese Firmen ein Interesse daran haben, ihren Softwareprodukten und hauseigenen Standards bei Server-Technologien, Programmiersprachen usw. zum Status weltweiter Internet-Standards zu verhelfen. Ob und wie weit es gelingt, im Internet angesichts des entstehenden Milliardenmarkts neue, firmenunabhängige Standards durchzusetzen, die so erfolgreich werden wie HTML oder HTTP, muss die Zukunft zeigen. Derzeit sieht es gar nicht schlecht aus. Die meisten Computerkonzerne haben begriffen, dass firmenunabhängige Standards ihnen selber letztlich auch mehr bringen. Und der Druck aufgeklärter Anwender, die keine Lust mehr haben, wegen allem und jedem eine neue, proprietäre Software kaufen zu müssen, die nach ein paar Jahren wieder »out« ist und vom Markt verschwindet, wächst ebenfalls.

1.3 Dienste im Internet

1.3.1 E-Mail

E-Mail (elektronische Post) ist wohl der am meisten genutzte Internet-Dienst. E-Mail erlaubt die persönliche Übermittlung von Nachrichten und Dateien von einem Sender an einen Empfänger. Wer an diesem Dienst teilnehmen will, braucht eine eigene E-Mail-Adresse. Solche Adressen sind an dem berühmten @ (sprich: englisch »at«, also »bei« – das Zeichen wird im deutschen Sprachraum auch als »Klammeraffe« bezeichnet) in der Mitte erkennbar. Provider, über die Sie Zugang zum Internet haben oder bei denen Sie Ihr Web-Angebot hosten, richten Ihnen normalerweise E-Mail-Adressen auf Wunsch ein.

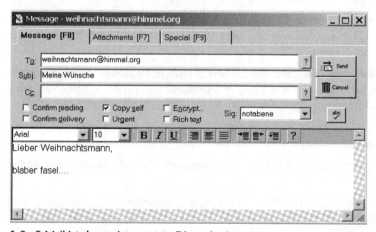

1.2: E-Mail ist der meistgenutzte Dienst im Internet.

Vor allem im Business-Bereich verdrängt E-Mail nach und nach die herkömmliche Briefpost (von E-Mail-Anhängern liebevoll oder verächtlich als »Schneckenpost« oder »snail mail« bezeichnet). Auch das Fax ist eine durch E-Mail gefährdete Gattung. Die Vorteile liegen auf der Hand:

- E-Mails brauchen meist nur wenige Minuten vom Sender zum Empfänger, egal, ob einige wenige oder mehrere tausend Kilometer zwischen ihnen liegen.

- E-Mails sind preiswert. Im Vergleich zu Briefen fallen für einfache E-Mails nur Pfennigbeträge an.

- Gegenüber einem Telefonat bieten sie den Vorteil, dass Vereinbarungen oder dergleichen darin schriftlich festgehalten werden.

- Moderne E-Mail-Programme können E-Mails in einer durchsuchbaren Datenbank speichern, sodass Sie vor längerer Zeit gesendete oder empfangene Mails leicht wiederfinden.

- Der Mime-Standard, der sich bei E-Mails allmählich durchsetzt, erlaubt das bequeme Anhängen beliebiger Computerdateien an eine Mail, sodass E-Mail auch für den individuellen Austausch von Dateien immer mehr Bedeutung gewinnt.

- E-Mail zwingt Sender und Empfänger nicht, gleichzeitig online zu sein. Sie holen sich Ihre E-Mails ab, wenn Sie gerade Zeit haben.

- Neben der Möglichkeit, mit bestimmten anderen Internet-Teilnehmern Nachrichten und Daten auszutauschen, können Sie mit einer eigenen E-Mail-Adresse auch an **Mailing-Listen** teilnehmen, die Sie interessieren.

Das heutige E-Mail-System hat aber auch noch mit einigen Problemen zu kämpfen. Eine normale E-Mail ist auf dem Weg vom Sender zum Empfänger etwa so geheim wie eine Ansichtskarte. Für vertrauliche Mitteilungen oder sensible Daten ist sie ungeeignet. Mittlerweile gibt es Verschlüsselungsverfahren wie **PGP** (**Pretty Good Privacy**), die das individuelle Kodieren und Dekodieren von E-Mails und angehängten Dateien erlauben. Voraussetzung ist dazu jedoch, dass sowohl Sender als auch Empfänger über eine entsprechende Zusatzsoftware verfügen und zuvor ihre öffentlichen Kodierschlüssel austauschen.

Ein weiterer Nachteil von E-Mails ist auch noch, dass sie nicht als »dokumentenecht« gelten. Zwar wächst allmählich ihre juristische Akzeptanz, doch unterschriftspflichtige Dokumente sind durch E-Mail bislang nicht ersetzbar. Deshalb können Sie z.B. noch nicht »einfach so« per E-Mail einen Wohnsitzwechsel mitteilen oder Ihre Steuererklärung ans Finanzamt schicken.

1.3.2 Telnet und SSH

Telnet ist dazu gedacht, einen fernen Rechner im Internet so zu bedienen, als säße man direkt davor. Telnet ist damit eine einfache Lösung für Teleworker. Und diese Lösung ist schon wesentlich älter als der Begriff »Teleworking«.

Telnet ist vor allem für Unix-Systeme gedacht. Es erlaubt das betriebssystemeigene **login** (Anmelden) eines Benutzers an einem ans Internet angeschlossenen Host-Rechner in Form eines **rlogin** (remote login). Das Anmelden ist nur möglich, wenn Sie Username und Passwort kennen, d.h. auf dem angewählten Host-Rechner als Benutzer eingetragen sind. Nach dem Einwählen erhalten Sie eine Unix-Shell (Eingabeaufforderung) und können auf dem entfernten Rechner Betriebssystembefehle eingeben, Programme starten usw.

PC-Anwender, die nicht direkt mit der Verwaltung von Server-Rechnern im Internet zu tun haben, werden mit Telnet kaum in Berührung kommen. Es gibt jedoch auch für PC-Benutzer von Systemen wie MS Windows oder Macintosh **Telnet-Clients**. Diese Programme erlauben es, vom eigenen PC aus auf einem entfernten Host-Rechner zu arbeiten. Ohne Kenntnis der Befehle des Host-Rechner-Betriebssystems ist ein solches Programm allerdings zwecklos.

SSH (Secure Shell) ist eine Variante von Telnet – die bessere Variante, wie allmählich erkannt wird. Der Unterschied zu Telnet ist, dass bei SSH die Daten beim Arbeiten verschlüsselt übertragen werden. Das ist durchaus wichtig, da gerade beim Arbeiten auf einem entfernten Rechner häufig sensible Daten editiert werden, wie Konfigurationsdateien oder Passwörter. All diese Daten werden – auch wenn es einem beim Arbeiten kaum bewusst ist – über viele Rechner im

Internet bis zum Zielrechner übertragen und können auf den Zwischenstationen mit etwas bösem Willen abgefangen werden. Manche modernere Telnet-Clients bieten mittlerweile auch das SSH-Protokoll an.

1.3.3 File Transfer Protocol (FTP)

FTP ist ein Internet-Dienst, der speziell dazu dient, sich auf einem bestimmten Server-Rechner im Internet einzuwählen und von dort Dateien auf den eigenen Rechner zu übertragen (**Download**) oder eigene Dateien an den Server-Rechner zu übertragen (**Upload**). Ferner bietet das FTP-Protokoll Befehle an, um auf dem entfernten Rechner Operationen durchzuführen wie Verzeichnisinhalte anzeigen, Verzeichnisse wechseln, Verzeichnisse anlegen oder Dateien löschen.

Beim Einwählen an einem FTP-Server gilt es, zwei Arten zu unterscheiden: Es gibt »normales« FTP und **anonymes FTP**. Beim normalen FTP haben Sie nur Zugriff auf den Server, wenn Sie beim Einwählen einen Usernamen und ein Passwort angeben. Mit diesen Zugangsdaten muss der FTP-Server-Verwalter Sie am Server als berechtigten Anwender eingetragen haben. Bei anonymem FTP handelt es sich um öffentlich zugängliche Bereiche auf Server-Rechnern. Dazu brauchen Sie keine Zugangsberechtigung. Sie wählen sich einfach mit dem Usernamen anony-mous ein, und als Passwort geben Sie Ihre E-Mail-Adresse an. Es gibt etliche öffentliche FTP-Server im Internet, die umfangreiche Dateibestände zum Download anbieten. Dort finden Sie Software, Hilfetexte, Grafiksammlungen usw.

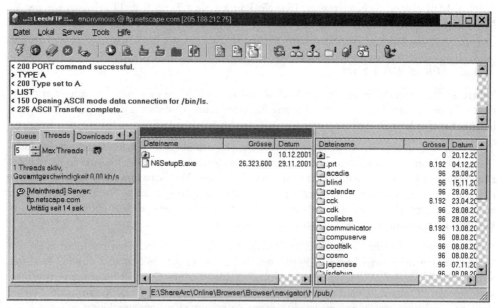

1.3: Mit einem FTP-Programm übertragen Sie schnell Dateien über das Internet.

Für öffentliche, anonyme FTP-Server gibt es Regeln. Da Sie beim Besuch solcher Server nur Gast sind, sollten Sie sich auch entsprechend verhalten. Bleiben Sie nicht länger als nötig. Laden Sie sich nicht unnötig viele Dateien herunter. Lesen Sie zuerst die Readme-Dateien, die es in fast jedem Verzeichnis gibt, um den Inhalt des Verzeichnisses zu erläutern.

Wenn Sie lediglich hin und wieder öffentlich zugängliche FTP-Server besuchen, um von dort Dateien downzuloaden, können Sie das auch mit modernen WWW-Browsern wie Netscape oder dem MS Internet Explorer tun. Solche Browser zeigen die Dateilisten auf FTP-Servern als anklickbare Verweise an. Je nach Dateityp können Sie Dateien dann downloaden oder direkt im Browser-Fenster anzeigen.

Für anspruchsvollere Arbeiten, vor allem, wenn Sie die Dateien Ihres eigenen Web-Projekts verwalten wollen, brauchen Sie ein FTP-Programm. Solche Programme gibt es für alle Betriebssysteme, und einige Betriebssysteme, etwa alle Unix-Derivate oder OS/2, haben bereits einen eingebauten FTP-Client.

1.3.4 Gopher

Gopher gilt als der Vorläufer des World Wide Web. Der Name kommt von »go for« und drückt damit aus, was der wichtigste Zweck dieses Dienstes ist: nämlich große Informationsbestände leichter durchsuchbar zu machen. Gopher ist eine menübasierte Bedienoberfläche zum Auffinden von Information, aber auch zum Nutzen anderer Internet-Dienste wie FTP oder Telnet. Einem Eintrag in einem Gopher-Menü ist nicht anzusehen, wo sich die damit verbundenen Dateien oder Programme befinden. Anwender mit text- und tastaturorientierten Rechnern können aus den Menüs, die das Gopher-System am Bildschirm anzeigt, mit Buchstaben- oder Zifferntasten Einträge auswählen. Bei grafischen Benutzeroberflächen sind die Menüs mit der Maus anklickbar. In dieser Hinsicht gleicht Gopher dem World Wide Web, denn auch bei diesem Dienst müssen Sie keine Insider-Befehle kennen, um im Informationsbestand zu navigieren.

Der Nachteil von Gopher gegenüber dem WWW ist, dass es keine Standards wie HTML gibt. Es gibt lediglich die Gopher-Menüs und die damit verknüpften Dateiaufrufe oder Befehle. Ein guter Gopher-Client kann zwar diverse Dateiformate anzeigen, doch es gibt kein Mittel, um Bildschirmseiten zu gestalten und dadurch eigenständige Präsentationen von Information zu schaffen.

Moderne Web-Browser sind auch Gopher-fähig. Das bedeutet, dass Sie mit einem solchen Browser problemlos Gopher-Adressen aufrufen können. Die Gopher-Menüs erscheinen im Browser wie Listen mit Verweisen in HTML.

1.3.5 Chat (IRC)

Wer sich einsam fühlt oder einfach »in« sein will, geht im Internet **chatten** (ratschen, quatschen). Am Bildschirm erscheint dann ein zweigeteiltes Fenster. Im einen Teil erscheinen wie von Geisterhand geschrieben allerlei ganze und halbe Sätze, Kommentare und solche Dinge wie Emoticons. Das sind Beiträge von Teilnehmern, die gerade an der gleichen Stelle online sind. Im anderen Fenster können Sie selbst etwas eintippen. Auf diese Weise können Sie an der Unterhaltung teilnehmen. Es gibt auch grafische Oberflächen, bei denen sich jeder Chat-Teilnehmer eine Figur aussucht, die dann als Teilnehmer in einer Szenerie erscheint.

Kaum jemand erscheint dort mit seinem wahren Namen, und nicht wenige geben sich als etwas ganz anderes aus, als sie wirklich sind. Männer spielen Frau, um herauszufinden, wie es ist, als Frau von einem Mann angemacht zu werden. Erwachsene spielen Jugendliche, um sich mal wieder richtig pubertär benehmen zu dürfen. Hin und wieder kommen interessante Gespräche zustande, aber oft haben die Chat-Beiträge auch das Niveau von Kindergestammel. Über Chats entstehen aber auch ernst zu nehmende Kontakte, Freundschaften und Beziehungen.

IRC ist einer der Internet-Dienste, die teuer werden können. Denn während der ganzen Teilnahmedauer muss man online sein, und viele merken beim Quatschen nicht, wie die Zeit vergeht (das ist nicht anders als im »real life«). Es gibt nur wenige, die eine ganze Nacht lang im Web surfen, aber viele, die eine ganze Nacht lang chatten. Viele der hochgradig Internet-Süchtigen treiben sich vor allem in den Chat-Bereichen herum.

1.3.6 Newsgroups (News)

Eine Newsgroup ist einem Schwarzen Brett vergleichbar, wo Sie Nachrichten posten können, die alle Besucher lesen können. Jede Newsgroup behandelt einen Themenbereich. Insgesamt sind mehrere zigtausend Newsgroups registriert. Es gibt praktisch nichts, zu dem es nicht eine Newsgroup gibt. Egal, ob Sie sich für die Konfiguration Ihres PCs interessieren, für Origami oder für vermisste Kinder – für alles finden sich eine oder mehrere Newsgroups. Täglich werden zigtausend Nachrichten in Newsgroups gepostet. Es werden Fragen gestellt und Antworten gegeben, es wird debattiert und geflacht. Die Newsgroups gelten allgemein als der verrückteste Teil des Internet. Manchen Leuten sind sie aber auch ein Dorn im Auge, denn es gibt auch etliche Newsgroups mit pornographischen und extremistischen Inhalten.

Das System der Newsgroups ist auf verschiedene Netze verteilt. Das größte und bekannteste ist das **Usenet**. Hier finden Sie Newsgroups mit Adressen wie `alt.music.pinkfloyd` oder `de.soc.weltanschauung`. Die wichtigsten Abkürzungen in solchen Newsgroup-Adressen sind:

- `alt` = alternativ, bunt, verrückt, abgefahren
- `biz` = Kommerzielles, jedoch keine Werbung
- `comp` = Computer
- `de` = deutschsprachig
- `misc` = Sonstiges
- `news` = Newsgroups zum Thema Newsgroups
- `rec` = Freizeit, Hobby und Kunst
- `sci` = Wissenschaften
- `soc` = Soziales, Kultur, Politik
- `talk` = Klatsch und Tratsch

Um Newsgroups lesen und daran teilnehmen zu können, brauchen Sie ein **Newsreader**-Programm. Web-Browser wie Netscape (ab V3.0) oder der MS Internet Explorer (ab V4.0) haben einen eingebauten News-Client, sodass Sie kein separates Programm mehr benötigen. Um Newsgroups empfangen zu können, müssen Sie in den Einstellungen des verwendeten Programms einen **News-Server** angeben. Fragen Sie den Provider, über den Sie Ihren Internet-Zugang haben, ob er auch einen Newsgroup-Server anbietet und mit welchen Daten Sie sich dort anmelden können.

Es empfiehlt sich, zunächst einmal alle verfügbaren Newsgroups einzulesen. Das kann eine Weile dauern, aber anschließend haben Sie eine sortierte Liste aller Gruppen und können sich einen Überblick verschaffen. Newsgroups, die Sie interessieren, können Sie **abonnieren**.

Nachrichten in Newsgroups sind hierarchisch organisiert. Irgendjemand postet eine Nachricht mit einem neuen **Subject** (Thema). Ein anderer antwortet auf die Nachricht und bezieht sich dadurch auf das gleiche Thema. Ein dritter antwortet ebenfalls, und ein vierter antwortet dem Dritten. Auf diese Weise entsteht eine Baumstruktur von Nachrichten zu einem einmal begonnenen Thema. Diese Baumstruktur wird auch als **Thread** bezeichnet. Sie können selbst einen neuen Thread beginnen oder auf eine Nachricht antworten und sich dadurch in den betreffenden Thread einschalten.

1.3.7 World Wide Web (WWW)

Das World Wide Web (WWW) ist der jüngste Dienst innerhalb des Internet. Das Web zeichnet sich dadurch aus, dass es auch ungeübteren Anwendern erlaubt, sich im Informationsangebot zu bewegen. Wer etwa mit einem FTP-Programm einen FTP-Server aufruft, muss sich in komplexen, unbekannten Verzeichnisstrukturen zurechtfinden und sich an Dateinamen orientieren. Interessante Dateien kann er auf seinen Rechner downloaden, um sie später zu öffnen. Im WWW dagegen erscheinen Informationen gleich beim Aufruf am Bildschirm. Wenn Sie mit einem Browser im Web unterwegs sind, brauchen Sie sich nicht um Dateinamen oder um komplizierte Eingabebefehle zu kümmern. Das bequeme Navigieren mit Hilfe einfacher Mausklicks kann ein Hochgefühl erzeugen, weshalb sich auch die Redewendung vom »Surfen im Netz« eingebürgert hat.

1.4 Entstehung des World Wide Web

1.4.1 Tim Berners-Lee und die Anfänge

Der gebürtige Brite **Tim Berners-Lee**, in den 80er Jahren und bis in die 90er Jahre Informatiker am Genfer Hochenergieforschungszentrum CERN, beschreibt in seinem Buch »Weaving the Web«, wie er dort am CERN in den 80er Jahren ein selbst geschriebenes Programm als Produktivitäts-Tool nutzte. Das Programm, von Berners-Lee in Pascal geschrieben, lief auf einem Computersystem mit dem Betriebssystem »Norsk Data SYNTRAN III«. Die 8-Zoll-Diskette, auf der die Sourcen gespeichert waren, gingen irgendwann verloren.

1.4: Tim Berners-Lee, der Vater des World Wide Web

Mit heutiger Software hatte das Tool sicher nicht viel zu tun. Grafische Oberflächen gab es nicht, kommandozeilenorientierte Systeme dominierten, und grüne Schrift auf schwarzem Grund beherrschte die Bildschirme. Auf einem solchen System also hatte Tim Berners-Lee sein Pascal-Programm zum Laufen gebracht. Er nannte das Programm **Enquire**, was auf Deutsch so viel bedeutet wie »sich erkundigen«.

»Enquire« war ein Hypertext-Programm. Man konnte Textdateien editieren, die – vermutlich durch irgendwelche Steuerzeichenfolgen markiert – in »nodes« (Knoten) unterteilt waren. Ein Knoten konnte alles sein, was so an Daten anfiel – Adressen, Gesprächsnotizen, spontane Ideen, Erlebnisse, Arbeitsergebnisse. Zu jedem Knoten gab es eine zugehörige Liste mit Links zu anderen Knoten. Man konnte auf jegliche Art von Querbeziehung linken, die man kannte oder fand. Links auf Ziele innerhalb einer Datei wurden vom Enquire-Programm automatisch bidirektional dargestellt – das heißt, auch wenn der Link nur von A nach B gesetzt war, fand man bei B in der Liste den Rückverweis auf A.

Ende 1988 entschloss sich Berners-Lee, aus der Weiterentwicklung von »Enquire« ein computerübergreifendes System zu entwickeln. Für CERN sollte er zu diesem Zweck einen entsprechenden Projektvorschlag einreichen und darin sein Vorhaben detailliert beschreiben. Das war die Zeit, als Berners-Lee mit verschiedenen Fachleuten Kontakt aufnahm, um technische Wege der Realisierung seiner Ideen zu finden. Ben Segal, ein Kollege von Berners-Lee, der sich mit den Grundlagen des Internet auskannte, überzeugte den Hypertext-Entwickler von den einzigartigen Möglichkeiten des Netzes der Netze. 1989 reichte er seinen Vorschlag bei CERN ein. Es vergingen jedoch viele Monate, in denen Berners-Lee keine Reaktion auf den Vorschlag erhielt. Robert Cailliau, ein alter Bekannter, ließ sich von den Ideen des Briten begeistern und setzte sich fortan für die Forcierung des Projekts am CERN ein. In dieser Zeit – es war das Jahr 1990 – erhielt das Projekt auch seinen endgültigen Namen: **World Wide Web**. Im Herbst des Jahres 1990 schrieb Berners-Lee eigenhändig die ersten Versionen der drei Säulen seines Konzepts:

*   Die Spezifikation für die Kommunikation zwischen Web-Clients und Web-Servern – das so genannte **HTTP-Protokoll** (*HTTP = Hypertext Transfer Protocol*).

*   Die Spezifikation für die Adressierung beliebiger Dateien und Datenquellen im Web und im übrigen Internet – das Schema der so genannten **URIs** (*URI = Universal Resource Identifier, universeller Quellenbezeichner*).

*   Die Spezifikation einer Auszeichnungssprache für Web-Dokumente, der Berners-Lee den Namen **HTML** gab (*HTML = Hypertext Markup Language, Hypertext Auszeichnungssprache*).

Berners-Lee schrieb auch die erste Web-Server-Software. Der Rechner, auf dem diese Software installiert wurde, war unter dem Namen info.cern.ch erreichbar. Dort stellte Berners-Lee an Weihnachten 1990 die ersten, in HTML geschriebenen Web-Seiten der Welt zur Verfügung. Seine Ideen wichen dabei ursprünglich durchaus von dem ab, was schließlich aus dem Web wurde. So setzte sich Berners-Lee immer dafür ein, Web-Seiten online editierbar zu machen, sodass Web-Seiten-Besucher Texte fortschreiben konnten, sofern der Anbieter entsprechende öffentliche Schreibrechte für die Dateien vergab. Doch die Web-Browser, die sich schließlich durchsetzten, waren reine Lese-Software.

Das Web entwickelte sich zunächst nicht unbedingt von allein. Berners-Lee und seine Projektmitstreiter waren unermüdlich bei der Arbeit, das Web bekannt zu machen und zu etablieren. Auf einer internationalen Hypertext-Konferenz im Jahre 1991 stellten sie das Projekt vor. Kontakte zu Programmierern für verschiedene Systeme entstanden, und nur so entstanden die ersten

Web-Browser. Denn erst die Verfügbarkeit solcher Browser ermöglichte es anderen Menschen mit Internet-Zugang, Web-Seiten aufzurufen. Nicola Pellow, eine junge Mitarbeiterin und Mathematikerin am CERN, schrieb den ersten einigermaßen benutzbaren textmodusorientierten Browser. 1992 entstanden auch die ersten Browser für grafische Benutzeroberflächen, mit den Namen **Erwise** und **Viola**. Gleichzeitig stieg die Zahl von Web-Servern, über die Web-Seiten angeboten wurden. Zunächst waren es vor allem wissenschaftliche Institutionen.

1.4.2 Marc Andreessen, Netscape und der Boom

Für programmierende Studenten wurde es zunehmend zu einer interessanten Herausforderung, Browser fürs Web zu schreiben. Besonders hervor tat sich dabei ein junger Mann namens **Marc Andreessen**. Er entwickelte einen Web-Browser für grafische Benutzeroberflächen namens **Mosaic**. Tim Berners-Lee, der Marc Andreessen auch selber kennen lernte, beschreibt ihn als jemanden, der nicht wie alle Browser-Entwickler vor ihm eine Software fürs Web entwickeln wollte, sondern als jemanden, der mit dem Anspruch auftrat, das Web überhaupt erst verfügbar zu machen – eben mit seinem Browser.

1.5:   Marc Andreessen, der den ersten brauchbaren grafischen Web-Browser Mosaic programmierte.

Andreessen und seine angeheuerten Mitprogrammierer hatten mit den philosophischen Ideen von Berners-Lee nicht sehr viel am Hut. Sie dachten von Beginn an in kommerziellen Kategorien. Bei der Entwicklung des Mosaic-Browsers erfanden die Programmierer nach ihrem Belieben neue Features, die sie in den Web-Browser implementierten, ohne dass diese Features standardisiert waren. Aber auch wenn Berners-Lee durch die Zeilen seines Buches deutlich durchscheinen lässt, wie wenig er von Andreessen hielt – durch den Mosaic-Browser kam die Lawine Web erst richtig ins Rollen. Das Mosaic-Projekt war dem ehrgeizigen Marc Andreessen jedoch alsbald zu klein geworden. Er wollte mehr, er wollte einen Browser, der die Welt erobert. Andreessen stieg schließlich aus dem Mosaic-Projekt aus und wurde Mitbegründer einer neuen Firma für Web-Software: **Netscape**. Wer heute den »guten« Netscape-Browser gegen den »bösen« Microsoft-Browser verteidigt, weiß also meistens gar nicht, dass Netscape in den Anfangszeiten genauso unverblümte Markteroberungs- und Monopolgelüste hatte wie Microsoft.

Das Konzept von Netscape ging auch zunächst voll auf. Eine völlig neue Zunft entstand: die **Web-Designer**. Träumend saßen sie in den Jahren 1995 und 1996 vor ihren ersten Web-Seiten, die dank Netscape bunte Hintergrund- und Schriftfarben, Hintergrundtapeten, Tabellenlayouts, mehrgeteilte Bildschirmfenster (Frames) und Multimedia-Plug-Ins enthalten konnten. Zigtausende von Privatanwendern begannen, eigene Homepages zu erstellen. Nach und nach drängten alle Firmen, Organisationen, Regierungen und Behörden mit eigenen Angeboten ins Web – weltweit. Die Wachstumsraten glichen einer Explosion. Es war aber auch die Stunde jener Marketing-Strategen, die am liebsten aus der ganzen Welt eine Plakatwand machen würden. Mit Feuereifer und Finanzen stürzten sie sich auf das neue, aufstrebende Medium, ohne den geringsten Schimmer einer Ahnung von dessen wahrem Wesen zu haben. Kein Wunder, dass viele Versuche, die Sahnetorte Web aufzurollen, kläglich scheiterten und schließlich wieder für Katerstimmung am Werbemarkt und an der Börse sorgten.

In den Jahren 1995 und 1996 erreichte der Netscape-Browser unter den Web-Benutzern zeitweise einen Marktanteil von 90%. Der Microsoft-Konzern schlief zunächst noch den Schlaf der Seligen und fraß sich an den Umsatzzahlen seiner Betriebssysteme MS DOS und MS Windows und der Textverarbeitung MS Word satt. Mitte der 90er Jahre, als der Online-Boom allmählich breitere Schichten der Bevölkerung der westlichen Länder erreichte, setzte man bei Microsoft zunächst auf einen eigenen, proprietären Online-Dienst namens MSN. Vom Internet und dem Web behauptete Bill Gates, das sei nichts für Microsoft. Als man jedoch sah, wie Netscape binnen weniger Monate die EDV-Landschaft veränderte, wie die Firma Netscape an der Börse einen bis dahin noch nie dagewesenen Traumstart hinlegte und die Implementierungen des Netscape-Browsers sich vermehrten wie ein Computer-Virus, da begann man plötzlich hastig zu reagieren. Mit einem gewaltigen Aufwand an Manpower wurde Versäumtes aufgeholt. Innerhalb von etwas mehr als einem Jahr erschienen die ersten vier Versionen des MS Internet Explorer, wobei Microsoft im Frühjahr 1997 mit der 4er-Version ein ähnlicher technologischer Durchbruch gelang wie Netscape mit den 1995 erschienenen Versionen 1.1 und 2.0 seines Browsers. Microsoft war alles andere als zimperlich, was den Kampf gegen Netscape betraf. So erklärte man den eigenen Browser einfach als Teil des Betriebssystems MS Windows und sorgte über diesen vorhandenen Vertriebskanal für die gewaltige Verbreitung des Internet Explorer. Nun ist dagegen eigentlich nichts einzuwenden, denn schließlich gehört Internet-Client-Software seit jeher zum Umfang von Betriebssystemen, gerade auch in der Unix-Welt. Die Absichten von Microsoft waren jedoch nur allzuleicht durchschaubar und sorgten in der Internet-Gemeinde für eine Welle des Hasses gegen den Konzern aus Redmond.

1.4.3 Die Arbeit des W3-Konsortiums

Der Browser-Krieg tobt bis heute – zumindest überall dort, wo diskutiert wird. In den Logdateien der Web-Server ist er jedoch längst entschieden. Microsoft steuert heute im Browser-Markt allmählich eine ähnliche 80-90%-Machtstellung an wie im Bereich der Betriebssysteme. Doch es gibt auch gute Nachrichten: Das Bewusstsein für die technischen Grundlagen des Web ist gewachsen, und die Ideen von Tim Berners-Lee werden mittlerweile durch ein vielköpfiges Konsortium vertreten: das **W3-Konsortium** (W3C). Dieses Konsortium ist trotz der millionenfach verbreiteten Browser der mächtigste Faktor für die Weiterentwicklung des Web geworden. Nicht zuletzt deshalb, weil es nicht gegen die Marktinteressen der Softwarefirmen gerichtet ist, sondern seine Mitglieder zu großen Teilen aus eben jenen Softwarefirmen rekrutiert.

Ende 1994 traf ein erstes Beratungskomitee zusammen, um die Grundlagen für eine Institution zu schaffen, die sich um die technischen Grundlagen und Standards im Web kümmern sollte. Das CERN war mit dieser Aufgabe, die nicht seinem eigentlichen Beschäftigungsgegenstand entsprach, einfach überfordert.

Im Sommer 1995 traten namhafte Firmen dem W3-Konsortium bei. Gleichzeitig eröffnete die europäische Präsenz des Konsortiums ihre Pforten. Mitglieder des W3-Konsortiums sind Firmen oder Organisationen, keine Einzelpersonen. Sie unterschreiben einen 3-Jahres-Vertrag und zahlen Mitgliederbeiträge, aus denen sich das Gremium finanziert. Als Gegenleistung erhalten sie Zugang zu nichtöffentlichen Informationen und können an der Entwicklung der vom W3C betreuten Standards wie HTML, CSS, XML usw. mitwirken.

Die Arbeit des W3-Konsortiums unterteilt sich in so genannte **Aktivitäten** (*Activities*). Es gibt mehrere Dutzend solcher Aktivitäten. So gibt es Aktivitäten für HTML, XML, CSS usw. Für jede der Aktivitäten gibt es **Arbeitsgruppen** (*Working Groups*) und **Interessensgruppen** (*Interest Groups*). Während die Interessensgruppen eher Einfluss nehmenden Charakter haben, befassen sich die Arbeitsgruppen mit der eigentlichen Ausarbeitung der Inhalte. Beide Gruppenarten setzen sich aus Mitgliedern des W3C zusammen. In den Arbeitsgruppen sitzen also auch viele Vertreter von Softwareherstellern. Das unabhängige Kern-Team des W3-Konsortiums überwacht die Aktivitäten. Beim Entwickeln von Standards besteht die Ausarbeitung im Erstellen und Publizieren von technischer Referenz-Dokumentation zu dem betreffenden Standard.

Über die Einstiegsseite des W3-Konsortiums (*www.w3c.org/*) können Sie alle Aktivitäten der Organisation mitverfolgen. Mittlerweile gibt es auch ein Deutsches Büro des W3-Konsortiums, das in deutscher Sprache über die Arbeit des W3-Konsortiums berichtet (*www.w3.org/ Consortium/Offices/Germany/*). Für alle, die sich professionell mit Web-Design beschäftigen, sind regelmäßige Besuche auf den Web-Seiten des W3-Konsortiums mittlerweile Pflicht.

1.5 Hypertext

1.5.1 Definitionen zu »Hypertext«

Hypertext und Text

Text wird »der Reihe nach« geschrieben und gelesen. Diese Linearität liegt jedoch nicht an der Natur des Mediums »Text«, sondern an den bisher üblichen Text-Präsentationsmedien. Angefangen von der Papyrus-Rolle bis hin zum modernen Buch: Text wird wie selbstverständlich als Buchstabenwurm an einem langen Spieß aufgereiht. Frederic Vester beschreibt dies am Ende seines Buchs *Neuland des Denkens* folgendermaßen: »*Das Medium »Buch« mit der linearen Anordnung eines in diesem Falle ca. 1,9 Kilometer langen Buchstabenwurms ist, wie letztlich die Sprache überhaupt, nur bedingt geeignet für das Thema, das ich mir hier vorgenommen habe. Der Versuch, ein Gesamtbild der vernetzten Wirklichkeit zu geben, die eigentlich nur simultan erfasst werden kann, muss daher zwangsläufig unvollkommen bleiben.*«

Ohne auf die metaphysische Verzweiflung, die in diesem Zitat zum Ausdruck kommt, näher einzugehen, lässt sich feststellen: Es gibt eine moderne Kritik an der Linearität. Nicht unbedingt an der Linearität auf der Ebene einzelner Sätze oder Passagen, sondern auf der Ebene eines größeren Textes, der aus vielen, in sich erkennbaren Teilen besteht und aufgrund seines Präsentationsmediums dazu verdammt ist, von vorne bis hinten wahrgenommen zu werden.

Hypertext ist ein nichtlineares Medium zur Präsentation von solchen Texten. An die Stelle des Buchstabenwurms treten vernetzte Einheiten von Text. Durch die Unterstützung der Computer schwindet die Abhängigkeit von der Rolle, vom rein linearen Medium. Bei Weiterdenkern hat das die Hoffnung ausgelöst, man könne das Verfassen und Lesen von Texten dem menschlichen Denken und Verstehen besser anpassen als bisher.

Hypertext, Hypermedia und Multimedia

Hypertext ist nicht etwas anderes als Text. Hypertext ist nach wie vor Text, nur kein Text mehr, der dem Leser durch sein reines Erscheinungsbild suggeriert, man müsse ihn von vorne bis hinten lesen. Vermittelt wird auch bei Hypertext Information, Unterhaltung usw. Unter den Medien geht der Trend allerdings hin zu visuell auffälligeren Medien, also zu Bildern, Videos, und simulierten, bewegten Welten. Die konsequente Weiterentwicklung von Hypertext ist deshalb »Hypermedia«. Hypermedia ist jedoch etwas anderes als »Multimedia«, das in aller Munde ist. »Multimedia« heißt nichts anderes als: »viele Medien zugleich«. »Hypermedia« bedeutet dagegen: »viele Medien, jedoch in einer Weise organisiert, wie es von Hypertext her bekannt ist«. Das Präfix »Hyper-« steht also für eine bestimmte Art von Organisation. Diese Art von Organisation zeichnet sich aus durch Fragmentierung einzelner Einheiten einerseits und intelligente Vernetzung dieser Einheiten andererseits.

Nicht der Unterschied zwischen »Hypertext« und »Hypermedia« ist entscheidend, sondern der Unterschied zwischen »Hyper-« und »Multi-«. Alles auf einmal serviert zu bekommen, führt lediglich zu Reizüberflutung. Entscheidend ist für den Rezipienten, alles so serviert zu bekommen, wie er es sich jeweils wünscht. Dieses Versprechen versuchen Hypertext und Hypermedia einzulösen.

Hypertext, Kapitel, Verzeichnisse und Querverweise

Stark strukturierte Bücher enthalten im Prinzip alles, was Hypertexte auch enthalten: hierarchische Strukturen (Kapitel und Unterkapitel), verbindende Elemente (Querverweise) sowie unterschiedliche Informationszugänge (Inhaltsverzeichnisse, Stichwortverzeichnisse). Der Unterschied liegt allein in der Präsentation: das Buch »empfiehlt« sich rein äußerlich trotz der nicht-linearen Angebote letztlich, linear bewältigt zu werden – »Seite für Seite«. Bei Hypertexten, die am Bildschirm präsentiert werden, wird diese stillschweigende »Recommendation« von Büchern aufgebrochen.

Überspitzt kann man es so ausdrücken: Text in Büchern, auch in stark strukturierten Büchern, liest man; Hypertext dagegen liest man nicht, sondern man »navigiert« darin. Ob das Lesen dabei tatsächlich zu kurz kommt, ist eine durchaus ernst zu nehmende Frage, der sich das Medium Hypertext stellen muss.

Es gibt durchaus auch Bücher, die nicht von vorne nach hinten gelesen werden: Lexika beispielsweise, oder auch Fachbücher mit Nachschlage-Charakter. Und genau bei dieser Sorte Literatur hat sich Hypertext bislang auch am erfolgreichsten bewährt. Kaum vorstellbar ist Hypertext dagegen bei literarischen Gattungen wie klassischen, aus einem klaren Handlungsstrang bestehenden Romanen. Andererseits besitzen die meisten modernen Romane eben keinen solchen klaren Handlungsstrang mehr. Seit mindestens hundert Jahren schon bewegt sich auch die schöngeistige Literatur weg von der Linearität. Damit wird sie ebenfalls relevant für Hypertext, auch wenn sich auf diesem Gebiet alles eher noch in der Experimentierphase befindet.

Hypertext, Computer und Computernetze

Hypertext wird heute ausschließlich auf Computern realisiert, weil Computer die spezifischen Anforderungen von Hypertext hervorragend unterstützen. In der Vergangenheit gab es jedoch auch Versuche, so etwas wie Hypertext mit herkömmlichen Mitteln zu realisieren. So kam in den frühen siebziger Jahren ein didaktisches Konzept in Mode, das sich »programmierte Unterweisung« nannte. Es handelte sich um Bücher, die man nicht sequenziell lesen konnte, sondern die so aufgebaut waren, dass der Schüler kleine Informationshäppchen oder Fragen angeboten bekam und dazu eine Auswahl an Querverweisen zu anderen Stellen im Buch. Auch die Verweisziele waren Informationshäppchen oder Kommentare zu der ausgewählten Antwort mit neuen Querverweisangeboten zu anderen Stellen.

Es zeigte sich jedoch, dass das viele Blättern in solchen Büchern nicht gerade die Konzentration auf den Lehrstoff förderte. Hier sind Computer weit überlegen. Ein Klick mit der Maus auf einen Verweis, und das gewünschte Verweisziel wird angezeigt. Diese Tatsache kann gar nicht unterschätzt werden. Unterbrechungszeiten von mehr als drei Sekunden zerstören nachweislich eine anhaltende Konzentration. Blättern dauert meist länger und erfordert außerdem Gehirn-Reserven. Klicken und warten, bis der neue Inhalt da ist, geht in der Regel schneller und verbraucht keine oder viel weniger Reserven.

Elektronische Präsentation von Text hat allerdings auch Nachteile (es geht hier nicht um die Zwangsvorstellungen von Leuten, die meinen, nicht ohne Papier leben zu können): einem elektronischen Hypertext kann man nicht ansehen, wie groß er ist, d.h. man kann sich keine rechte Vorstellung davon machen. Das kann beängstigend oder beruhigend wirken, je nachdem, wie der Anwender gegenüber dem Medium eingestellt ist. Es kann angenehm sein, nicht zu wissen, wie groß »das Ganze« ist, weil man ja zunächst sowie nicht alles zu überblicken imstande ist. Es kann aber auch unangenehm sein, so gar keine Vorstellung über das Ganze zu haben. Hypertext-interne Techniken wie Web-Views versuchen entsprechenden Ängsten beim Anwender entgegentreten.

Aber es bleibt nicht bei dem Problem, die Größe eines einzelnen Hypertextes zu erfassen. Hypertexte neigen nämlich ferner dazu, sich untereinander zu vernetzen und dadurch immer größere »Ganzheiten« hervorzubringen. Deshalb sind lokal auf einem Computer oder Speichermedium verfügbare Hypertexte auf die Dauer unbefriedigend. Schon früh (bereits 1965 bei Ted Nelson) kam deshalb der Wunsch auf, Hypertext-Einzelprojekte weltweit zu vernetzen. Doch erst Ende der achtziger Jahre, als das Thema Hypertext in weiteren Kreisen diskutiert wurde, wurde die Idee geboren, das weltweite Internet für einen Hypertext-orientierten Dienst zu nutzen. Aus diesen Überlegungen entstand Anfang der neunziger Jahre schließlich das World Wide Web.

Grundsätzliche Positionen zu Hypertext

Folgende grundsätzliche Positionen zu »Hypertext« lassen sich unterscheiden:

- Jene Position, die in Hypertext die konsequente Weiterentwicklung von stark strukturierten Texten sieht. Zitat Kuhlen: »*Wir kommen zu dem Ergebnis, dass Hypertext die auch schon in Texten verwendeten nicht-linearen Gestaltungsmittel zum Prinzip erhebt...*«. (Rainer Kuhlen: Hypertext – Ein nicht-lineares Medium zwischen Buch und Wissensbank, Berlin, Heidelberg, New York, 1991)

- Jene Position, die in Hypertext eine neue, besonders benutzerfreundliche Recherche in großen Informations- und Datenbeständen sieht. Zitat Schnupp: »*Hypertext spannt über Textdokumente eine Hyperstruktur zur Unterstützung von Recherchen auf*«. (Peter Schnupp: Hypertext; In der Reihe: Handbuch der Informatik, Band 10.1, München, 1992)

- Jene Position, die in Hypertext die Schaffung neuer kreativer Freiräume und Dimensionen für Autoren und Leser sowie das Verschwimmen der Grenzen zwischen Autor und Leser sieht. Zitat Joyce: »*Hypertext narratives become virtual storytellers and narrative is no longer disseminated irreversibly from singer to listener or writer to reader.*« (Hypertext-Erzählungen werden virtuelle Geschichtenerzähler, und Erzähltes wird nicht mehr unumkehrbar nur von Sänger zu Zuhörer oder von Autor zu Leser verbreitet). (Michael Joyce: Interview, Discover, The World of science, November 1989)

Rainer Kuhlen vertritt die erste Position am deutlichsten. Über die Linearität von Text schreibt er: »*Linearität beruht aus texttheoretischer Sicht auch auf der richtigen Verwendung mikrotextueller, Kohäsion erzeugender Mittel*«. Dazu gehören z.B. ausdrückliche Leseanweisungen wie »dies ist so zu verstehen, dass...«, oder hinweisende Ausdrücke wie »dies wurde ja schon im ersten Kapitel problematisiert«. Die Zusammenhänglichkeit linearer Texte benutzt also immer auch Mittel, welche die Linearität sprengen. Diese Linearität sprengenden Mittel werden in Hypertexten einfach zum Prinzip erhoben. Aus Texten mit textimmanenten, Kohäsion erzeugenden Mitteln werden »informationelle Einheiten« (Kuhlen), die durch ausführbare Verweise untereinander vernetzt werden. Die Verweise leisten dabei nichts grundsätzlich Neues. Es sind keine willkürlichen, sondern semantisch begründbare, argumentative Verknüpfungen, die zur Navigation oder zum Herstellen von Querbezügen dienen. Neu ist nur deren computerunterstützte Ausführbarkeit.

Im Web gibt es beispielsweise unzählige kleine, in sich abgeschlossene Projekte, die bewusst die Mittel von HTML nutzen, um eine Hypertext-Struktur zu realisieren (die Homepage, bestehend aus ein paar Web-Seiten). Solche Projekte sind jedoch zu klein, um darin umfangreiche Daten-Recherchen durchzuführen. Sie sind am ehesten durch die Position zu beschreiben, die Rainer Kuhlen einnimmt.

P. Schnupp betont dagegen die Recherche-Position am deutlichsten – wohl auch deshalb, weil er kleinen Projekten gar keinen Hypertext-Charakter zubilligt. Seine Einführung zum Thema beginnt mit den Worten: »*Das Bedürfnis, aus dem Hypertext entstand, ist das gleiche, welches von der Datei zur Datenbank führte*«. So wie die Datenbank bei strukturierten Daten gegenüber der Einzeldatei neue Möglichkeiten der Datenabfrage erschloss, will Hypertext »*die interaktive Recherche in umfangreichen Textbeständen erleichtern und beschleunigen*«.

Neu sind für Schnupp bei Hypertext vor allem die intuitiven, kein tieferes EDV-Wissen voraussetzenden Recherche-Techniken: »*Ähnlich wie die Spreadsheets dem individuellen Benutzer die Programmierung numerischer Anwendungsaufgaben zugänglich machten, bringt Hypertext ihm die selbständige Erstellung und Pflege umfangreicher Textarchive. Wie bei Daten wird auch bei Texten erst durch deren Verknüpfung ein großer Teil des in ihnen gespeicherten 'Wissens' zugänglich*«.

Bei Projekten mit großen Textbeständen stößt eine Realisierung mit lauter einzelnen, statisch abgespeicherten und aufrufbaren Texteinheiten in der Tat irgendwann an Grenzen. Bei solchen Datenbeständen erwartet der Anwender zu Recht eine Suchmöglichkeit, die den Datenbestand nach Ausdrücken oder Kriterien durchforstet und die Suchergebnisse »on demand« aufbereitet.

Die Auffassung vom kreativen Grundwesen von Hypertext hält sich ebenfalls noch immer. Gerade im literarischen Bereich wird – zumindest dort, wo die Autoren mit Computern umgehen können – mittlerweile viel mit Hypertext experimentiert. Dabei steht jedoch nicht unbedingt die Transparenz bei der Informationsbeschaffung im Vordergrund, sondern im Gegenteil sogar eher das »Locken des Lesers in lauter interessante Teilwelten«. Der Rezipient wird dabei bewusst dem Stress ausgesetzt, an einer anderen Stelle, die er bereits verfolgt, aber per Verweis wieder verlassen hat, etwas zu verpassen. Ob dieses bewusste Unter-Stress-gesetzt-werden allerdings von Rezipienten als spannend oder eher als nervig empfunden wird, gehört zur künstlerischen Kritik. Hypertext ist jedenfalls in der Lage dazu, solche Dinge mit Lesern zu treiben, und vernetzte Texte, die für sich selbst in Anspruch nehmen, ein künstlerischer Ausdruckswille zu sein, lassen sich nicht mit informationswissenschaftlichen Methoden messen.

1.5.2 Begriffe rund um Hypertext

Nodes, Units, Items, Informationelle Einheiten

Hypertexte sind so konzipiert, dass sie nicht zum sequenziellen Lesen gedacht sind. Was aber soll das sequenzielle Lesen ersetzen? Die Antwort: Texteinheiten, die in sich abgeschlossen sind und jeweils einen kleinen »Informationshappen« anbieten. Durch die intelligente Vernetzung solcher Texteinheiten entsteht dann jener Informationsraum, den man als Hypertext bezeichnet. Für die Texteinheiten hat man in der Vergangenheit viele Namen gefunden. Hier eine Auswahl:

- **node** (beim Datenmodell HAM)
- **unit** oder **item**
- **document** (beim Softwareprodukt Intermedia)
- **card** (bei den Softwareprodukten NoteCards und HyperCard)
- **information blocks**
- **frame** (beim Softwareprodukt KMS)
- **statement** (beim Softwareprodukt Augment)
- **message** (beim Softwareprodukt KnowledgePRO)
- **article** (beim Softwareprodukt HyperTies)
- **hyper-molecule** (beim Softwareprodukt HyperCOSTOC)
- **guideline** (bei den Softwareprodukten Guide und NaviTextSAM)

Einige der genannten Softwareprodukte sind historisch und nicht mehr auf dem Markt. Die Liste lässt jedoch erkennen, dass all diese Produkte so etwas wie informationelle Einheiten kennen. Nur das World Wide Web lässt etwas Derartiges vermissen, und auch in HTML gibt es nichts, wodurch sich eine informationelle Einheit definieren lässt. Für diese Zurückhaltung gibt es allerdings gute Gründe. Das Definieren informationeller Einheiten kann nämlich leicht zu Einschränkungen in Bezug auf deren Inhalt führen. Eine »card« oder eine »message« ist im Grunde kein leerer Behälter, sondern ein Behälter, der schon in seinem Namen, aber auch meist durch seine technische Umsetzung gewisse Vorstellungen von dem ausdrückt, was er als Inhalt erwartet. Auf solche Vorgaben wollte man im Web verzichten. In der Regel ist eine HTML-Datei eine sinnvolle informationelle Einheit. Manchmal sind es aber auch Teile einer HTML-Datei, die per Anker anspringbar sind. Auch kann ein ganzes, überschaubares und in sich geschlossenes Projekt, das aus mehreren Dateien besteht, als informationelle Einheit betrachtet werden. Bei dynamisch erzeugten Inhalten sind die Grenzen einer Einheit wieder andere. Im Web ist auch Text möglich, der gar nicht wie »typischer Hypertext« wirkt. Auch die Dokumentation, die Sie hier lesen, hat zum Teil eher klassisch-sequenziellen Lese-Charakter als das, was man von typischem Hypertext erwartet. Dennoch gibt es auch in dieser Dokumentation und im Web allgemein zweifellos einzelne, erkennbare Topics. Es gibt nur kein vorgegebenes Schema, in das sich solche Topics einpassen müssen.

n:m-Relation, kohäsive Geschlossenheit

Eine Hypertext-Einheit muss dem Anspruch genügen, von ganz verschiedenen Kontexten aus gesehen ein sinnvolles Verweisziel zu sein. Wenn der Anwender an irgendeiner anderen Stelle auf einen Verweis klickt, der zu dieser Texteinheit führt, muss die Texteinheit so gestaltet sein, dass sie in jedem Fall den Gedankensprung, den der Anwender mit dem Verweis »gewagt« hat, belohnt. Da der Kontext, also der Informationszusammenhang, von dem aus der Anwender zu dieser Texteinheit springt, ganz verschieden sein kann, muss diese Texteinheit so konzipiert sein, dass sie alle denkbaren Kontexte befriedigt. Das kann sie nur leisten, indem sie sich gewissermaßen »einigelt« und sich radikal auf ihre eigene Aussage konzentriert. Diese Einigelung bezeichnet man als »kohäsive Geschlossenheit«. Die Konstellation, dass viele verschiedene andere Texteinheiten zu ein und derselben Texteinheit verweisen können, gilt als n:m-Relation (n = viele, m = irgendein Ziel, aber ein bestimmtes Ziel).

Mit dem Begriff der »informationellen Einheit« versucht Kuhlen, einen informationswissenschaftlich diskutierten Begriff für die »Einheiten« eines Hypertextes zu etablieren. Dabei geht er auch auf die Problematik der kohäsiven Geschlossenheit solcher Hypertext-Einheiten ein, denn:

»Wissen bzw. aktuelle Information ist immer in einen größeren semantischen und/oder argumentativen Kontext eingebunden« (Kuhlen, S.81). Es gibt kein »autonomes Stück Information«. Wie kann dann in Hypertext-Einheiten, die dem Anspruch genügen müssen, kohäsiv geschlossen zu sein, Information angeboten werden? *»Obgleich die Kunst zweifellos darin besteht, informationelle Einheiten so festzulegen, dass sie aus sich heraus verstanden werden können, müssen sie doch gleichzeitig auf ihren informationellen Kontext verweisen«* (Kuhlen, S.81).

Eine Hypertext-Einheit muss demzufolge inhaltlich in sich geschlossen sein und gleichzeitig ausdrücklich auf übergeordnete oder verwandte Information verweisen, um dem Leser/Anwender so ihren Informationskontext zu zeigen. Dies kann durch ausführbare Querverweise, durch Verweise auf übergeordnete Ebenen oder durch Verweise auf besondere Navigationshilfen geschehen.

Web-Views

Einem elektronisch gespeicherten Hypertext kann man – im Gegensatz zu einem Buch etwa – nicht unmittelbar ansehen, wie umfangreich er ist. Der Leser/Anwender tut sich mit der Navigation im Informationsangebot jedoch leichter, wenn er sich eine plastische Vorstellung des Informationsangebots machen, sich also einen »Informationsraum« mit dieser oder jener Größe und Komplexität vorstellen kann. Das verringert die Gefahr des »Lost in Hyperspace«-Gefühls (siehe den gleichnamigen Abschnitt weiter hinten).

Web-Views sind Gesamtsichten auf einen Hypertext mit der Absicht, den dargebotenen Informationsraum zu visualisieren. Ein Web-View soll dem navigierenden Anwender den gesamten Hypertext als eine Art Stadtplan zeigen und möglichst in jeder beliebigen Situation ein »Sie befinden sich hier!« ausgeben können. Dazu bedarf es allerdings ausgereifter grafischer Darstellungsmöglichkeiten. Man stelle sich einen Hypertext mit zigtausend Texteinheiten und noch mehr Verknüpfungen vor. Die Visualisierung eines solchen Netzes wirft Probleme auf, und es ist fraglich, wie groß der Orientierungsgewinn für den Navigierenden dabei ist. Sinnvoller sind in der Praxis lokale Web-Views, die den aktuellen Dokumentteil im Zusammenhang darstellen, oder ferne Web-Views, die vor dem Ausführen eines Verweises zu einem anderen Dokumentteil diesen Dokumentteil auf Wunsch in Form einer Übersicht präsentieren.

Fish-Eye-Views

Ein Fish-Eye-View ist das Angebot, per Verweis zu näherer Information über ein angeschnittenes Thema zu gelangen. Die Möglichkeit, sich in ein beliebiges Thema unverzüglich und beliebig weit vertiefen zu können, gehört zu den Hypertext-Visionen. Kein langes Blättern, kein Griff in ein anderes Regal, kein Gerenne in eine andere Bibliothek mehr, sondern nur ein Mausklick oder ein Tastendruck. Verfügbarkeit der Information im Moment der Konzentration und des spontanen Interesses. Das soll den »informationellen Mehrwert« (Kuhlen) von Hypertext gegenüber herkömmlicher Informationsbeschaffung begründen.

Voraussetzung sind Hypertext-Netze von gigantische Ausmaß. Als der große Vordenker solcher Netze gilt Ted Nelson. Mit seinem Projekt **Xanadu** hat er solch ein Netz schaffen wollen. Der Durchbruch wurde dem Projekt jedoch verwehrt. Stattdessen haben wir heute mit dem World Wide Web ein Netz, dessen Wachstum selbst die kühnsten Träume der Hypertext-Visionäre in den Schatten stellt. Doch gerade das unkontrollierte Wuchern dieses Netzes macht es schwer, Fish-Eye-Views zu realisieren. Da hier auch die Qualität der Information so unterschiedlich ist, ist ein organisiertes System von Fish-Eye-Views allenfalls in Teilen des WWW realisierbar, etwa zwischen bestimmten wissenschaftlich orientierten Informationsbereitstellern.

Information Retrieval

Information Retrieval ist die Art und Weise, wie ein Anwender in einem großen Datenbestand letztendlich an konkrete Informationen herankommt. Ein ausgereiftes Hypertext-Projekt erreicht vom Umfang her leicht vielbändige Werke. Ein solcher Hypertext wird wohl eher zur gezielten Informationssuche genutzt, nicht zum gemütlichen Schmökern. In klassischen Datenbanken gelangt der Informationssuchende zu seiner gewünschten Information über entsprechende Suchabfragen. Diese Suchabfragen muss er formulieren, z.B. »zeige mir alle Kunden, die in Monaco wohnen, ledig sind und mehr als 10000 Mark im Monat verdienen«. Dabei muss man jedoch vorher wissen, wonach man sucht. Bei textorientierten Informationsbeständen ist die Formulierung einer Suchabfrage schwieriger als bei strukturierten Daten. Stichwortsuchen in einer Volltextdatenbank können – zumindest ohne Einsatz von künstlicher Intelligenz – niemals so aufschlussreiche und exakte Suchergebnisse liefern wie Suchabfragen in einer feldorientierten Datenbank.

In textorientierten Informationsbeständen muss der Informationszugang deshalb idealerweise mehrgleisig organisiert werden. Die programmunterstützte Stichwortsuche sollte ebenso möglich sein wie der Zugang über ein fein gegliedertes System von Verweisen.

Orientierung, Navigation, »Lost in Hyperspace«

Wenn man einen Hypertext »aus der Vogelperspektive« betrachtet, gibt es darin n:m-Relationen. Aus Sicht des Lesers eines Hypertextes gibt es jedoch keine n:m-Relationen. In einer gegebenen

Situation gibt es höchstens eine 1:n-Relation, also mehrere Verweise, die von der aktuellen Texteinheit wegführen. Diese Verweise stellen – gemeinsam mit immer verfügbaren Hypertext-Funktionen wie Backtracking und Lesezeichen – das Arsenal an Orientierungsmöglichkeiten dar, die der Anwender nutzen kann, um sich im Informationsangebot sinnvoll zu bewegen.

Was sich aus der Vogelperspektive als freies Bewegen in einem faszinierenden Netz darstellen mag, ist aus der Sicht eines konkreten Benutzers dieses Netzes die Aufgabe, sich in dem Netz, das er nicht unmittelbar überschaut, zurechtzufinden, zu orientieren. Sich in einem nicht komplett übersehbaren Hypertext-Netz bewegen heißt, darin zu **navigieren**. Die Anleihe aus der Welt der Hochseeschifffahrt ist bewusst gewählt und hat den Browser-Anbieter Netscape dazu bewegt, sein berühmtes Programm zunächst *Netscape Navigator* zu nennen.

Der Navigierende orientiert sich an den angebotenen Verweisen. Wenn die Verweise nicht intelligent sind, keinen kontextuellen Zusammenhang herstellen, droht der Navigierende die Orientierung zu verlieren und in jenen Zustand zu geraten, den man in der Hypertextliteratur als **Lost in Hyperspace** – verloren im Hyperraum – bezeichnet.

Pfade, Trails, Guided Tours

Die meisten Hypertext-Anwender sind noch keine erfahrenden »Navigatoren«. Sie sind die Informationsaufnahme von Büchern gewöhnt und wünschen sich neben den waschechten Hypertext-Sprüngen auch die Möglichkeit, das Informationsangebot nach einer vorgegebenen Schrittfolge durchzugehen. Solche Ketten von aneinandergereihten Einheiten eines Hypertextes bezeichnet man als **Pfad** – engl. *trail* – oder auch als **geführte Touren** – engl. *guided tours*.

Die HTML-Version dieses Buches bietet Ihnen auf Seiten wie dieser hier beispielsweise am Seitenende Sprünge zur nächsten und vorhergehenden Seite an. Dabei ist es gewiss nicht immer so, dass das nächstliegende Thema dem aktuellen Thema inhaltlich besonders nah steht. Es handelt sich vielmehr um ein Angebot, das auch in kritischen Situationen zum Weiternavigieren ermutigen soll – also in Situationen von der Art: »Ich weiß ja gar nicht, was mich als Nächstes interessiert« (das typische Gefühl des Lost in Hyperspace).

Backtracking, Historie, Lesezeichen

Backtracking meint das Rückwärtsverfolgen eines eingeschlagenen Lesepfads. Historie ist das, was dazu nötig ist: ein Protokoll der bis zu einem Zeitpunkt besuchten Hypertext-Einheiten. **Lesezeichen** – engl *bookmarks* – sind Marken, die der Leser an für ihn besonders interessanten oder zentralen Texteinheiten setzt und zu denen er jederzeit springen kann.

Im Hypertext selbst sind solche Funktionen nicht realisierbar, höchstens ansprechbar (so kann der Autor einer Web-Seite mit JavaScript beispielsweise die besuchten Web-Seiten des Anwenders abfragen). Zunächst einmal muss jedoch die verwendete Navigations-Software diese Funktionen dem Anwender zur Verfügung stellen, da es sich in beiden Fällen um sessionspezifische Navigationsdaten bzw. anwenderspezifische Navigationsschwerpunkte handelt.

Bei einigen Softwareprodukten ist die Lebensdauer von Lesezeichen und Historie auf eine Sitzung (Session) begrenzt, d.h., die Daten werden nur im Arbeitsspeicher gehalten und gehen nach Beenden des Navigationsprogramms verloren, oder sie sind dauerhaft in Dateiform speicherbar. Die meisten modernen Browser erlauben dem Anwender, selber einzustellen, wie weit die Historie zurückverfolgbar sein soll.

Browsing, Authoring

Browsing bedeutet Herumstöbern, und zwar mit kreativem oder informationellem Mehrwert. Das ist es, was sich begeisterte Hypertext-Anhänger für den Leser eines Hypertextes erhoffen. Doch solange es noch keine Hyper-Computer gibt, werden die Verweise, die der Leser entdecken soll, von Autoren eingerichtet.

Authoring ist der eigentlich unmögliche Versuch, einen Hypertext mit all der Intelligenz auszustatten, die dem Leser den Mehrwert gegenüber sequenziellem Text erst vermitteln soll. Eigentlich müssten also hyper-intelligente Autoren für normal-intelligente Leser schreiben. Doch nicht nur, dass normal-intelligente Autoren an Hypertexten schreiben – nein, auch Leser selbst schreiben Hypertexte fort. Denn auch das Fortschreiben durch Anwender gehört zum Authoring in manchen Hypertext-Systemen. Die Trennung zwischen Autor und Rezipient ist im Hyptertext-Bereich zumindest theoretisch fließend und zum Teil aufgehoben, weil printmedienbedingte Zwänge wie Auflagenhöhen, Neuauflagenkalkulationen usw. weitgehend entfallen.

Bei Hypertext-Systemen unterscheidet man generell zwischen reinen Browsern (Nur-Lese-Zugriff) und Systemen, die das Editieren bzw. Fortschreiben erlauben. Ein Fortschreiben von allem seitens aller ist jedoch in der Praxis nur in geschlossenen Benutzerkreisen möglich, um rechtlichen Missbrauch von geistigem Eigentum zu vermeiden und Qualität zu wahren. Im Web herrscht deshalb – obwohl Gründervater Tim Berners-Lee sich dagegen lange wehrte – eine klare Trennung zwischen Anbietern und Lesern von Web-Seiten. Über technische Umwege wie die CGI-Schnittstelle ist es allerdings möglich, interaktiv wachsende Web-Projekte, an denen mehrere Personen online arbeiten können, zu realisieren. Ein Diskussionsforum ist beispielsweise eine derartige Anwendung, und Diskussionsforen mit vielen, hochwertigen Beiträgen gehören deshalb wohl auch zu den spannendsten, modernen Formen von Hypertext.

Sharks, Holy Scrollers, Karteisysteme, Buchmetapher

In der Hypertext-Fachwelt geht ein Streit zwischen jenen, die das Scrollen (Hoch- oder Runterfahren im Text) verboten haben wollen, und solchen, die es erlauben möchten. **Sharks** (*Haie*) nennt man jene, die dafür plädieren, dass eine Texteinheit immer auf einen Blick erfassbar sein sollte; **Holy Scrollers** sind jene, die dem Umfang einer Texteinheit keine bildschirmbedingten Grenzen aufzwingen wollen. Sharks tendieren dazu, Hypertexte als Karteisysteme zu kreieren. Grundelement ist dabei die Karteikarte mit ihrer unveränderlichen Größe. Holy Scrollers bevorzugen dagegen die Buchmetapher beim Design von Hypertexten. Grundelement sind dabei Textabschnitte von variabler, den Gegebenheiten angepasster Länge.

Heute haben sich weitgehend Systeme durchgesetzt, die einer Texteinheit keine Längenbeschränkungen auferlegen. Auch Web-Seiten können beliebig lang sein. Dennoch wird gerade im WWW mit Hilfe von Techniken wie Frames häufig auch eine scroll-freie Informationsdarbietung angestrebt, denn das Erfassen eines gesamten Informationszusammenhangs auf einen Blick hat unbestreitbare Vorteile.

Hypertext Abstract Machines

»In vielen Bereichen der Programmierung hat es sich oft als die beste Implementierungsmethode erwiesen, mit softwaretechnischen Mitteln eine abstrakte oder virtuelle Maschine...für eine Klasse von

Anwendungsprogrammen zu realisieren, auf der dann die eigentliche Software aufbaut.« (Schnupp, S.85).

Ein Beispiel dafür sind Datenbanken wie *dBase*, *FoxPro* u.v.a., die an die Stelle spezieller Einzelsoftware treten, etwa für Kundenverwaltung, Bibliotheksbestand-Verwaltung usw. Für Hypertext gilt das Gleiche: Man kann einen Hypertext fest programmieren, oder man programmiert eine unabhängige, abstrakte Software, die das Implementieren von Hypertexten unterstützt, indem sie geeignete Mittel und Funktionen zur Verfügung stellt. Als professionelle Systeme dieser Art nennt Schnupp z.B. das Produkt *HAM* (Hypertext Abstract Machine) oder *HyperBase*.

Noch einen Schritt weiter geht jedoch das Konzept, lediglich ein Hypertext-Datenformat zu standardisieren, ohne es an eine bestimmte Software zu binden. Das bisher anspruchsvollste Format dieser Art ist SGML (Structured Generalized Markup Language), heute eher in seiner moderateren Ableitung XML verbreitet. Eine Unterklasse von SGML und neuerdings auch von XML ist HTML, das Datenformat für Hypertext im World Wide Web. Hierbei handelt es sich genau genommen nicht mehr um eine Hypertext Abstract Machine, sondern um eine Hypertext Abstract Form – es ist nicht nur anwendungsungebunden, sondern auch maschinenungebunden.

World Wide Web

Hypertext im Web geht in zwei Punkten über die an bestimmte Softwareprodukte gebundenen Hypertext-Realisierungen in der Geschichte von Hypertext (Kapitel 1.5.3) hinaus:

- Hypertext im Web setzt auf einer softwareunabhängigen Hypertext-Beschreibungssprache auf, nämlich auf HTML (Hypertext Markup Language).

- Hypertext im Web setzt auf einem weltweiten, bereits vorhandenen und etablierten Computernetzverbund auf, dem Internet.

Lediglich Ted Nelsons Xanadu-Projekt verfolgt einen ähnlich weitreichenden und globalen Ansatz, wurde jedoch von der Entwicklung des Web überholt. Das Web ist eine möglichst allgemein gehaltene Plattform für weltweiten Hypertext, indem es nur Formalien wie Datenformate, Adressierung und Software-Kommunikationsprotokolle festlegt.

Die Realität im heutigen Web sieht allerdings etwas anders aus als in den Träumen der weltweiten Informationsvernetzer. Es dominieren Kommerzialisierung, egozentrische Angebote und Null-Informationen. »Echter« Hypertext führt im Web eher ein Nischendasein. Doch solange die »echten« Hyper-Links ihren Weg durchs Netz finden, ist eine Mehrfachnutzung des Web nicht unbedingt schädlich. Die Kommerzialisierung inklusive Konkurrenzkampf kann auch dazu beitragen, dass finanziell problematische Aspekte wie höhere Bandbreiten bei der Datenübertragung in Zukunft leichter lösbar sind.

1.5.3 Geschichte von Hypertext

Vannevar Bush und sein »Memex«

»Bushs 'Memex' ist ein (auf dem Papier entworfenes, nicht experimentell realisiertes) Informationssystem, das auf dem methodischen und technischen Stand dokumentarischen Wissens (Indexieren, kontrollierte Vokabularien, Relationierung und Mikroverfilmung) von 1945 aufsetzte, dieses

allerdings mit der Radikalisierung der Idee der Verknüpfung ('association') kritisierte und erweiterte und damit einen richtungsweisenden Entwurf vorlegte, der bis heute die Ideen von Systemgestaltern befruchtet. Memex war als eine Maschine konzipiert, welche das menschliche Gedächtnis und sein Assoziationsvermögen erweitern und unterstützen sollte...Bush stellte sich eine Kamera vor, die an der Stirn befestigt sein sollte und durch die alles, was im Verlaufe eines Tages das Interesse des Besitzers weckte, sofort aufgenommen und im Memex verfügbar gemacht werden sollte« (Kuhlen, S.67).

Vannevar Bushs **Memex** (1945) gehört in den Bereich des technisch-wissenschaftlichen Utopismus. Doch die Memex-Utopie gehört zu jenen Utopien, deren Grundgedanke zu überzeugend ist, um sie einfach ins Reich der Fabeln zu verbannen:

»The human mind...operates by association. With one item in its grasp, it snaps instantly to the next that is suggested by the association of thoughts, in accordance with some intricate web of trails carried by the cells of the brain« (Bush) – »der menschliche Geist ... arbeitet mit Hilfe von Verknüpfung. Gerade mal einen Inhalt in seiner Reichweite, schnappt er sich sogleich den nächsten, der von der Assoziation der Gedanken vorgeschlagen wird, entsprechend einem undurchsichtigen Netz aus Pfaden, die von den Gehirnzellen getragen werden.«.

Für diesen Grundzug menschlichen Denkens und Verstehens stellte sich Bush eine adäquate maschinelle Unterstützung vor. Diese Vorstellung befruchtet bis heute die Begeisterung für Hypertext.

Douglas C. Engelbart und sein »Augment«

Augment ist das Hypertext-System mit der längsten Vergangenheit. »Augment« wurde schon ab 1963 am SRI International in Stanford entwickelt, und ab 1978 wurden die kommerziellen Rechte an Tymshare übertragen.

»AUGMENT wurde ursprünglich auf Time-sharing-Großrechnern in einer Netzumgebung entwickelt. Richtungsweisend wurden die eingesetzten Werkzeuge, die den heutigen Standards von Personalcomputern und individuellen Arbeitsplatzrechnern bestimmen: Maus als Eingabemedium, Mehrfenstertechnik mit 'paralleler' Verarbeitung, ... Verknüpfung heterogener Materialien über Zeiger, intensiver, integrierter Einsatz von Graphik...Engelbart sah die durch AUGMENT zu erzielenden Mehrwerteffekte gegenüber linearen Formen wie Bücher in aller Deutlichkeit... AUGMENT war von Anfang an in eine elektronische Kommunikationsumgebung eingebettet, die z.B. verteiltes Publizieren und Editieren, elektronische Dokumentauslieferung, elektronische Post, Telekonferenzen erlauben sollte.« (Kuhlen, S.69).

Die meisten Hypertext-Designer der Vergangenheit unterschätzten im Gegensatz zu Engelbart die Bedeutung des »Look and Feel« für den Endanwender. Auch die Entstehung des World Wide Web hat gezeigt, dass der Durchbruch erst mit den modernen, für grafische Benutzeroberflächen verfügbaren Browsern gelang, nicht mit den Ideen und Konzepten allein, so überzeugend diese auch sein mochten. Engelbart dachte schon an grafische Oberflächen und Mäuse, als Steve Jobs und andere, die gemeinhin als die Begründer der grafischen Benutzeroberflächen gelten, noch Kinder waren. Doch die Zeit war einfach noch nicht reif für die grafischen Vorstellungen von Engelbart. Science-Fiction-Filme aus den 60er Jahren belegen nur allzu deutlich, wie sich die Menschen die Computer der Zukunft vorstellten: als schrankartige Gebilde, die zwar mühelos mit Menschen reden können, aber ansonsten nur aus Kontrolllämpchen, Knöpfchen und maximal einer Primitivkonsole mit einzeiligem Text-Display bestehen. Engelbarts Bedeutung für die Geschichte von Hypertext besteht also vor allem in seiner Erkenntnis, dass Hypertext an visuell attraktive Darstellungstechniken und ergonomische Interaktionsformen gebunden ist.

Ted Nelson und sein »Xanadu«

Die Arbeiten von Ted Nelson – besser, seine Visionen – sind das Fundament heutiger Hypertextforschung und -begeisterung. *»Nicht nur, dass die beiden Bezeichnungen 'Hypertext' und 'Hypermedia' auf ihn zurückgingen, sondern vor allem seine unkonventionellen und über Jahrzehnte verfolgten Ideen eines universalen Wissensverwaltungs- und Informationsbereitstellungssystems, XANADU, machten ihn zu einem der kreativsten Hypertextforscher. Bemerkenswert an Nelson ist weiterhin, dass er sich nicht an etablierte Institutionen und kommerzielle Firmen hat binden lassen, sondern eher immer alternative Wege gegangen ist, verbunden mit einem aufklärerischen Sendungsbewusstsein, das in den letzten Jahren allerdings durchaus die Chance für ökonomische Verwertung gesehen hat«* (Kuhlen, S.69). Nelsons Xanadu-Idee lässt sich bis ins Jahr 1965 zurückverfolgen. Seit Ende der 80er und dem Beginn der 90er Jahre wird »Xanadu« kommerziell vertrieben.

Nelson stellt sich unter Xanadu eine Informationsbank von unbegrenzter Größe vor. *»Das auch heute noch utopisch anmutende Endziel ist dabei die Verwaltung des gesamten Weltwissens über ein riesiges, computerunterstütztes Begriffsnetz, das den Zugriff auf die entsprechenden informationellen Einheiten gestattet. Durch die Möglichkeit der simultanen und kollektiven Bearbeitung eines Dokuments soll der tendenzielle Gegensatz zwischen Autor und Leser aufgehoben werden. Die Aufgabe solcher Systeme beschränkt sich nicht allein auf die Verwaltung der vielfältigen und komplexen Beziehungen zwischen einzelnen Hypertexteinheiten. Es sind darüber hinaus auch Mechanismen erforderlich, die bei extensivem Mehrbenutzerbetrieb die Integrität, Aktualität und auch das Rückverfolgen der Entstehugshistorie eines Dokuments gewährleisten sowie den Schutz von Urheber-, Nutzungs- und Vervielfältigungsrechten unterstützen* (Kuhlen, S.217). Nelsons Xanadu stellt für diese Aufgaben verschiedene Features zur Verfügung.

Über Workstations und leistungsfähige PCs ist der Online-Zugriff auf den Xanadu-Informationsbestand seit 1989/90 möglich. Das System erlaubt neben dem Informationsabruf auch das Einbinden und Vernetzen eigener Daten in den Informationsbestand. Dabei entscheidet der Autor, ob es sich um seine privaten Daten (Zugriff nur durch den Autor selbst möglich) oder um öffentliche Daten (Zugriff für alle möglich) handelt. Der Online-Zugriff auf den Informationsbestand ist kostenpflichtig. Autoren erhalten – computergesteuert – Tantiemen, wenn ihre Daten von anderen Benutzern über Verweise aufgerufen werden. Auf diese Weise kann jeder Benutzer zum Autor werden, und jeder Autor ist immer auch Benutzer. Xanadu hält ferner Werkzeuge zur Versionenkontrolle von Dokumenten bereit. Es bereitet die gespeicherten Daten für den Endbenutzer jedoch nicht selbst auf. Dazu ist eine »Front-End-Browsing-Software« nötig, die für die Bildschirmausgaben sorgt, die Verweise ausführt usw.

Damit hat Ted Nelson die Technologie des World Wide Web schon 25 Jahre vor dessen Entstehen vorweggenommen, und seine Konzepte sind zum Teil ausgereifter (z.B. das Tantiemensystem oder die Dokument-Versionenkontrolle). Verständlicherweise ist Ted Nelson erbost über den Siegeszug des Web, der einfach über ihn hinwegfegte.

Hypertext-Konferenzen

Seit Ende der 80er Jahre ist »Hypertext« keine Sache einzelner, namhaft zu machender Pioniere mehr. Die Techniken von Hypertext wurden seit Mitte der 80er Jahre zunehmend in der Praxis eingesetzt – vor allem in der Online-Dokumentation. Hypertext wurde zu einem anerkannten Gegenstand für Fachkonferenzen. Die ersten wichtigen Hypertextkonferenzen waren:

- 1. Hypertext-ACM-Workshop, 1987, University of North Carolina at Chapel Hill
- AI (Artificial Intelligence) and Hypertext, 1988
- Hypertext I, Aberdeen 1989
- Hypertext '89, Pittsburgh, PA
- Hypertext II, New York 1990
- ECHT (erste europäische Hypertext-Konferenz, Paris 1990)
- Hypertext/Hypermedia-Fachtagung, Basel 1990

Gegenwart und tiefere Gründe für Hypertext

Die Ideen von Tim Berners-Lee, aus denen Anfang der 90er Jahre das World Wide Web entstand, sind also nicht im luftleeren Raum entstanden. Hypertext hat eine Tradition. Denn Hypertext ist eine Konsequenz aus der Vorstellungswelt, die sich im Laufe des 20. Jahrhunderts herausgebildet und alle Bereiche des modernen Alltags der Industriegesellschaften durchdrungen hat. Das moderne Leben darin ist gekennzeichnet durch Fragmentierung. Berufsleben, Familienleben, Vereinsleben erfordern verschiedene Rollen von ein und demselben Menschen und berühren sich nicht oder kaum. Der Broterwerb findet meist woanders statt als dort, wo die Früchte genossen werden. Auch für Erholung und Konsum sind Zonen entstanden, die eigens dafür aufgesucht werden. Der moderne Mensch hat gelernt, Dinge im Leben und im Kopf klar auseinanderzuhalten. Genau das aber ist das Prinzip der fragmentierten Einheiten, das auch Hypertext zugrunde liegt. Und Hypertext lässt sich als der Wunsch begreifen, diese fragmentierten Einheiten zumindest wieder sinnvoll zu verknüpfen, die Verbindungen zwischen ihnen sichtbar und ausführbar zu machen.

Man kann nur Brücken schlagen zwischen Ufern, die man auseinanderhält. Schon Friedrich Nietzsche sah menschliche Stärke darin, Gegensätze in sich auszuhalten. Der Mensch hat die Fragmentierung gewollt, um sich weiterzuentwickeln. Aber ebenso bleibt der Wunsch nach Einheit. Manche versuchen es mit Rückzug in einfache, traditionelle Lebensformen. Und andere eben damit, dem Gedanken der Vernetzung zu folgen. Sie spinnen das Netz (»Weaving the Web«!).

1.5.4 Hypertext und menschliches Verstehen

Vernetzte Texte für vernetztes Denken

»Hypertext scheint unter der Annahme kognitiv plausibel zu sein, dass Wissen im menschlichen Gehirn in vernetzt topologischen, nichtlinearen Strukturen organisiert sei. Unter dieser Annahme könnte die Wissensaufnahme über eine vergleichbare Organisationsform, wie sie durch Hypertext gegeben ist, effizienter sein als eine Aufnahme, die den 'Umweg' über lineare Präsentationsformen (Vorlesungen, Texte) nimmt« (Kuhlen, S.182).

Wenn der Lernende, so die Argumentation, einen neuen Wissensgegenstand in einer vernetzten Umgebung kennen lernt, fällt ihm die Einordnung dieses Wissensgegenstandes in sein eigenes, vernetztes Wissen leichter. Wenn z.B. von dem isolierten Wissensgegenstand »Quesenband-wurm« Verweise zu »Bandwürmer allgemein«, »Wirte und Zwischenwirte«, »Bandwürmer bei Menschen«, »Drehkrankheit« und »Krankheiten durch Bandwürmer allgemein« führen, helfen diese Verweise bei der Einordnung des »Quesenbandwurms« in das vorhandene Wissen.

Integrationskonflikt bei »Netz zu Netz«

Gegen die Annahme, dass vernetzte Wissenspräsentation die Aufnahme von Wissen erleichtert, lassen sich zwei Argumente anführen:

- Das erste Gegenargument führt ins Feld, dass sich der Hypertext-Leser seine Leselinie erst selbst bahnen muss, was Zeit und Energie kostet. Wobei die Wissensaufnahme letztlich nicht anders funktioniert als bei »herkömmlichem« Text: sie *»findet..., auch durch die Navigation in Hypertext, in einer zeitlich sequenziellen Reihenfolge statt, sodass jeder faktische Weg letztlich doch wieder linear ist«* (Kuhlen, S.56) – siehe hierzu auch das Thema *n:m-Relationen und kohäsive Geschlossenheit* (Kapitel 1.5.2).

- Dem zweiten Gegenargument zufolge ist gerade die Integration von vernetztem Wissen in ein Wissensnetz problematischer als die Integration »einfachen« Wissens in das Wissensnetz. Dahinter steht die Annahme, *»dass zwei Netze, zumal wenn sie polyhierarchisch strukturiert sind, schwieriger zu integrieren sind als eine lineare Struktur in ein bestehendes Netz«* (Kuhlen, S.56).

Interaktion und Reaktionsspielraum

Fein strukturierte Hypertexte bieten die Möglichkeit, Information nicht nur auf eine Art, son-dern auf verschiedene Arten, über verschiedene Ebenen, in unterschiedlichen Zusammenhängen zu vermitteln. Der Hypertext-Leser, so die Argumentation, hat also einen Reaktionsspielraum bei der Informationsaufnahme. Durch Zoomen (Fish-Eye-Views), zwangloses Browsen (»He-rumstöbern«), Web-Views usw. kann er in Interaktion mit dem Hypertext-System verschiedene Strategien ausprobieren, um bei Verstehensprozessen zu den gewünschten Aha-Effekten zu gelangen.

Denn jeder kennt den Effekt: Man versteht etwas nicht, obwohl man es ausführlich erklärt bekommt. Und plötzlich versteht man es – ohne viel Erklärung, einfach, weil man den gesuchten Bezugspunkt, das vermisste Stichwort, die individuelll richtige Stelle zum Einordnen ins eigene Gedächtnis gefunden hat.

Unkontrollierte Informationsaufnahme

Gegen Mehrschichtigkeit und Angebotsfülle von Hypertexten wird im Zusammenhang mit Wissenserwerb folgendes Gegenargument angebracht: Der Lernende befindet sich in einem *»anomalous state of knowledge«* (Brooks). In dieser unsicheren Situation ist das Angebot der freien Navigation gerade das Verkehrte. Gerade in diesem Zustand, in dem der Lernende den Stoff noch nicht überschaut, noch nicht viel versteht, noch nicht entscheiden kann, welche Information wichtig und welche unwichtig ist, muss das vermittelnde Medium (Lehrer, Profes-sor, Buch) die Kontrolle übernehmen. Hypertext verlockt zu freiem Navigieren und damit zu Ablenkung, zu unkontrollierter Informationsaufnahme.

»Vom Hundertsten ins Tausendste«: Vor- und Nachteile

»Vom Hundertsten ins Tausendste kommen« ist eine Redewendung mit negativer Bedeutung. Abstrahiert man diese jedoch, bedeutet die Redewendung einfach, dem freien Fluss der Gedanken zu folgen, ohne sich rationalen oder sonstigen Beschränkungen zu unterwerfen. Hypertext unterstützt diese Art zu denken. Ein Vorteil scheint diese Art zu denken in zwei Situationen zu sein:

- Zu Beginn der Beschäftigung mit einem neuen Gebiet. In diesem Stadium unterstützt die freie Navigation das Erwachen von Interesse und damit die geistige Bereitschaft, sich näher auf das Gebiet einzulassen.

- In einem fortgeschrittenen Stadium des Wissens. Wer sich auf einem Gebiet erst einmal auskennt, wird die Möglichkeiten von Hypertext gezielt und souverän nutzen können, da er weiß, wonach er sucht, wenn er ein solches System benutzt.

Ein Nachteil ist die von Hypertext favorisierte Art zu denken während der konzentrierten Wissensaufnahme, während des Lernstadiums, während jener Phase, in der sich der Aufnehmende mentale Modelle vom aufgenommenen Wissen macht. In dieser Phase sind Ablenkung und Angebotsfülle nur hinderlich. Um diese Phase der Informationsaufnahme elektronisch zu unterstützen, kann Hypertext allerdings die Technik der Guided Tours anbieten (Kapitel 1.5.2).

Studien zu Hypertext

Die Schnotz-Studie (1987) untersucht die Wirkung von kontinuierlichen kontra diskontinuierlichen Texten auf den Lernerfolg. Das vermittelte Wissen war in beiden Fällen das gleiche. In den diskontinuierlichen Texten wurde der Textzusammenhang, d.h. alle argumentativen, verbindenden Strukturen entfernt. Die Studie, die an 34 Studenten durchgeführt wurde, ergab, dass die Gesamtinformation durch den kontinuierlichen Text tendenziell besser vermittelt wurde als durch die diskontinuierliche Version. Eine differenzierte Auswertung ergab: Personen mit höherem Vorwissen ziehen aus diskontinuierlichen Texten größeren Nutzen. Personen mit geringerem Vorwissen bevorzugen eindeutig kontinuierliche Texte. Die Schnotz-Studie war jedoch nicht als Vergleich von Hypertext und Text ausgelegt. Die Kohärenz und Kontinuität schaffende Leistung von Verweisen in Hypertexten wurde nicht berücksichtigt. Auf technische Dokumentation übertragen, könnte man sagen, dass die Studie eher den Unterschied zwischen Tutorial und Referenz untersucht hat. Die Intermedia-Studie (1987) bezieht sich auf zwei Kurse, einen über englische Literatur, und einen über Biomedizin. Zu beiden Kursen wurde das Lehrmaterial mit dem Softwareprodukt *Intermedia* als Hypertext organisiert. Die Ergebnisse der Studie waren keine Messungen des Lernerfolgs, sondern Auswertungen der Einschätzungen befragter Studenten. Die Hypertext-Unterstützung wurde insgesamt als wertvoller angesehen als die Unterstützung durch konventionelle Lehrmaterialien. Die Streuung zeigt allerdings, dass die Bewertungen von »much better« bis »much worse« reichen. Bei den Biomedizinern war die Resonanz positiver als bei den Literaturstudenten. Nach Aussagen der Dozenten wurden bei den Abschlussprüfungen deutlich höhere Leistungen erzielt. Weitere Studien zum Thema:

- Gordon u.a. präsentierten 1988 insgesamt 24 Studenten technische Texte am Bildschirm, und zwar jeweils in einer linearen und einer nicht-linearen Version. Tests zu den behaltenen Fakten ergaben eine Präferenz zugunsten der linearen Darbietung.

- McKnight/Dillon/Richardson präsentierten Versuchspersonen einen Text (»HYPTEXTduction to wines«) in vier Versionen: Zwei linearen (Papier und Texteditor) sowie zwei nicht-linearen (Hypertext-Softwareprodukte *HyperTIES* und *Hypercard*). Tests zu den behaltenen Fakten ergaben auch hier Präferenzen zugunsten der linearen Textpräsentation.

- Weitere Studien von Allinson/Hammond (1988/89) und Vickers/Gaines (1988) gehen der Frage nach, wie eine Hypertext-Basis beschaffen sein muss, um Lernen effektiv zu unterstützen.

Resumée: Hypertext und menschliches Verstehen

Naive Überhöhung des Mediums Hypertext ist sicher unbegründet. Zu allen Argumenten für das neue Medium lassen sich Gegenargumente finden. Empirische Studien ergeben ein uneinheitliches Bild: zum Teil zugunsten von Hypertext, zum Teil zugunsten linearer Wissensdarbietung.

Am erfolgreichsten wird Hypertext derzeit in der technischen Dokumentation eingesetzt. Das ist nicht weiter verwunderlich, denn technische Dokumentation ist eine Sorte Literatur, die kaum jemand gerne freiwillig von vorne bis hinten liest. Auch in der HTML-Version dieses Buchs, werden Sie Kapitel finden, die Sie sicherlich nicht auf die gleiche Weise lesen werden wie Sie es hier in der Einführung vielleicht tun. Hypertext spielt immer dann seine Stärken aus, wenn sich der darzustellende Inhalt sinnvoll fragmentieren lässt. Ein gewaltsames Fragmentieren jeglicher Inhalte nach dem Motto »aber es soll doch Hypertext sein!« wird dagegen sein Ziel verfehlen. HTML, das Basisformat für Web-Seiten, zwingt Sie nicht zu gewaltsamer Fragmentierung, erlaubt sie jedoch. Insofern sind Sie bei der Informationsverteilung auf Web-Seiten frei und können selbst entscheiden, in welchem Ausmaß Sie Inhalte fragmentieren. Die Art der jeweiligen Inhalte sollte dabei das Maß sein. Wenn sich Inhalte gut fragmentieren lassen, dann sollte das Web-Design solcher Inhalte die Möglichkeiten von Fragmentierung und Vernetzung auch nutzen. Bei Inhalten, die sich nicht sinnvoll fragmentieren lassen, darf ein Text dagegen ruhig ein zusammenhängender Text bleiben.

1.6   Hilfsmittel

1.6.1   Dokumente und Dokumentationen

Die Fülle der Techniken und Technologien, die im Web und im Internet allgemein kursieren und eingesetzt werden, ist gewaltig. Kein Mensch ist in der Lage, alles, was dazugehört, zu kennen und zu beherrschen. Es ist deshalb essentiell wichtig, dass alle eingesetzten Techniken und Technologien möglichst gut und vollständig dokumentiert sind, und dass diese Dokumentationen offen zugänglich und einsehbar sind. Technische Dokumentation ist im Internet das Salz der Erde. Ohne Dokumentation gäbe es kein Internet – denn die Techniken und Technologien allein würden an die Köpfe derer gebunden bleiben, die sie beherrschen, sich nicht verbreiten und schnell in Vergessenheit geraten. Dokumentation ist also die Schriftkultur des Internet und die Basis für die Stabilität des Internet. Die meisten Menschen, die sich wirklich tiefer auf das Internet einlassen, begreifen das auch früher oder später. In den Jahrzehnten, die das Netz nun schon an Erfahrung gewinnen konnte, haben sich gewisse Standards beim Dokumentieren etabliert. Das betrifft sowohl die Art und Weise der Beschreibungen, als auch den Verbindlichkeits-Charakter.

Als Entwickler von Web-Seiten werden Sie kaum mit einer Dokumentation wie der vorliegenden alleine auskommen, auch wenn diese noch so umfangreich und ausführlich erscheinen mag. Denn es gibt einerseits Dokumente, die spezielle Themen einfach vollständig behandeln, was im

Rahmen einer übergreifenden Dokumentation wie der vorliegenden niemals möglich ist. Und andererseits gibt es Dokumente, die einen höheren Verbindlichkeits-Charakter haben als die Dokumentation, die Sie hier lesen. Denn nicht, was hier steht, ist beispielsweise der Maßstab dafür, wie HTML auszusehen hat, sondern das, was in dem dafür vorgesehenen offiziellen Dokument des W3-Konsortiums steht. Die verschiedenen Dokumentationsformen haben alle ihren Zweck und ihre Daseinsberechtigung. Aber Sie sollten die Unterschiede kennen und wissen, welche Dokumentationsform welche Aufgaben hat. Und schließlich müssen Sie natürlich auch wissen, wie Sie an die entsprechenden Dokumente herankommen.

Praktisch alle wichtigen Dokumente im Internet liegen in englischer Sprache vor. Viele davon sind auch nicht in Übersetzungen verfügbar, und wenn, dann gelten die englischsprachigen Versionen als die normative Grundlage. Der Einsatz automatischer Übersetzungshilfen führt bei solchen Texten in der Regel zu erheiternden Momenten, hilft aber beim Verständnis der Texte kaum weiter. Gute Kenntnisse der englischen Sprache sind also eine wichtige Voraussetzung, um die Originaldokumente lesen zu können.

Recommendations des W3-Konsortiums

Das W3-Konsortium ist ein unabhängiges, sich selber überwachendes Gremium für die technischen Standards im Web. Recommendations (*Empfehlungen*) des W3-Konsortiums sind Dokumente mit dem höchsten im Web verfügbaren Verbindlichkeits-Charakter. Es handelt sich um technische Beschreibungen einzelner Web-Technologien wie beispielsweise HTML, CSS oder XML. Die Recommendations haben die Aufgabe, die jeweilige Technologie vollständig und unmissverständlich darzustellen. Die Zielgruppen dieser Beschreibungen sind einerseits Web-Autoren, aber auch Software-Hersteller, z.B. von Web-Browsern, die angehalten sind, diese Standards so genau und vollständig wie möglich in ihren Produkten zu implementieren. Der Anspruch der Exaktheit und Vollständigkeit macht die Recommendations für Anfänger nicht unbedingt zu einer leichten Lektüre. Denn nicht selten leidet die Allgemeinverständlichkeit unter den Zwängen der Terminologie. Das W3-Konsortium ist sich aber bewusst, dass diese Dokumente zum Teil auch von weniger spezialisierten Leuten und Nicht-Informatikern gelesen werden oder gelesen werden müssen. Die neueren Recommendations sind daher reichhaltiger erläuternd als die früheren. Auch mit erhellenden Beispielen wird nicht mehr so gespart.

Jede Recommendation durchläuft ein längeres Verfahren, in dessen Verlauf das Dokument mehrmals von verschiedenen Seiten gereviewt wird. Aus losen technischen Notizen entstehen zunächst **Working Drafts** (*Arbeitsentwürfe*), von denen es eine oder mehrere geben kann. Arbeitsentwürfe lassen das geplante End-Dokument bereits gut erkennen. Verbindlich sind sie jedoch noch nicht. Nach diversen Reviews innerhalb der Arbeitsgruppe und nach Abstimmung mit der Interessengruppe erlangt das Dokument schließlich den Status eines **Candidate Recommendation** (*Empfehlungskandidat*). In diesem Stadium wird noch Feedback aus der Öffentlichkeit erwartet und gegebenenfalls eingearbeitet. Daraus entsteht die **Proposed Recommendation** (*Empfehlungsvorschlag*). Nach einem abschließenden Review erhält das Dokument schließlich den Status einer offiziellen **Recommendation**.

Die Entwicklung der jeweiligen Technologie ist damit natürlich nicht abgeschlossen. Es handelt sich lediglich um festgeschriebene Entwicklungsstadien, damit Entwickler Fixpunkte haben, an die sie sich halten können. Die Recommendations erhalten aus diesem Grund Versionsnummern, ähnlich wie bei Software-Produkten üblich. So gibt es beispielsweise HTML 4.01, CSS 2.0 oder XML 1.0. Für neue Dokumentversionen wird das Review-Verfahren ganz oder teilweise wiederholt. Sämtliche Recommendations des W3-Konsortiums, auch in ihren vorausgehenden Review-Stufen, sind über folgende Web-Adresse erreichbar:

- www.w3.org/TR/
  Das »TR« steht dabei für **Technical Reports** (*technische Berichte*). Sämtliche Dokumente werden in englischer Sprache veröffentlicht, und die englischsprachige Version ist die normative Version. Viele der Dokumente sind aber auch bereits in andere Sprachen übersetzt worden, auch ins Deutsche. Über die folgende Adresse können Sie verfügbare Übersetzungen aufrufen:

- www.w3.org/Consortium/Translation/
  Alle wichtigen Recommendations des W3-Konsortiums liegen im HTML-Format vor und können von den Web-Seiten des W3-Konsortiums in gezippter Form downgeloadet werden. Auf diese Weise kann sich jeder Web-Entwickler lokale Kopien derjenigen Dokumente besorgen, die er für seine tägliche Arbeit benötigt. Wenn Sie sich ernsthaft mit HTML, CSS, XML usw. beschäftigen wollen, ist es dringend zu empfehlen, sich diese Dokumente zu besorgen und sich damit zu beschäftigen.

Requests For Comments (RFCs)

Während die Recommendations des W3-Konsortiums speziell für das World Wide Web gelten, gibt es auch Dokumente für technische Standards im Internet allgemein. Das Verfahren für diese Standards ist nicht ganz so straff organisiert wie es durch die Organisation des W3-Konsortiums möglich ist. Doch das Verfahren hat sich bewährt, und die Dokumente gelten für Entwickler als verbindliche Grundlagen.

Die **Requests for Comments (RFCs)** (wörtlich: »*Antrag auf Kommentierung*«) sind der Dokumenttyp für solche Beschreibungen. Die Sammlung der RFCs wird seit den Anfangstagen des ARPANET, also seit 1969, geführt. Neue RFCs erhalten fortlaufende Nummern. So entstehen Dokumentnamen wie RFC 959 oder RFC 1867. Einer der RFCs, der RFC mit der Nummer 1543, beschreibt, wie RFCs auszusehen haben. Denn nur wenn ein einheitliches Schema eingehalten wird, ist sichergestellt, dass die RFCs eine gleichbleibende Qualität haben. Verwaltet werden die RFCs heute von der Organisation Internet Engineering Task Force (IETF, *www.ietf.org/*).

Jeder Internet-Teilnehmer kann zu neuen RFCs beitragen. Wer einen neuen Standard vorschlagen möchte, z.B. ein bestimmtes Dateiformat oder ein bestimmtes technisches Ablaufverfahren, der kann einen so genannten Internet Draft (Internet-Entwurf) verfassen. Dabei hält er sich bereits an die in der RFC 1543 festgelegten Regeln, wie die Beschreibung auszusehen hat. Den fertigen Internet-Draft reicht er bei der IETF-Organisation ein. Dort gibt es eine Mailing-Liste, die alle an technischen Standards interessierten Internet-Teilnehmer abonnieren können. Neue Internet-Drafts werden in dieser Mailing-Liste bekannt gemacht und können diskutiert werden. Aus den Diskussionen ergeben sich in der Regel noch Korrekturen, Verbesserungsvorschläge usw., die der Verfasser der Internet Draft in sein Dokument einbringt. Nach einer angemessenen Diskussionsphase entscheidet schließlich die IETF-Organisation darüber, ob das Dokument ein offizieller RFC wird. Wenn ja, erhält es eine RFC-Nummer und wird in die Sammlung der RFCs aufgenommen.

RFCs enthalten viel Wissen, mitunter aber auch persönliche Ansichten der Autoren oder humorvolle Passagen. Viele wichtige defacto-Standards im Internet, etwa das HTTP-Protokoll oder die MIME-Technik für E-Mails, liegen in Gestalt einer oder mehrerer RFCs vor. Aus RFCs sind auch schon häufig Teile von W3C-Recommendations hervorgegangen. So liegen etwa den heute im

HTML-Standard verankerten Elementen für Multimedia-Objekte oder Tabellen ursprünglich RFCs zugrunde.

RFCs sind im Original reine Textdateien und durchgängig in englischer Sprache verfasst. Über die Web-Adresse *rfc.net* können Sie die aktuelle Sammlung der RFCs aufrufen. Im deutschen Internetraum werden die RFCs ebenfalls angeboten, z.B. von der FH Köln. Diese bietet die RFCs im HTML Format an (*rfc.fh-koeln.de/rfc.html*). Es ist sehr empfehlenswert, sich die Liste der RFCs mal in Ruhe anzusehen und einzelne RFCs daraus aufzurufen. Als Web-Entwickler sollten Sie den Dokumenttyp der RFCs kennen und wissen, dass in dieser Sammlung etliche Standards beschrieben sind, die Sie möglicherweise mal brauchen.

Frequently Asked Questions (FAQs)

Frequently asked questions (*häufig gestellte Fragen*) sind keine offiziellen Dokumente in dem Sinn, dass sie von einer Organisation herausgegeben und verwaltet werden. Es handelt sich einfach um einen Dokumentationstyp, der sich im Internet etabliert hat und eine lange Tradition hat. Es gibt FAQs zu allen nur erdenklichen Themen – von Tieren über Politik und Religion bis hin zu technischen Fragen zum Internet. Im Web gibt es unter der Domain *faqs.org* eine Sammelstelle für FAQs. Es handelt sich dabei um eine Sammlung mit Verweisen zu FAQs.

FAQs basieren auf Fragen, die in Mailing-Listen, Newsgroups oder Foren – eben überall dort, wo Internet-Teilnehmer sich gegenseitig austauschen können – immer wieder auftauchen und gestellt werden. Eine beliebte Frage in Foren für Web-Seiten-Entwickler lautet beispielsweise: »wie programmiere ich einen Passwortschutz für meine Seiten?«. Anstatt eine Dokumentation zu schreiben, die sich inhaltlich in Kapitel, Themen, Unterthemen usw. aufgliedert, enthält eine FAQ als Unterüberschriften genau diese Fragen, als Frage formuliert. Unterhalb davon wird dann eine ordentliche und zielführende Antwort gegeben. In den Diskussionsbereichen, wo solche Fragen immer wieder auftauchen, können die »alten Hasen« dann, bevor sie nervlich explodieren, weil die gleiche Frage schon zum dritten mal innerhalb von zwei Tagen gestellt wurde, einfach auf die FAQ verweisen. FAQs sind deshalb mittlerweile auch meistens im Web in Form von Web-Seiten verfügbar – denn das ist die bequemste Form, den Fragesteller direkt auf die Antwort zu seiner Frage zu verweisen.

Gerade wenn Sie im Netz auf der Suche nach Support sind und sich noch nicht sonderlich auskennen, sollten Sie auf jeden Fall folgsam sein, wenn man Sie auf eine FAQ verweist. Denn FAQs sind aus der Praxis entstanden und tragen dazu bei, dass sich Hilfestellungen auf Probleme konzentrieren können, die nicht so alltäglich sind.

Anbieter-Dokumentationen

Alle Web-Technologien, die nicht vom W3-Konsortium standardisiert werden, sind trotzdem irgendwo »im Original« dokumentiert. Denn hinter solchen Technologien, sei es nun Java, Perl, PHP usw., stecken Anbieter, die ein Interesse an der Verbreitung ihrer Technologie haben. Verbreiten kann sich eine Technologie aber nur, wenn sie ordentlich dokumentiert ist. Deshalb finden Sie normalerweise auf den Web-Seiten der Technologie-Anbieter die verbindlichen Dokumentationen für die jeweilige Technologie. Wichtig sind für Web-Entwickler auch die Entwickler-Seiten der großen Browser-Anbieter. Die beiden folgenden Angebote sollte jeder, der sich mit dem Erstellen von Web-Seiten beschäftigt, kennen:

- Entwickler-Seiten von Netscape (*developer.netscape.com/*)
  Dort finden Sie beispielsweise die Original-Dokumentationen zu JavaScript, aber auch Informationen, welche HTML-Elemente von welcher Netscape-Version unterstützt werden. Zahlreiche technische Notizen und Artikel verraten bestimmte Tricks und Kniffe, wie man so programmiert, dass der Netscape-Browser es korrekt interpretiert.

- Entwickler-Seiten von Microsoft (*msdn.microsoft.com/*)
  Dort finden Sie beispielsweise die Original-Dokumentationen zu JScript, der Microsoft-Implementierung von JavaScript. Ein wenig suchen müssen Sie allerdings, denn dort werden auch andere Technologien beschrieben, die nichts mit Web-Entwicklung zu tun haben. Der Informationsbestand ist gewaltig.

Freie Dokumentationen

Freie Dokumentationen sind solche wie die, die Sie gerade lesen. Solche Dokumentationen können von jedem Autor, der sich dazu bemüßigt fühlt, im Netz veröffentlicht werden. Es gibt jedoch keinerlei kontrollierende Instanz dafür, und deshalb gibt es auch keine Garantie dafür, wie vollständig und sachlich richtig solche Beschreibungen sind. In der Regel entscheidet allerdings die Netzgemeinde über den Wert solcher Dokumentationen. Gute Dokumentationen werden von vielen anderen Web-Seiten aus verlinkt, werden dadurch immer bekannter und erreichen auf diese Weise den Status einer anerkannt brauchbaren Informationsquelle.

Eine wichtige Aufgabe der freien Dokumentationen ist es vor allem, das Wissen über Technologien in die einzelnen Landessprachen zu tragen. Denn gerade Anfänger tun sich nun mal leichter damit, eine neue, komplizierte Materie erst mal in der eigenen Sprache vermittelt zu bekommen. Und Menschen, die des Englischen nicht oder kaum mächtig sind, haben gar keine andere Wahl, als das Wissen über vermittelnde Quellen der eigenen Sprache zu erwerben. Im Linkverzeichnis des Online-Angebots von SELFHTML bei *selfaktuell.teamone.de* aktuell finden Sie aktuelle Verweise auf freie Dokumentationen in folgenden Seiten.

Bücher

Wenn Sie die EDV-Fachabteilung einer Großstadt-Buchhandlung betreten, können Sie so viele Bücher rund um Themen zum Entwickeln von Web-Seiten mit nach Hause nehmen, dass Sie mehrere Regalwände damit füllen können. Vorausgesetzt, der Geldbeutel lässt es zu, denn preiswert sind solche Fachbücher fast nie. Dafür sind viele dieser Bücher schlecht. Aber nicht alle, manche sind auch hervorragend. Der Grund, warum es so viele schlechte Computer-Fachbücher gibt, liegt darin, dass es einerseits einen riesigen Lesermarkt für diese Fachliteratur gibt, aber nicht genügend Autoren mit echtem »Tiefenwissen«. Es gibt zwar jede Menge gute Programmierer und Fachleute mit dem nötigen Wissen, doch die sind meistens mit Projekten ausgelastet und auch oft nicht in der Lage, ein Buch zu schreiben. Also suchen die EDV-Verlage, den großen Absatzmarkt im Auge, oft händerringend nach Autoren und gehen dabei nicht selten das Risiko ein, einen Titel zu produzieren, bei dem die Qualität zu kurz kommt. Meistens haben die Autoren auch nicht mehr als zwei, drei Monate Zeit, um Bücher von mehreren hundert Seiten aus dem Boden zu stampfen. Das verleitet natürlich dazu, woanders abzukupfern, ohne den Stoff wirklich zu durchdringen, Inhalte mit »Füllmaterial« zu strecken, uneinheitliche Terminologie zu verwenden usw. – vor allem dann, wenn der Autor nicht aus einem vorhandenen Praxiswissen schöpfen kann, sondern sich während der Erstellungsphase die Materie selber erst erarbeiten muss. Viele Bücher werden auch für den »schnellen Markt« produziert, d.h. sie werden ein paar Monate vom Verlag lang stark beworben, und dann verschwinden sie wieder, weil die Kalkulation des Verlags aufgegangen ist und ein weiteres Bewerben zu aufwendig wäre.

Bevor Sie sich Fachbücher anschaffen, sollten Sie daher nach Rezensionen suchen. Ganz hervorragend dazu geeignet sind die großen Internet-Buchanbieter wie Amazon (*www.amazon.de/*). Auch wenn Sie lieber in einer realen Buchhandlung kaufen, lohnt es sich, dort Vorab-Informationen einzuholen. Denn Leser können dort zu Büchern, die sie gelesen haben, Rezensionen schreiben. Bei vielen Büchern kommen auf diese Weise mehrere Rezensionen zusammen, die sehr authentisch sind, weil sie unmittelbare Erfahrungen von Lesern widerspiegeln. Suchen Sie einfach nach Büchern zu einem gewünschten Thema, z.B. zu Büchern über HTML oder Perl, und lesen Sie, was andere darüber zu berichten wissen. Das ist zumindest sinnvoller, als sich nur von den Klappentexten der Bücher leiten zu lassen.

Generell lässt sich sagen, dass Fachbücher um so besser werden, je ausgereifter eine Technologie ist. Wenn neue, von der Fachszene als bedeutsam eingeschätzte Technologien entstehen, wie es in den letzten Jahren beispielsweise bei Java oder XML der Fall war, dann überstürzen sich viele Verlage geradezu, um bei den ersten zu sein, die etwas zu dem betreffenden Thema publizieren. Was dabei herauskommt, ist aber fast immer Mangelware, da die Technologien meist selber noch nicht ordentlich dokumentiert und noch in Entwicklung begriffen sind. In solchen Phasen ist es allemal besser, sich an kostenlose Dokumente im Internet zu halten. Ist eine Technologie dagegen gut eingeführt und etabliert, wie es mittlerweile etwa bei HTML der Fall ist, dann gibt es in der Regel auch ausgereifte Fachbücher dazu.

1.6.2 Software

Allgemeines zu Software für Web-Entwickler

Das wichtigste, was es zum Thema Software in Bezug auf das Entwickeln von Web-Seiten zu sagen gibt, ist, dass es »die Software« nicht gibt und hoffentlich auch nie geben wird. Lediglich bei proprietären Technologien wie Flash sind Sie auf bestimmte Software-Produkte angewiesen. Alle internet-genuinen Technologien sind dagegen bewusst software-unabhängig ausgelegt. Das hat gute Gründe. Im Internet treffen alle nur erdenklichen Betriebssysteme und Rechnertypen aufeinander, und Technologien, die für alle verfügbar sein sollen, haben keine große Chancen, wenn sie systemspezifisch sind oder spezielle Anforderungen stellen, die Teile der Internet-Nutzer ausschließt.

Die Software-Unabhängigkeit der Technologien führt auch dazu, dass Software-Hersteller keine Kundenbindung mehr über Dateiformate erzwingen können und dem Kunden dafür unflexible und unpraktische Anwendungsoberflächen zumuten. Software-Produkte können sich bei software-unabhängigen Daten nur dadurch gegenüber der Konkurrenz profilieren, indem sie den Anwender durch mehr Effizienz, bessere Übersichtlichkeit und eine intelligentere Oberfläche überzeugen. Software-Hersteller werden dadurch gezwungen, sich mehr Gedanken über Anwender-Ergonomie und intelligentes Oberflächen-Design zu machen.

Immer wieder treten Software-Produkte allerdings mit dem Anspruch an, dem Anwender ein Rundum-Sorglos-Paket zu anzubieten, das ihm das Erstellen, Verwalten und Überwachen der eigenen Web-Seiten mit dem Zusatz »kinderleicht und ohne tiefere Kenntnisse bedienbar« anpreist. Das stimmt aber meistens nicht. Gerade solche Software-Pakete sind meist hoffnungslos mit Funktionen, Menüs, Assistenten und Dialogen überladen. Der Anwender verbringt dann erst mal viel Zeit damit, sich den Umgang mit der Software anzueignen. Diese Zeit könnte in vielen Fällen sinnvoller darin investiert werden, sich direkt mit den dahintersteckenden Technologien zu beschäftigen.

Genauso dumm ist jedoch die Behauptung, sauber arbeiten könne man nur mit archaischen Werkzeugen wie dem Windows-Notepad-Editor oder der FTP-Kommandozeile. Software ist dazu da, um Aufgaben zu erleichtern, und wo sie das tut, ist sie auch angebracht. Es gibt eine Menge ausgereifter Tools, die beim Erstellen von Web-Seiten Zeit sparen und Fehler vermeiden helfen. Es ist jedoch sinnlos, bestimmte Produkte zu empfehlen. Denn der persönliche Arbeitsstil und die Einschätzung des »Look and Feel« einer Software sind von Mensch zu Mensch verschieden. Verschiedene Produkte einmal auszuprobieren und zu versuchen, damit warm zu werden, bleibt Ihnen nicht erspart. Glücklicherweise sind die meisten Produkte, auch wenn sie kostenpflichtig sind, als Ausprobierversion im Internet downloadbar. So können Sie ein Produkt unverbindlich testen, bevor Sie sich entschließen, es zu erwerben. Von dieser Möglichkeit sollten Sie unbedingt Gebrauch machen.

Im Linkverzeichnis des Online-Angebots von SELFHTML aktuell bei *selfaktuell.teamone.de* oder auf der Buch-CD finden Sie aktuelle Verweise zu Software-Anbietern.

HTML-Editoren

Grundsätzlich kann man bei HTML-Editoren zwischen quelltextbasierten Editoren und WYSIWYG-Editoren unterscheiden (*WYSIWYG = What You See Is What You Get – Was Sie sehen ist das was rauskommt*). Bei quelltextbasierten Editoren arbeiten Sie direkt mit den HTML-Auszeichnungen. Solche Editoren verfügen in der Regel über eine Werkzeugleiste und diverse Menübefehle oder Dialoge, um die HTML-Auszeichnungen in den Text einzufügen. Die HTML-Auszeichnungen erscheinen sichtbar im Text, in der Regel andersfarbig und optisch gut erkennbar dargestellt (»Syntax-Highlighting«). WYSIWYG-Editoren bieten ebenfalls Werkzeugleisten, Menübefehle und Dialoge an, um das Setzen der HTML-Auszeichnungen zu unterstützen. Der Unterschied ist jedoch, dass die Auszeichnungen nicht angezeigt werden (bzw. nur auf Wunsch). Stattdessen wird der Text bereits so am Bildschirm angezeigt wie später im Web-Browser. Das bedeutet aber umgekehrt nicht unbedingt, dass der Text nachher in allen Web-Browsern genauso erscheint wie im Fenster des Wysiwyg-Editors – »Wysiwyg« ist eigentlich eine gefährliche Irreführung und ein Versprechen, das nur schwer einhaltbar ist angesichts der Browser-Vielfalt und der vielen Tücken in den Browsern.

Lassen Sie sich nicht zu sehr von dem häufig anzutreffenden Glaubenskrieg zwischen Anhängern und Gegnern der WYSIWYG-Editoren beeindrucken. Versuchen Sie herauszufinden, womit Sie persönlich am besten arbeiten können.

Web-Browser

Web-Browser sind Visualisierungsprogramme für Web-Seiten. Web-Browser beherrschen das HTTP-Protokoll und können mit Web-Servern kommunizieren, um etwa die Daten einer Web-Adresse anzufordern. Alle Web-Browser beherrschen mehr oder weniger gut HTML, die meisten mittlerweile auch die ergänzenden Technologien CSS und JavaScript, allerdings uneinheitlich vollständig. Server-seitig dynamische Anwendungen wie CGI-Scripts oder PHP-Anweisungen sind für Browser unproblematisch, solange sie HTML-Code für den Browser erzeugen. Große

Unterschiede gibt es dagegen noch bei der Unterstützung von Multimedia. Mit Web-Browsern können Sie auch offline HTML-Dateien auf Ihrem Rechner öffnen. Das ist z.B. wichtig, wenn Sie Web-Seiten lokal und ohne Internetverbindung austesten wollen.

Als Entwickler von Web-Seiten sollten Sie nicht nur einen Browser auf Ihrem Rechner installiert haben, sondern so viele Produkte wie nur möglich. Mit welchem Browser Sie persönlich am liebsten surfen, bleibt Ihnen überlassen. Aber die Besucher Ihrer Seiten verwenden nun mal unterschiedliche Produkte, und deshalb sollten Sie Ihre Seiten stets mit mehreren Produkten überprüfen. Denn leider gibt es immer noch viele ärgerliche Unterschiede zwischen den Browsern im Detail. Und Ihr Ehrgeiz sollte sein, attraktive Web-Seiten anzubieten, die aber trotzdem keine Anwender ausschließen, nur weil diese nicht den gleichen Browser verwenden wie Sie selbst.

XML-Werkzeuge

Viele HTML-Editoren sind nicht nur für HTML geeignet, sondern auch gut als Texteditoren für andere Sprachen verwendbar. Dennoch gibt es spezielle XML-Editoren, da es beim Bearbeiten von XML-Daten häufig auf andere Dinge ankommt als beim Bearbeiten von HTML-Daten. Denn XML hat zunächst mal nichts mit Seiten-Layouts zu tun. Und XML-Daten müssen auch keine textorientierten Daten sein. Ebensogut lassen sich mit XML auch grafische, akkustische oder formale Daten beschreiben. Dabei kommt es stärker darauf an, die Baumstruktur der Daten optimal dargestellt zu bekommen, und bei Verwendung von DTDs (Dokumenttyp-Definitionen, deren Regeln die eingegebenen Daten entsprechen müssen) ist es hilfreich, wenn der Editor gar keine Eingaben zulässt, die nicht den Regeln entsprechen.

FTP-Programme

Um die Dateien eines Web-Projekts ins Web auf den Server zu laden, wo Sie Speicherplatz zur Verfügung gestellt bekommen haben, brauchen Sie in der Regel Software, die das File-Transfer-Protokoll (FTP) unterstützt. Mit solchen Programmen können Sie ihre Projektdateien hochladen und auf dem Server-Rechner verwalten (umbenennen, löschen usw.). Die meisten modernen FTP-Programme unterscheiden sich äußerlich kaum von allseits bekannten Datei-Commandern oder Explorern. In einem Bereich zeigen sie die lokale Verzeichnisstruktur an, in einem anderen Bereich die Verzeichnisstruktur des aufgerufenen Server-Rechners. Durch Markieren und Ziehen mit der Maus lassen sich Dateien uploaden oder downloaden. Ebenso einfach lassen sich Dateien löschen oder umbenennen. FTP-Programme verfügen in der Regel auch über eine »Site«-Verwaltung. Dort können Sie für jede benutzte FTP-Adresse die Zugangsdaten und technische Einstellungen speichern.

Grafikprogramme

Grafikprogramme sind eine wichtige Ergänzung zum Erstellen aussagekräftiger Web-Seiten. Es gibt eine Reihe guter bis hervorragender Shareware-Programme zum Erstellen, Konvertieren und Nachbearbeiten von Grafiken. Wer professionelle grafische Ansprüche hat, wird allerdings kaum um ein teures Profi-Programm herumkommen, und sei es nur für Spezialaufgaben. Auf jeden Fall müssen die eingesetzten Programme die Dateiformate GIF und JPEG unterstützen, denn das sind die verbreiteten Grafikformate im Web, die praktisch alle Browser direkt anzeigen können. Zum Entstehungsprozess einer Grafik tragen jedoch auch häufig auch andere Programme bei, etwa vektor-orientierte Programme oder Raytraycing-Programme.

Diverse Tools

Es gibt eine Menge anderer Programme und Software-Typen, die Web-Entwickler sinnvoll einsetzen können. Dazu gehören auf jeden Fall Standard-Tools wie Pack- und Entpackprogramme für Dateiformate wie ZIP, RAR usw. Denn oft werden Sie beispielsweise Daten Ihres Web-Projekts per E-Mail übertragen, sei es an Kunden, Freunde usw. Um dabei die Datenmengen klein zu halten und statt viele Dateien nur eine an die Mail anhängen zu müssen, sind Packer-Programme wichtig.

Weiterhin sind oft andere Internet-Client-Programme wichtig. So können Sie bei vielen Providern auch mit Telnet/SSH auf Ihre Daten auf dem Server zugreifen. Im Linkverzeichnis des Online-Angebots von SELFHTML aktuell finden Sie aktuelle Verweise zu Programmen für Telnet und SSH:

1.6.3   Services im Web

Allgemeines zu Web-Services

Was hier unter Web-Services verstanden wird, sind Web-Angebote, die anderen Web-Anbietern helfen, ihr eigenes Web-Angebot ins Web zu bringen oder um Features zu erweitern, die im Rahmen des eigenen Web-Angebots aufgrund fehlender Möglichkeiten nicht realisierbar sind. Solche Web-Services bieten beispielsweise fertige CGI-Scripts an, die Sie von Ihren eigenen Seiten aus aufrufen können. Auf diese Weise können Sie etwa Foren, Chats, Gästebücher oder Zugriffszähler in Ihre Web-Seiten integrieren, auch wenn Sie selber keine Möglichkeit haben, CGI-Scripts zu installieren, oder wenn Sie sich dem Selberprogrammieren nicht gewachsen fühlen. Einige dieser Web-Services sind werbefinanziert, d.h. es werden automatisch Werbe-Banner eingeblendet, wenn Sie sie verwenden. Andere sind für eine geringe monatliche oder jährliche Gebühr nutzbar, und wieder andere sind völlig frei.

Im Linkverzeichnis des Online-Angebots von SELFHTML aktuell bei *selfaktuell.teamone.de* finden Sie Verweise zu Web-Seiten, die einen der folgenden Web-Services anbieten.

Provider-Übersichten

Die Providerfrage (*Provider = Anbieter*) steht normalerweise am Beginn jedes Vorhabens, eigene Seiten ins Web zu bringen. Falls Sie sich über die grundsätzlichen Möglichkeiten und Unterschiede informieren wollen, können Sie den Abschnitt *Web-Projekte publizieren* (Kapitel 25.2) durchlesen. Bereits für die Entscheidung, wie Sie Ihr Angebot hosten lassen wollen, wie viel Sie bereit sind dafür zu zahlen, und welche Leistungen Sie für welche Kosten erwarten können, gibt es Web-Services – nämlich Provider-Übersichten. Dort werden aktuelle Preis-/Leistungsinformationen zu etlichen Providern gesammelt und so bereitgestellt, dass Sie Preise und Leistungen direkt vergleichen können.

CGI-Services für eigene dynamische Web-Seiten

Viele Homepage-Anbieter wünschen sich zumindest ein Gästebuch, in dem sich Benutzer eintragen und ihren Kommentar zu den Seiten abgeben können. Die Kommentare sind dann in die Seiten selbst eingebunden und einsehbar. Dazu ist jedoch ein CGI-Script oder eine CGI vergleichbare Technologie erforderlich. Ähnlich ist es, wenn Sie einen der mittlerweile allerdings nicht mehr so beliebten »Counter« auf Ihre Einstiegsseite einbinden wollen, also einen Zähler, der anzeigt, wie viele Besucher schon auf der Seite waren. Immer beliebter werden auch eigene, web-basierte Foren, wo die Besucher untereinander diskutieren können. Dazu noch einen Chat, und schon kann die Homepage als Kommunikationsplattform für Besucher dienen. Sinn macht so etwas natürlich erst, wenn Sie genügend Besucher auf Ihren Seiten haben. Eine weitere wichtige, häufig benötigte Anwendung ist ein so genannter Form-Mailer. So etwas können Sie gut gebrauchen, wenn Sie eigene Formulare auf Ihren Web-Seiten anbieten, beispielsweise, um von den Seitenbesuchern Feedback, Anfragen oder Vorbestellungen einzuholen.

All diese Features erfordern fortgeschrittene Web-Technologien wie CGI/Perl, PHP oder Java. Es gibt Web-Services, bei denen Sie sich selber und ohne weitere Programmierkenntnisse ein Gästebuch, ein Forum oder dergleichen einrichten können. Vom Anbieter erhalten Sie dann normalerweise Informationen, was Sie in Ihre eigenen Web-Seiten einbauen müssen, damit der Fremd-Service innerhalb Ihres eigenen Angebots funktioniert. In der Regel sind das bestimmte HTML-Quelltextbausteine, die Sie in Ihre HTML-Dateien an bestimmten Stellen einfügen müssen.

Einige dieser Dienste sind kostenlos, andere können Sie nur gegen Gebühr in Anspruch nehmen. Die Gebühren sind jedoch meist sehr gering (z.B. DM 20.-/Jahr für Zugriffszähler und Statistik für die eigene Homepage).

Services zur Optimierung des eigenen Web-Angebots

Diese Sorte von Web-Services hilft Ihnen beim Optimieren Ihrer Web-Seiten und bei der Fehlersuche. Der bekannteste Service dieser Art ist zweifellos der W3-Validator (*validator.w3.org/*) des W3-Konsortiums, mit dessen Hilfe Sie online Ihre Web-Seiten auf fehlerfreie HTML-Syntax überprüfen können. Ahnliche Services gibt es auch für andere Sprachen. Ferner gibt es Services wie »Link-Checker«, wo Sie Ihre Seiten daraufhin überprüfen können, ob alle darin enthaltenen Verweise funktionieren, aber auch Services, bei denen Sie testen lassen können, wie gut oder schlecht Ihre Web-Seiten für Besucher erreichbar sind (die Internet-Anbindung kann von Provider zu Provider sehr unterschiedlich sein), oder wie lange die durchschnittlichen Ladezeiten Ihrer Seiten bei verschiedenen Internet-Zugangsverbindungen sind.

1.6.4   Support

Wo es Support gibt

Wenn Sie sich stundenlang mit Problemen von der Art herumschlagen, dass Netscape eine Tabelle anders darstellt als der Internet Explorer, oder dass Sie bei einem JavaScript Fehlermeldungen erhalten, die Sie nicht verstehen, dann werden Sie sich wahrscheinlich »den entscheidenden Tipp« wünschen. Denn oft genügt ja nur ein Hinweis, um einen auf die richtige Fährte zu bringen und ein Problem zu lösen.

Mit solchen Problemen sind Sie allerdings nicht allein. Zigtausend andere haben gleiche, ähnliche oder wieder andere Probleme beim Erstellen ihrer Seiten. Nun gibt es aber gleichzeitig auch zahlreiche Menschen, die Gefallen daran finden, andere zu unterstützen. Diese Konstellation führt dazu, dass es im Netz sehr gut besuchte Orte gibt, an denen Erfahrungsaustausch über das Erstellen von Web-Seiten, über Programmierung usw. möglich ist.

Das größte und vermutlich auch kompetenteste Know-How-System für Fragen und Antworten im Internet ist wohl das **Usenet** mit seinen Newsgroups. In deutscher Sprache gibt es Newsgroups zu HTML/CSS, zu JavaScript, zu CGI/Perl, zu XML usw.

Die Teilnahme ist kostenlos, jedoch benötigen Sie einen News-Reader (unter Windows genügt beispielsweise das E-Mail-Programm Outlook Express, das zum erweiterten Lieferumfang des Internet Explorers gehört). Außerdem benötigen Sie einen News-Server, von dem Sie die Diskussionsgruppen empfangen können. Fragen Sie, wenn Sie keinen solchen News-Server kennen, Ihren Internet-Zugangsprovider danach, ob er einen solchen Server anbietet. Achten Sie, falls Sie ohnehin einen neuen Zugangs-Provider suchen, gegebenenfalls darauf, dass dieser auch einen Newsgroup-Server anbietet. Bei den meisten News-Servern müssen Sie sich mit Kennwort und Passwort einwählen. Beides erhalten Sie vom Anbieter des News-Servers, in der Regel also vom Zugangs-Provider.

Immer wichtiger werden neben den Newsgroups auch **web-basierte Diskussionsforen**. Es gibt sogar Web-Angebote, die nichts anderes anbieten als Foren zu bestimmten Themen. Andere wieder bieten Informationen zu diesen Themen an und haben ein angeschlossenes Forum.

Web-basierte Foren haben meist noch keine so lange Tradition wie die Newsgroups, und die Anbieter sind häufig unerfahren in der Rolle eines »virtuellen Kneipenwirts«. Die Qualität, das Flair und die Besucherfrequenz solcher Foren kann sehr unterschiedlich sein. Die meisten Foren sind kostenlos benutzbar, einige erfordern allerdings eine namentliche Anmeldung.

Falls Sie nicht so gerne öffentlich posten, gibt es auch noch die Möglichkeit, **Mailing-Listen** zu abonnieren, die sich mit einem Fachgebiet befassen. Um an einer Mailing-Liste teilzunehmen, genügt ein E-Mail-Programm. Sie abonnieren eine Mailing-Liste, indem Sie eine Mail mit einem bestimmten Inhalt an eine bestimmte Mail-Adresse senden – viele Mailing-Listen erlauben mittlerweile aber auch das Abonnieren via Web-Formular. Wenn Sie eine Mailing-Liste abonniert haben, erhalten Sie alle E-Mails, die an die Liste gesendet werden. Selber können Sie ebenfalls Mails an die Liste senden, die dann an alle anderen Listenteilnehmer versendet werden.

Im Linkverzeichnis des Online-Angebots von SELFHTML aktuell bei *selfaktuell.teamone.de* finden Sie Verweise zu einschlägigen Newsgroups, web-basierten Foren und Mailing-Listen, die sich mit Themen rund um das Erstellen von Webseiten befassen.

Alle diese Diskussionsorte im Netz sind vorwiegend für Probleme mit software-unabhängigen Technologien wie HTML, CSS, XML usw. oder für Probleme mit freeware-basierten Technologien wie Perl, PHP usw. gedacht. Wenn Sie Software käuflich erworben haben und Probleme mit dem Produkt haben, ist immer noch der Produktanbieter die erste Anlaufstelle für Fragen. So unterhalten beispielsweise große Software-Anbieter wie Microsoft, Macromedia oder Adobe neben den üblichen Call-Centern eigene Diskussionsforen auf ihren Web-Seiten oder in Form von Newsgroups.

Wie freiwillige Hilfeleistung funktioniert

Freiwillige Hilfe, wie sie an den weiter oben genannten Diskussionsorten geleistet wird, basiert auf Geben und Nehmen. Wenn Sie als Anfänger an einem solchen Diskussionsort mehrfach Hilfe suchen und auch finden, dann ist es nur fair gegenüber den anderen Teilnehmern, wenn Sie später auch mal ein paar Fragen anderer beantworten, sofern Sie die Antwort wissen. Solche Diskussionsorte leben von der Bereitschaft aller Teilnehmer, sich gegenseitig zu helfen. Mit einer

Mentalität vom Typ »Hilfe, aber plötzlich bitte!« werden Sie dort schnell anecken, und an den meisten der genannten Orte werden die Dinge, die Sie dann zu hören bekommen, nicht gerade zimperlich formuliert. Bei offenen Standards und Technologien wie HTML sind Sie nun mal kein behüteter Verbraucher mit Rechten auf Rückgabe, Funktionsgarantie und Rundum-Service. Eine Newsgroup oder ein Diskussionsforum ist kein Geschäft, wo Sie einen Gerät gekauft haben. Wenn Sie allerdings den richtigen Ton treffen, erhalten Sie an solchen Diskussionsorten häufig wesentlich umfassendere und engagiertere Hilfe als dort, wo Sie einen vertraglichen Support-Anspruch haben. »Den richtigen Ton treffen« betrifft allerdings weniger das rhetorische Geschick. Sprachliche Höchstleistungen werden nicht erwartet, wenn Sie etwas fragen, wohl aber ein paar andere Dinge:

- Versuchen Sie zunächst alles was in Ihrer Macht steht, um ein Problem selber zu lösen. Für erfahrene Forenleser ist leicht erkennbar, ob Sie bereits selber nach Lösungen gesucht haben oder aus Bequemlichkeit fragen.

- Wählen Sie einen angemessenen Titel für Ihren Beitrag. Titel wie »JavaScript-Problem!« sind nicht gerade sehr erhellend in einem Forum, in dem es um nichts anderes als um JavaScript geht. Der Titel sollte den Problembereich erkennen lassen, aber auch nicht zu lang sein. Das Problem selber gehört im Text des Beitrags geschildert.

- Beschreiben Sie Ihr Problem so exakt wie möglich. Beschreiben Sie, mit welcher Testumgebung das Problem besteht, welche Fehlermeldungen Sie eventuell erhalten, und was Sie bereits ausprobiert haben, um das Problem zu lösen. Fügen Sie gegebenenfalls auch Ausschnitte aus Quelltexten bei, von denen Sie wissen, dass dort das Problem steckt – kopieren Sie aber andererseits nicht seitenweise Quelltext in einen Diskussionsbeitrag, damit verärgern Sie die Leser nur. Eine ideale Lösung ist, wenn Sie problematische Seiten an eine sonst unverlinkte Stelle ins Web hochladen und die Adresse dann in der Frage angeben.

- Bringen Sie ein wenig Freundlichkeit in die Diskussionsgruppe und etwas Respekt vor der Tatsache mit, dass Sie es mit anderen Menschen und nicht mit einer anonymen Antwortmaschine zu tun haben. Sparen Sie nicht an einer lockeren, aber netten Anrede wie »liebe Leute!« – an Diskussionsorten mit jüngerem Publikum reicht auch ein schlichtes »hi!«. Benutzen Sie Ihren echten Namen und geben Sie, falls Sie z.B. im Formular eines Beitrags zu einem Web-Forum dazu gezwungen werden, Ihre echte E-Mail-Adresse an. Das schafft Vertrauen und erhöht die Chancen auf brauchbare Antworten. An den meisten Diskussionsorten reden sich grundsätzlich alle mit Du an. Solche Dinge werden Sie allerdings selber schnell feststellen, wenn Sie ein wenig mitlesen – was Sie auf jeden Fall tun sollten, bevor Sie selber etwas beitragen.

- Lesen Sie, bevor Sie zum ersten mal etwas beitragen, auch die FAQs, die es zu den meisten Newsgroups, Foren und Mailing-Listen gibt. Dort steht nämlich genau, was in der jeweiligen Diskussionsgruppe erwünscht und unerwünscht ist, welche Quellen Sie kennen sollten, bevor Sie fragen usw. Die tatsächlich am häufigsten gestellten Fachfragen werden dort meist ebenfalls genannt und beantwortet.

Eigentlich sollten diese paar Grundregeln selbstverständlich sein, doch leider wird immer wieder und massenhaft gegen sie verstoßen. In Diskussionsforen und Newsgroups tauchen auch nicht selten sozial geschädigte, sonst kontaktarme Menschen auf, die zu Extremverhalten neigen, bewusst versuchen die Gruppe zu provozieren oder Gefallen daran finden, Diskussionen durch einsilbige und unpassende Bemerkungen zu zerstören. Dagegen hilft in der Regel, Ruhe zu bewahren und sich nicht provozieren zu lassen.

2 Web-Technologien

2.1 HTML

2.1.1 HTML als »lingua franca« des Web

Unter einer »lingua franca« versteht man eine »Brot- und Butter-Sprache«, eine Sprache, die jeder kennt, jeder spricht, jeder leicht erlernen kann und jeder braucht. HTML ist eine solche Sprache. Vom Web-Gründer Tim Berners-Lee entwickelt, wurde HTML im Zuge des Web-Booms zum erfolgreichsten und verbreitetsten Dateiformat der Welt. Immer wieder rümpfen Entwickler, die gerne alles, was einfach sein könnte, durch tausend Filter und Übersetzer jagen, um es kompliziert zu machen und ihren technischen Durst zu stillen, über HTML die Nase – eben weil es so einfach ist. Aber erstens ist es bei genauerem Hinsehen gar nicht so einfach – fast kein namhaftes Web-Angebot, egal ob Suchmaschine, Online-Magazin oder Firmenauftritt, ist bis heute in der Lage, fehlerfreies und standardkonformes HTML auf seinen Web-Seiten zu realisieren. Und zweitens reicht HTML für die Mehrzahl der Inhalte, die heute im Web angeboten werden, vollkommen aus. Denn HTML ist eine Sprache zur Strukturierung von Texten, wobei aber auch die Möglichkeit besteht, Grafiken und multimediale Inhalte in Form einer Referenz einzubinden und in den Text zu integrieren.

Mit HTML können Sie Überschriften, Textabsätze, Listen und Tabellen erzeugen. Sie können anklickbare Verweise auf beliebige andere Web-Seiten oder Datenquellen im Internet erzeugen. Nicht-textuelle Inhalte können Sie wie bereits erwähnt referenzieren. Sie können Formulare in den Text integrieren. Und last but not least bietet HTML Schnittstellen für Erweiterungssprachen wie CSS Stylesheets oder JavaScript an, mit deren Hilfe Sie HTML-Elemente nach Wunsch gestalten und formatieren oder Interaktion mit dem Anwender realisieren können.

HTML ist also sehr durchdacht und in ein Gesamtkonzept weiterer Sprachen eingebunden. Wer behauptet, HTML sei nichts mehr für professionelles Web-Publishing, outet sich meistens nur als feuchtäugiger Technik-Junkie und behauptet letztlich nur, normale Texte seien nichts mehr für professionelles Web-Publishing. Und wer das behauptet, stellt sich selber ins Abseits der gewachsenen schriftlichen Kultur. Solange es Autoren gibt, die Texte schreiben und dazu die üblichen Mittel zur Textstrukturierung benötigen, wird es aus webtechnischer Sicht Leute geben, die HTML gut brauchen können.

Als »lingua franca« ist HTML allerdings mit diversen spezielleren Anforderungen schlichtweg überfordert. HTML allein kann weder Grafik-Designer befriedigen, die jeden Pixel am Bildschirm kontrollieren wollen, noch Daten-Designer, die aus der Welt der relationalen Datenbanken kommen und sich anwendungsspezifische Lösungen wünschen. Deshalb gibt es heute Style-Sprachen wie CSS, und es gibt Lösungen wie XML, um anwendungsspezifisches Daten-Design zu ermöglichen.

All das ändert aber nichts daran, dass HTML eine hervorragend geeignete, standardisierte und wegen der weiten Verbreitung der Web-Browser praktisch überall verfügbare Sprache für Text und Hypertext darstellt. Das W3-Konsortium (*www.w3c.org/*), das für die Standardisierung von HTML zuständig ist, ist zwar bemüht, HTML von allen Sünden der Anfangsjahre zu reinigen und es als einfache, reine Textstrukturierungssprache zu etablieren. Doch in der Praxis dient HTML heute auch als Basis zum Erstellen von Web-Seiten-Layouts, und daran wird sich wohl auch so schnell nichts ändern.

2.1.2 HTML als softwareunabhängiges Klartextformat

HTML ist ein so genanntes Klartextformat. HTML-Dateien können Sie mit jedem beliebigen Texteditor bearbeiten, der Daten als reine Textdateien abspeichern kann. Es gibt also keine bestimmte Software, die man zum Erstellen von HTML-Dateien benötigt. Zwar gibt es längst mächtige Programme, die auf das Editieren von HTML spezialisiert sind, doch das ändert nichts an der entscheidenden Eigenschaft: HTML ist nicht an irgendein bestimmtes, kommerzielles Softwareprodukt gebunden. Diese wichtige, vielleicht sogar wichtigste Eigenschaft von HTML sollten Sie immer im Auge behalten, wenn man Ihnen erzählen will, dass Web Publishing nur mit bestimmten Softwareprodukten möglich sei.

Da HTML ein Klartextformat ist, lässt es sich auch hervorragend mit Hilfe von Programmen generieren. Von dieser Möglichkeit machen beispielsweise CGI-Scripts Gebrauch. Wenn Sie im Web zum Beispiel einen Suchdienst benutzen und nach einer Suchanfrage die Ergebnisse präsentiert bekommen, dann ist das, was Sie am Bildschirm sehen, HTML-Code, der von einem Script generiert wurde.

2.1.3 HTML als Auszeichnungssprache

HTML bedeutet HyperText Markup Language. Es handelt sich dabei um eine Sprache, die mit Hilfe von SGML (Standard Generalized Markup Language) definiert wird. SGML ist als ISO-Norm 8879 festgeschrieben. Mittlerweile gibt es einen Ableger von HTML namens XHTML. In der Sprachversion 1.0 ist XHTML eine Redefinition von HTML mit Hilfe von XML. XML hat nämlich ähnliche Aufgaben wie SGML.

HTML ist eine so genannte Auszeichnungssprache (Markup Language). Sie hat die Aufgabe, die logischen Bestandteile eines textorientierten Dokuments zu beschreiben. Als Auszeichnungssprache bietet HTML daher die Möglichkeit an, typische Elemente eines textorientierten Dokuments, wie Überschriften, Textabsätze, Listen, Tabellen oder Grafikreferenzen, als solche auszuzeichnen.

Das Auszeichnungsschema von HTML geht von einer hierarchischen Gliederung aus. HTML zeichnet Inhalte von Dokumenten aus. Dokumente haben globale Eigenschaften wie zum Beispiel Kopfdaten. Der eigentliche Inhalt besteht aus Elementen, zum Beispiel einer Überschrift 1. Ordnung, Textabsätzen, Tabellen und Grafiken. Einige dieser Elemente haben wiederum Unterelemente. So enthält ein Textabsatz zum Beispiel eine als betont oder fett markierte Textstelle, eine Aufzählungsliste besteht aus einzelnen Listenpunkten, und eine Tabelle gliedert sich in einzelne Tabellenzellen.

Die meisten dieser Elemente haben einen fest definierbaren Erstreckungsraum. So geht eine Überschrift vom ersten bis zum letzten Zeichen, eine Aufzählungsliste vom ersten bis zum letzten Listenpunkt, oder eine Tabelle von der ersten bis zur letzten Zelle. Auszeichnungen markieren Anfang und Ende von Elementen. Um etwa eine Überschrift auszuzeichnen, lautet das Schema:

`[Überschrift]` Text der Überschrift `[Ende Überschrift]`

Bei einem Element, das wiederum Unterelemente besitzt, etwa einer Aufzählungsliste, lässt sich das gleiche Schema anwenden:

```
[Liste]
[Listenpunkt] Text des Listenpunkts [Ende Listenpunkt]
[Listenpunkt] Text des Listenpunkts [Ende Listenpunkt]
[Ende Liste]
```

Web-Browser, die HTML-Dateien am Bildschirm anzeigen, lösen die Auszeichnungsmarkierungen auf und stellen die Elemente dann in optisch gut erkennbarer Form am Bildschirm dar. Dabei ist die Bildschirmdarstellung aber nicht die einzige denkbare Ausgabeform. HTML kann beispielsweise genauso gut mit Hilfe synthetisch erzeugter Stimmen auf Audio-Systemen ausgegeben werden.

2.1.4 HTML für Hypertext

Eine der wichtigsten Eigenschaften von HTML ist die Möglichkeit, Verweise zu definieren. Verweise (»Hyperlinks«) können zu anderen Stellen im eigenen Projekt führen, aber auch zu beliebigen anderen Adressen im World Wide Web und sogar zu Internet-Adressen, die nicht Teil des Web sind.

Durch diese einfache Grundeigenschaft eröffnet HTML völlig neue Welten. Das Bewegen zwischen räumlich weit entfernten Rechnern wird bei modernen grafischen Web-Browsern auf einen Mausklick reduziert. In Ihren eigenen HTML-Dateien können Sie Verweise notieren und dadurch inhaltliche Verknüpfungen zwischen Ihren eigenen Inhalten und denen anderer Anbieter herstellen. Auf dieser Grundidee beruht letztlich das gesamte World Wide Web, und dieser Grundidee verdankt es seinen Namen.

Im Zeitalter der Kommerzialisierung des Internet sind natürlich auch die Verweise zu einem kommerziellen Gegenstand geworden. Anklickbare Werbe-Grafiken (»Banner«) auf häufig besuchten Seiten führen zu Anbietern, die für die Platzierung der Banner Miete bezahlen. Auch das sind Verweise. Glücklicherweise gibt es daneben aber weiterhin genügend »herkömmliche« Verweise im WWW, die einfach nur die Grundidee des Web verfolgen und zur weltweiten Vernetzung von Information beitragen wollen.

2.1.5 HTML-Versionen

Die erste Sprachversion von HTML gilt heute nicht mehr als erwähnenswert. Die Spezifikation zu dieser HTML-Version ist auf den Seiten des W3-Konsortiums, das für die Standardisierung von HTML verantwortlich ist, auch gar nicht mehr verfügbar.

- HTML 1.0 enthielt Auszeichnungen für Standardelemente wie Überschriften, Textabsätze, für Grafikreferenzen und natürlich für Verweise.

- HTML 2.0 wurde im November 1995 offizieller Sprachstandard. Die Spezifikation für HTML ist beim W3-Konsortium noch verfügbar (*www.w3.org/MarkUp/html-spec/html-pubtext.html*). Die Version 2.0 von HTML gilt heute als der allerkleinste gemeinsame Nenner. Allerdings enthält HTML 2.0 durchaus Sprachelemente, die bis auf den heutigen Tag von den großen Browsern nicht oder nicht vollständig unterstützt werden, etwa das `<link>`-Tag.

  HTML 2.0 wurde allgemein als Enttäuschung empfunden, da gerade Netscape in seiner Entwicklung schon viel weiter war: so war HTML 2.0 Standard, als der Navigator in seiner überwältigenden Produktversion 2.0 auf den Markt kam. Darin waren bereits solche Dinge wie Frames (Mehrfenstertechnik) und Multimedia-Referenzen implementiert, die meilenweit über den offiziellen HTML-Standard hinausgingen. Die meisten Ersteller von Web-Seiten berauschten sich damals an den neuen Möglichkeiten von Netscape und hatten wenig Verständnis für die Restriktionen von HTML 2.0.

- HTML 3.2 wurde nach langen Diskussionen am 14.1.1997 offizieller Sprachstandard. Die Spezifikation zu HTML 3.2 ist auf den Seiten des W3-Konsortiums verfügbar (*www.w3.org/ TR/REC-html32.html*).

  Dass diese Version eine schwere Geburt war, lässt sich schon an der merkwürdigen Versionsnummer erahnen. Das W3-Konsortium, von den Erfolgen eines Netscape-Browsers unbeeindruckt, entwickelte zunächst eine geplante Version 3.0. Die Vorschläge zu HTML 3.0 enthielten zwar etliche interessante Bestandteile. Doch insgesamt liefen die Vorschläge völlig an den neuen Realitäten im Web vorbei. HTML 3.2 ist das Ergebnis einer völligen Umarbeitung der Vorschläge zu dem niemals offiziell gewordenen HTML 3.0. Endlich wurden zumindest Tabellen offizieller Bestandteil von HTML. Daneben aber auch diverse Elemente zur physischen Textauszeichnung. Aus letzterem Grund stellt HTML 3.2 aus heutiger Sicht ein mittleres Unglück für die Entwicklung von HTML dar. Denn in dieser Version wurde versucht, HTML als Sprache für optisches Design zu etablieren, was jedoch nicht dem Wesen der Sprache entsprach und auch nur halbherzig implementiert war. Viele Sprachbestandteile, die in HTML 3.2 eingeführt wurden, sind mittlerweile als *deprecated* (missbilligt) eingestuft und sollen künftig wieder aus dem HTML-Sprachstandard entfallen, weil sie durch andere, ergänzende Technologien wie CSS realisierbar sind.

- HTML 4.0 wurde erstmals am 18.2.1998 als Sprachstandard verabschiedet. Diese Sprachversion wurde jedoch mehrfach überarbeitet und liegt mittlerweile in einer Version 4.01 vor. Die jeweils aktuelle Version von HTML 4.x finden Sie auf den Seiten des W3-Konsortiums (*www.w3.org/TR/html4*).

  HTML 4.0 stellt den Versuch dar, sich auf die Kernaufgaben von HTML zurückzubesinnen. Das Arsenal der Sprachbestandteile dieser Version regelt vor allem die Einbindung von CSS Style Sheets und von Script-Sprachen wie JavaScript in HTML. Ein weiterer wichtiger Schwerpunkt ist das Thema Internationalisierung. HTML 4.0 setzt im Gegensatz zu seinen Vorläufern voll auf das Unicode-System und erlaubt damit, Texte in allen nur erdenklichen Sprachen der Welt HTML-gerecht zu notieren. Es gibt allerdings auch viel Verwirrendes in HTML 4.0. Dazu gehören vor allem die drei Sprachvarianten, die das W3-Konsortium anbietet: »HTML Strict«, »HTML Transitional« und »HTML Frameset«. Für Anfänger ist die Politik, die hinter dieser Aufteilung steckt, kaum nachvollziehbar, und so ist es kein Wunder, dass sich die meisten Web-Entwickler bis heute wenig Gedanken machen über diese Feinheiten. Das ist zwar schade, weil es sich durchaus lohnt, mit den Bestrebungen des W3-Konsortiums eingehender auseinander zu setzen. Andererseits ist es verständlich, dass jemand, der »mal eben« seine Homepage im Web veröffentlichen will, keine Lust hat, sich mit konzepttheoretischen Aspekten des Designs von Auszeichnungssprachen zu beschäftigen. Mit diesem Widerspruch lebt HTML 4.0 leider.

Verkompliziert wurde die Sache außerdem noch dadurch, dass HTML im Zuge der Etablierung von XML in Gestalt von XHTML neu definiert wurde. So existiert heute neben dem SGML-basierten, klassischen HTML das XML-basierte XHTML. Letzteres ist zwar auch »nur« HTML, aber aufgrund XML-bedingter Gegebenheiten gibt es einige Unterschiede zu HTML. Von XHTML gibt es mittlerweile auch schon zwei Versionen: eine Version 1.0 (*www.w3.org/TR/xhtml1/*) und eine Version 1.1 (*www.w3.org/TR/xhtml11/*).

Angesichts dieser verwirrenden Versionen-Politik, die ein Kompromiss aus den Vorstellungen verschiedener Seiten und Interessen darstellt, gilt es für HTML-Anfänger vor allem, Ruhe zu bewahren und nicht gleich angewidert davonzurennen. Es ist durchaus möglich, HTML-4.0 oder XHTML-1.0-gerechte Web-Seiten zu erstellen, die richtig gut aussehen. Es gehört einfach ein wenig Kenntnis der Sachlage dazu. Innerhalb des HTML-Kapitels der vorliegenden Dokumentation wird versucht, die »Philosophie« des heutigen HTML so zu vermitteln, dass keine Entmutigungseffekte eintreten.

2.2 CSS Stylesheets

2.2.1 Formatsprache für HTML-Elemente

Mit HTML definieren Sie den grundsätzlichen Aufbau Ihrer Web-Seiten, die Elemente, die Strukturen, die Verweise, die referenzierten Elemente wie Grafiken, Multimedia usw. Aber HTML ist eigentlich nicht dazu gedacht, um exakt anzugeben, wie ein Element genau aussehen soll. So können Sie in HTML eine Überschrift definieren und dabei angeben, dass es sich um eine Überschrift 1. Ordnung handeln soll. Sie können innerhalb von HTML aber nicht bestimmen, wie groß, in welcher Schriftart usw. die Überschrift dargestellt werden soll. Das übernimmt der Web-Browser bei der Anzeige. Er benutzt dabei eine Mischung aus Grundeinstellungen, die der Anwender vornehmen kann, und fest programmierten Darstellungen einzelner HTML-Elemente.

An diesem Punkt setzen die Cascading Stylesheets (CSS) ein. Es handelt sich dabei um eine unmittelbare Ergänzungssprache, die vorwiegend für HTML entwickelt wurde. Sie klinkt sich nahtlos in HTML ein und erlaubt das beliebige Formatieren einzelner HTML-Elemente. Mit Hilfe von CSS Stylesheets können Sie beispielsweise festlegen, dass alle Überschriften 1. Ordnung 24 Punkt groß sind, in roter Helvetica-Schrift, mit einem Nachabstand von 16 Punkt und mit einer grünen doppelten Rahmenlinie oberhalb dargestellt werden. Sie können aber genauso gut auch für einen beliebigen Text festlegen, dass nur dieser Text 3 Zentimeter groß sein soll und eine gelbe Hintergrundfarbe erhält. Daneben enthält CSS auch Möglichkeiten zum punktgenauen Platzieren von Elementen am Bildschirm und für andere Ausgabemedien wie Drucker oder Audio-Systeme.

CSS erlaubt es, zentrale Formate zu definieren, beispielsweise für alle Überschriften erster Ordnung, oder für alle Textabsätze mit einem bestimmten Klassennamen, oder für kursiv ausgezeichneten Text, der innerhalb einer Tabellenzelle vorkommt. Die zentralen Formate können sich auf eine HTML-Datei beziehen, aber auch in eine externe Style-Datei ausgelagert werden, die Sie dann in allen gewünschten HTML-Dateien einbinden können. So werden einheitliche Formatvorgaben möglich, und der HTML-Code wird von unnötigem Ballast befreit.

CSS ist mit HTML eng verzahnt. Es lohnt sich daher, beide Sprachen gleichzeitig zu erlernen. Im HTML-Kapitel der vorliegenden Dokumentation werden Sie bei den Beschreibungen zu einzelnen HTML-Elementen deshalb immer auch auf die Möglichkeiten hingewiesen, wie Sie diese Elemente mit Hilfe von CSS gestalten können.

CSS ist ebenso wie HTML eine Klartextsprache. Auch für CSS brauchen Sie keine bestimmte Software, es genügt ein Texteditor. CSS ist wie HTML eine offen dokumentierte und vom W3-Konsortium standardisierte Sprache, die Sie frei und ohne Lizenzprobleme verwenden können.

Vom MS Internet Explorer wurde CSS schon recht früh unterstützt, da Microsoft sein Knowhow aus dem Bereich der visuellen Textverarbeitung in den Browser einfließen lassen konnte. Netscape tat sich dagegen schwer mit der Implementierung. Was die immer noch verbreitete Version 4.x an CSS beherrscht, ist insgesamt wenig ermutigend, und Web-Designer müssen alle Augenblicke lang wieder mit bösen Überraschungen bei diesem Browser rechnen. Erst in der von Grund auf neu programmierten 6er-Version des Netscape-Browsers ist CSS sauber umgesetzt. Aber auch beim Internet Explorer gab es lange Zeit eigenwillige Interpretationen einzelner CSS-Eigenschaften. Auch hier kann man erst seit der 5er-Version eine ausgereifte Umsetzung erwarten.

Das Verhalten der Browser ist der Grund, warum CSS bis heute eher vorsichtig eingesetzt wird. Dennoch setzt mittlerweile die Mehrzahl der Angebote im Web CSS mit Erfolg ein, und solange Sie Ihre Seiten mit verschiedenen Browsern austesten – was Sie ohnehin tun sollten –, besteht kein Grund mehr, auf CSS und seine Vorteile zu verzichten.

2.2.2 CSS-Versionen

Das Standardisierungsverfahren bei CSS folgt den gleichen Regeln wie das von HTML. Die erste CSS-Sprachversion in Form einer offiziellen Empfehlung (*Recommendation*) stammt bereits vom 17.12.1996, wurde allerdings 1999 noch mal in überarbeiteter Form herausgegeben. Die Spezifikation zu CSS 1.0 ist auf den Seiten des W3-Konsortiums verfügbar (*www.w3.org/TR/REC-CSS1*).

Seitdem wurde CSS fleißig weiterentwickelt. Viele CSS-Eigenschaften, die längst beliebt geworden sind – etwa das absolute Positionieren von Elementen –, gehören zum »CSS Level 2«. Die Version 2.0 stammt vom 12.05.1998. Auch diese Version können Sie aufrufen (*www.w3.org/TR/REC-CSS2/*).

Obwohl schon 1998 veröffentlicht, ist CSS 2.0 noch immer nicht vollständig in allen verbreiteten Browsern umgesetzt. Beim W3-Konsortium wird indessen längst an der Version 3.0 gearbeitet. Über die Einstiegsseite zu CSS (*www.w3.org/Style/CSS/*) beim W3-Konsortium können Sie sich über die laufende Weiterentwicklung informieren.

2.3 XML und XML-Derivate

2.3.1 XML als Definitionssprache für Auszeichnungssprachen

Stellen Sie sich vor, irgendjemand hätte irgendwann für ein weit verbreitetes Textverarbeitungsprogramm wie MS Word eine bestimmte Dokumentvorlage erstellt. Stellen Sie sich weiter vor, diese Dokumentvorlage würde sich irgendwie immer mehr verbreiten, jeder Word-Anwender hätte sie, und jeder Word-Anwender würde seine Dokumente fortan nur noch mit dieser einen Dokumentvorlage erstellen.

Genau das ist im Grunde bei HTML der Fall. HTML ist eine Sprache, die mit Hilfe von SGML definiert wird und eine Reihe von festen Elementen enthält. Es ist zwar eine Sprache, die eigentlich alle wichtigen Elemente enthält, die ein Web-Autor heute so braucht, doch es bleiben genügend Wünsche offen. Denn es gibt viele Texte, die anwendungsspezifische Datenstrukturen haben. Nehmen Sie beispielsweise E-Mails. Eine E-Mail hat bestimmte Kopfdaten wie Absender, Empfänger, Thema, Absendezeit sowie den eigentlichen Text. Wenn Sie eine solche E-Mail mit allen Feldern auf einer Web-Seite wiedergeben möchten, können Sie natürlich für die Felder »Absender«, »Empfänger« usw. einfach normale Textabsätze verwenden. Sinnvoller wäre es allerdings, Auszeichnungselemente mit Namen wie »Absender« oder »Empfänger« zu haben. Nur so würde die semantische Datenstruktur der E-Mail erhalten bleiben.

Und genau dies ist der Unterschied zwischen HTML und XML. XML wird auch mit Hilfe von SGML, der Mutter aller Auszeichnungssprachen, definiert. Doch es ist keine »SGML-Anwendung«, so wie HTML, sondern ein »SGML-Profil«. Das ist eine Stufe abstrakter, man spricht dabei auch von »generalized markup«, also von »verallgemeinerter Auszeichnung«.

Im Grunde ist XML auch gar keine Konkurrenz zu HTML, sondern vielmehr zu SGML. Denn mit Hilfe von XML können Sie wie mit SGML eigene, neue Sprachen »erfinden«. XML selbst ist also nur dazu da, um Auszeichnungssprachen zu definieren. Eine solche Auszeichnungssprache muss bestimmte Grundkonventionen einhalten. Die Bestandteile der Auszeichnungssprache müssen nach einem vorgeschriebenen Schema definiert werden. XML ist dabei das »Regelwerk«, das Schema. Beim Definieren eigener Auszeichnungssprachen mit XML können Sie eigene Namen vergeben. So können Sie zum Beispiel Elemente definieren, um Bereiche eines Dokuments als Lexikonartikel auszuzeichnen, als Musiknote oder als Bestandteil einer chemischen Formel. Sie müssen bei der Definition der Elemente jedoch exakt festlegen, welche Eigenschaften das Element hat, zum Beispiel, innerhalb welcher anderen Elemente es vorkommen kann und innerhalb welcher nicht. Wenn Sie dann ein XML-Dokument mit der Definition einer eigenen Sprache erstellt haben, können Sie Dateien in dieser Sprache erstellen und im Dateikopf angeben, auf welche XML-Definitionen Sie sich in dieser Datei beziehen.

Auszeichnungssprachen, die Sie mit XML definieren, sind wie HTML logisch/semantische Sprachen. Denn mit XML können Sie Elemente und deren grundsätzliche Eigenschaften definieren, aber Sie können nicht angeben, wie eine interpretierende Software ein Element bei der Darstellung formatieren soll. Da ein Browser bei selbst »erfundenen« Elementen nicht mal auf Voreinstellungen zurückgreifen kann, so wie bei HTML, ist eigentlich überhaupt keine sinnvolle Anzeige möglich. XML ist deshalb noch viel stärker als HTML auf die Ergänzung durch eine Style-Sprache angewiesen. Durch Formatierung von Elementen wird bei XML-Sprachen eine optisch brauchbare Darstellung überhaupt erst möglich.

Dazu gibt es, genau wie bei HTML, eine ergänzende Stylesheet-Sprache. Diese Sprache heißt **XSL** (*Extensible Stylesheet Language – erweiterbare Formatsprache*). XSL ist noch leistungsfähiger als CSS. Denn XSL besteht nicht nur aus Formateigenschaften wie Schriftgröße, Farbe, Zeilenabstand usw. XSL übernimmt auch erweiterte Aufgaben der Textverarbeitung wie das sortierte Ausgeben von listenartigen Daten, automatische Nummerierung usw.

Ein Ableger von XSL namens **XSLT** (*XSL Transformation*) erlaubt es sogar, Daten von einer XML-basierten Auszeichnungssprache in eine andere zu konvertieren. Das Konzept dazu ist ziemlich genial – XSLT können Sie sich vorstellen wie einen »Universal-Konverter«, einen Babelfish für Auszeichnungssprachen. Er kann von einer in die andere Sprache übersetzen. So ist es beispielsweise möglich, Daten in einer XML-basierten eigenen Sprache zu speichern, diese aber beim Präsentieren im Web auf dem Server, also bevor die Daten zum Browser gelangen, mit Hilfe von XSLT in HTML zu übersetzen. Beim Browser kommt dann lupenreines HTML an, und er bekommt gar nichts davon mit, dass die Daten eigentlich in einer für ihn möglicherweise unverständlichen XML-Sprache gespeichert sind.

Für normales Homepage-Design ist XML bis heute relativ uninteressant. HTML und CSS sind für normale Texte und deren Gestaltung am Bildschirm hervorragend geeignet und meistens ausreichend. Doch im professionellen Bereich gibt es genügend Fälle, in denen der Einsatz von XML seine Berechtigung hat. Eigentlich überall dort, wo anwendungsspezifische Datenstrukturen vorliegen und der Wunsch besteht, diese beim Speichern der Daten nicht aufzugeben (siehe E-Mail-Beispiel weiter oben).

Der Internet Explorer ist seit Version 5.x in der Lage, Dateien mit XML-basierten Sprachen zu erkennen und zu verarbeiten. Von XSL und XSLT versteht er allerdings noch recht wenig, gerade mal genug, um ein paar grobe Aufgaben der Darstellung damit zu lösen. Netscape erkennt XML seit der Produktversion 6.x. Angesichts dieser Tatsache ist es heute nicht sehr ratsam, XML direkt auf die Browser loszulassen. In der Praxis wird XML heute vor allem eingesetzt, um Daten semantisch optimal und frei von allem Layout-Ballast zu speichern. Für die Präsentation als Web-Seiten werden die Daten dann serverseitig mit Hilfe von XSLT oder mit Hilfe eines selbst geschriebenen CGI-Scripts in HTML übersetzt.

2.3.2 XML-Derivate

Auszeichnungssprachen, die mit Hilfe von XML definiert werden, werden auch als XML-Derivate, also als XML-Ableger bezeichnet. XML ist also vorstellbar als Stamm eines Baumes, der sich in lauter Äste entfaltet, wobei alle Äste die »Gene« des Stamms enthalten.

Neben Auszeichnungssprachen, die Sie mit XML für Ihre eigenen Zwecke definieren können, gibt es aber auch XML-basierte Sprachen, die für die allgemeine Verwendung vorgesehen sind. So bietet beispielsweise auch das W3-Konsortium gleich mehrere, mit Hilfe von XML definierte Auszeichnungssprachen öffentlich an in der Hoffnung, dass diese eine breitere Anwendung finden. Es handelt sich um Sprachen mit ganz unterschiedlichen Aufgaben. So gibt es beispielsweise ein Dateiformat namens **SVG**, mit dessen Hilfe sich Vektorgrafiken erzeugen lassen, oder eine Sprache namens **MathML** zum exakten Auszeichnen mathematisch-wissenschaftlicher Formeln. Wenn von XML die Rede ist, dann ist damit meistens nicht nur der Kern von XML gemeint, sondern auch eine ganze Familie von XML-basierten Sprachen – eben die XML-Derivate.

2.3.3 XML-Versionen

Genau wie HTML und CSS wird XML vom W3-Konsortium standardisiert. Die offizielle Dokumentation zu XML beschreibt dabei, nach welchen Regeln XML-basierte Auszeichnungssprachen definiert werden. Zum Redaktionsschluss des vorliegenden Dokuments lag die Empfehlung zu XML 1.0 vor, veröffentlicht am 10.02.1998. Auf den Seiten des W3-Konsortiums können Sie die jeweils aktuelle Version aufrufen (*www.w3.org/TR/REC-xml*). Auch XSL und XSLT werden vom W3-Konsortium standardisiert. Die entsprechenden aktuellen Dokumente finden Sie ebenfalls im Web:

- Aktuelle Spezifikation für XSL (*www.w3.org/TR/xsl/*)

- Aktuelle Spezifikation für XSL Transformations (XSLT, *www.w3.org/TR/xslt*)

2.4   JavaScript/DOM

2.4.1 Web-Seiten als Anwendungen

In HTML können Sie unter anderem Formulare definieren. Solche Formulare können Eingabefelder, Auswahllisten, Buttons usw. enthalten. Der Anwender kann ein Formular ausfüllen und über das Web absenden. Das ist für viele Zwecke eine segensreiche Erfindung. Doch HTML erlaubt Ihnen als Formularanbieter beispielsweise nicht, die Eingaben des Anwenders vor dem Absenden des Formulars auf Vollständigkeit und Plausibilität zu prüfen. Mit JavaScript ist das jedoch möglich.

Oder ein anderer Fall: Sie können in HTML zwar Multimedia-Dateien einbinden, aber wenn diese HTML-Datei im Web steht, können Sie nicht wissen, ob Ihre Seitenbesucher einen Browser besitzen, der das entsprechende Multimedia-Format anzeigen kann. Da wäre es praktisch, das Einbinden der Multimedia-Datei davon abhängig zu machen, ob der Browser des Anwenders das entsprechende Format anzeigen kann oder nicht. Auch so etwas ist mit JavaScript möglich.

Für diese und unzählige andere nützliche, allerdings auch weniger nützliche Zwecke erfand Netscape eine Programmiersprache namens JavaScript. Durch JavaScript können Web-Seiten, die mit Hilfe von HTML aus strukturiertem Text bestehen und mit CSS gestaltet sind, ihren reinen »Dokument-Charakter« aufgeben und eher wie Programme, wie Anwendungen wirken. JavaScript erlaubt es, Maus- und Tastatureingaben des Anwenders zu verarbeiten und darauf mit Bildschirmausgaben oder dynamischen Änderungen innerhalb der angezeigten Web-Seite zu reagieren. So lässt sich mit JavaScript beispielsweise ein HTML-Formular zu einem Zinseszinsberechner umfunktionieren. Der Anwender gibt ein paar Werte ein, JavaScript berechnet etwas und gibt das Ergebnis aus.

All diese Dinge laufen im Web-Browser des Anwenders ab, während eine Web-Seite am Bildschirm angezeigt wird. Es ist keine zusätzliche Kommunikation zwischen Web-Browser und Web-Server erforderlich. Wenn die Web-Seite zum Browser übertragen wurde und sich damit im Arbeitsspeicher des Anwender-Rechners befindet, sind JavaScripts, die in die Web-Seite integriert sind, lokal ausführbar. Damit Programmierer auf dem Rechner des Anwenders keinen Unfug treiben können, ist JavaScript allerdings in seinen Möglichkeiten stark beschränkt. Es ist mit JavaScript beispielsweise nicht möglich, mal eben eine Datei auf dem Rechner des Anwenders auszulesen oder diese gar zu löschen. Die Möglichkeiten von JavaScript sind auf das Umfeld der Web-Seite eingeschränkt, in die so ein Script eingebettet ist.

JavaScripts können Sie ebenso wie CSS Stylesheets direkt innerhalb von HTML-Dateien notieren oder wahlweise als separate Datei einbinden. Damit bezieht sich ein solches JavaScript auf die Seite, in die es eingebunden ist, und kann auf das unmittelbare Umfeld und die Elemente dieser Seite zugreifen. Was den Zugriff auf Elemente einer HTML-Datei betrifft, muss man jedoch einen wichtigen Unterschied machen: Mit klassischem JavaScript, wie es Netscape zunächst einführte, lässt sich nur auf bestimmte Elemente zugreifen, beispielsweise auf Formularelemente. Mittlerweile setzen sich jedoch Ansätze durch, bei denen der Script-Sprachen-Zugriff auf beliebige HTML-Elemente möglich ist, und zwar lesend und schreibend. So wird es beispielsweise möglich, den Text eines Textabsatzes dynamisch auszutauschen, wenn der Anwender an eine bestimmte Stelle klickt. Auf diese Weise werden HTML-Dateien zu richtigen interaktiven Anwendungen – was sich etwa hervorragend für didaktische Zwecke nutzen lässt. Für das dynamische Verändern von am Bildschirm angezeigten Web-Seiten hat sich auch der Begriff **Dynamic HTML** eingebürgert.

Den Zugriff auf beliebige Elemente regelt das **Document Object Model** (DOM). Dabei handelt es sich nicht um eine Programmiersprache, sondern um ein Schema für Programmiersprachen, das beschreibt, wie auf die Elemente von HTML- und auch auf die Elemente von beliebigen XML-basierten Dokumenten zugegriffen werden kann. Das DOM regelt also beispielsweise, welche Möglichkeiten eine Sprache wie JavaScript bereitstellen muss, um dem Programmierer zu erlauben, den Text einer Überschrift erster Ordnung in einer HTML-Datei zu ermitteln und durch einen anderen Text zu ersetzen. Das DOM ist im Gegensatz zu JavaScript keine konkrete Programmiersprache. Es ist lediglich eine Vorgabe, die in modernen Script-Sprachen für Web-Seiten umgesetzt werden sollte. Denn das DOM wird wie HTML, CSS und JavaScript vom W3-Konsortium standardisiert und hat damit einen normativen Charakter. In den JavaScript-Modulen der verbreiteten Browser wird das DOM allmählich umgesetzt. Der MS Internet Explorer unterstützt DOM-gerechtes JavaScript seit Version 5.x, Netscape seit Version 6.x.

Die Mehrzahl der heutigen Web-Seiten setzt JavaScript in irgendeiner Form ein – die meisten so, wie es gedacht ist, nämlich als Unterstützung für bestimmte Aufgaben, die sich mit HTML einfach nicht lösen lassen. Einige Seiten sind aber auch komplett JavaScript-basiert. Anwender, die in ihrem Browser JavaScript deaktiviert haben (was bei allen Browsern möglich ist), sehen von solchen Seiten rein gar nichts.

2.4.2 JavaScript-Informationen

JavaScript ist anders als HTML, CSS oder XML keine unabhängige Technologie, sondern eine von Netscape lizenzierte Programmiersprache. Obwohl JavaScript im MS Internet Explorer genauso funktioniert wie im Netscape-Browser, steckt in Wirklichkeit beim Internet Explorer eine andere Sprache namens **JScript** dahinter. JScript ist die Microsoft-Antwort auf JavaScript, was den Web-Seiten-Entwickler allerdings nicht kümmern muss, denn der JScript-Interpreter des Internet Explorers kommt mit JavaScript zurecht. Als Ersteller von Web-Seiten können Sie also in JavaScript programmieren, was sie wollen, ohne sich um Lizenzfragen kümmern zu müssen. Die Weiterentwicklung von JavaScript liegt jedoch in den Händen des Lizenzinhabers, und nicht in denen einer unabhängigen Organisation wie dem W3-Konsortium. In den Händen des W3-Konsortiums liegt dagegen die Standardisierung des DOM, das eine wichtige Grundlage für modernes JavaScript ist. Das Dokument für das DOM in der Version 1.0 finden Sie auf den Web-Seiten des W3-Konsortiums.

- Document Object Model (DOM) 1.0 Spezifikation (*www.w3.org/TR/REC-DOM-Level-1/*)

2.5 CGI und Perl

2.5.1 CGI-Schnittstelle und Perl-Interpreter

Die CGI-Schnittstelle (*Common Gateway Interface – Allgemeine Vermittlungsrechner-Schnittstelle*) ist eine Möglichkeit, Programme oder Scripts im Web bereitzustellen, die von HTML-Dateien aus aufgerufen werden können und selbst HTML-Code erzeugen und an einen Web-Browser senden können. Im Unterschied zu JavaScript werden solche Scripts oder Programme aber nicht nach dem Übertragen einer Web-Seite im Browser des Anwenders ausgeführt, sondern bevor der Browser vom Server Daten übertragen bekommt. Deshalb sind CGI-Scripts oder CGI-Programme auch nur ausführbar, wenn eine HTTP-basierte Kommunikation zwischen Web-Browser und Web-Server stattfindet. CGI ist dabei auf der Server-Seite angesiedelt.

Die Datenverarbeitung geschieht ebenfalls auf dem Server-Rechner. CGI-Programme können auf dem Server-Rechner Daten speichern, zum Beispiel, wie oft auf eine Web-Seite zugegriffen wurde, oder, was ein Anwender in ein Gästebuch geschrieben hat. Ein CGI-Script kann auf dem Server-Rechner auch installierte Datenbanken abfragen. Bei entsprechendem Aufruf kann ein CGI-Programm gespeicherte Daten auslesen und daraus HTML-Code generieren. Dieser »dynamisch« erzeugte HTML-Code wird an den aufrufenden Web-Browser eines Anwenders übertragen und kann dort individuelle Daten in HTML-Form anzeigen, zum Beispiel den aktuellen Zugriffszählerstand einer Web-Seite, die bisherigen Einträge in einem Gästebuch oder Ergebnisse einer Datenbanksuche.

Die CGI-Schnittstelle muss von der Web-Server-Software unterstützt werden. Aus Sicht des Mieters von Speicherplatz auf einem Web-Server steht die CGI-Schnittstelle meistens in Form eines bestimmten Verzeichnisses mit dem Namen *cgi-bin* zur Verfügung. In diesem Verzeichnis können Scripts abgelegt werden, die CGI-Aufgaben übernehmen. Falls Sie unsicher sind, fragen Sie Ihren Provider oder Webmaster, der Ihnen Speicherplatz im Web zur Verfügung stellt, ob er Ihnen eine CGI-Schnittstelle zur Verfügung stellt. Bei preiswerten oder gar kostenlosen Homepage-Vermittlern steht Ihnen normalerweise keine CGI-Schnittstelle zur Verfügung.

Es gibt keine Vorschriften dafür, in welcher Programmiersprache ein CGI-Programm geschrieben ist. Damit das Programm auf dem Server-Rechner ausführbar ist, muss es entweder für die Betriebssystemumgebung des Server-Rechners als ausführbares Programm kompiliert worden sein, oder es muss auf dem Server ein Laufzeit-Interpreter vorhanden sein, der das Programm ausführt. Wenn der Server zum Beispiel ein Linux-Rechner ist, führt er C-Programme aus, die mit einem Linux-C-Compiler zu einer ausführbaren Datei kompiliert wurden. Wenn der Server ein Windows NT-Rechner ist, können CGI-Scripts auch EXE-Dateien sein, die mit Compilern für C, Pascal, Visual Basic usw. erzeugt wurden. Die meisten heutigen CGI-Programme sind jedoch keine kompilierten Programme, sondern lediglich Scripts, die von einem Interpreter beim Aufruf ausgeführt werden. Der bekannteste und beliebteste Interpreter ist dabei der **Perl-Interpreter**.

Perl ist eine Programmiersprache, die eine Mischung aus klassischen Programmiersprachen wie C und Script-Sprachen wie Unix-Shellscript darstellt. Perl ist extrem leistungsfähig und der Perl-Interpreter hochgradig ausgereift. Perl hat deshalb auf zahllosen Gebieten die Herzen der Programmierer erobert. Unter anderem eben auch auf dem Gebiet der CGI-Programmierung. Aus diesem Grund werden CGI-Programmierung und Perl mittlerweile oft in einem Atemzug genannt und als zusammengehörig dargestellt. Es ist nur wichtig zu wissen, dass die Verbindung von CGI und Perl nichts Naturgegebenes oder Notwendiges ist. CGI ist lediglich eine Norm für eine Programmierschnittstelle, die Web-Server-Software unterstützen sollte, und Perl ist eine universell einsetzbare Script-Sprache, die sich allerdings auf Grund ihrer Charakteristik hervorragend für die CGI-Programmierung eignet.

2.5.2 CGI/Perl-Informationen

Für CGI gibt es keinen Standard, der dem Status von HTML, CSS oder XML vergleichbar wäre. Das W3-Konsortium, bei dem es zwar auch eine Arbeitsgruppe gibt, die sich um das HTTP-Protokoll kümmert, klammert die CGI-Schnittstelle aus den HTTP-Dokumenten aus. Die CGI-Schnittstelle wurde mit einem der ersten und seinerzeit erfolgreichsten Web-Server-Produkte eingeführt, nämlich mit dem NCSA-Web-Server (*NCSA = National Center for Supercomputing*, eine akademische Institution). Die Originalspezifikation für die CGI-Schnittstelle von NCSA ist auf den Web-Seiten von NCSA noch verfügbar.

- The CGI Specification (*hoohoo.ncsa.uiuc.edu/cgi/interface.html*)

Allzu viel gehört eigentlich gar nicht dazu – es muss lediglich vom Web-Server unterstützt werden. Der NCSA-Server spielt mittlerweile keine Rolle mehr, die klare Führungsrolle unter den Web-Server-Produkten hat mittlerweile der frei verfügbare Apache Web-Server übernommen. Dieser unterstützt die CGI-Schnittstelle selbstverständlich auch. Perl als Programmiersprache und der Perl-Interpreter sind lizenzfrei und kostenlos verfügbar. Die Einstiegsseite zu allen Belangen rund um Perl ist *www.perl.com*.

2.6   PHP

2.6.1 PHP und HTML

Mit HTML alleine lassen sich keine dynamisch generierten Inhalte erzeugen. Dazu brauchen Sie irgendeine Form von Script-Sprache. JavaScript ist für viele kleinere Fälle recht praktisch, beispielsweise um an einer bestimmten Stelle im Text immer das jeweils aktuelle Tagesdatum auszugeben. Der Vorteil von JavaScript ist, dass es sich problemlos in HTML-Dateien einbetten lässt. Mit CGI/Perl ist wesentlich mehr möglich als mit JavaScript – vor allem all jene Dinge, die eine Datenverarbeitung auf dem Server-Rechner erfordern. Die Datenverarbeitung eines Gästebuchs für ein Web-Projekt beispielsweise muss auf dem Server-Rechner stattfinden. Der Grund ist, dass Daten zentral gespeichert werden müssen, damit sie allen Seitenbesuchern zur Verfügung stehen – im Fall des Gästebuchs die vorhandenen Gästebucheinträge. Der Nachteil von CGI und Perl ist, dass Perl-Scripts separate Dateien sind, die aufgrund der Charakteristik der CGI-Schnittstelle meistens in ganz anderen Verzeichnissen abgelegt werden müssen als die HTML-Dateien des Web-Projekts. Ein weiteres Problem ist, dass Perl als Universalsprache ausgelegt ist und nicht speziell für dynamische Web-Seiten entwickelt wurde. Manche Dinge, die sich ein Entwickler von dynamischen Web-Seiten wünscht, sind in Perl nur schwer und über Umwege zu erreichen. Gute Perl-Programmierer bekommen zwar jedes Problem in den Griff – aber der Weg zum guten Perl-Programmierer ist weit und lang.

An diesen »Problemzonen« von Perl setzt **PHP** an. Die Abkürzung steht für *Hypertext Preprocessor*. Das Konzept dahinter ist, dass PHP-Code ähnlich wie JavaScript direkt in HTML-Dateien an einer dafür geeigneten Stelle notiert werden kann. Wenn die HTML-Datei dann im Web abgelegt ist und von einem Web-Browser aufgerufen wird, erkennt der Web-Server, der die Datei zum Browser übermittelt, aufgrund bestimmter Konventionen, dass es sich nicht um eine gewöhnliche HTML-Datei handelt, sondern um eine HTML-Datei mit eingebettetem PHP-Code. Eine solche Datei lässt er dann zunächst von dem serverseitig installierten PHP-Interpreter verarbeiten. Dieser liest in der HTML-Datei die PHP-Code-Passagen aus, führt den Code aus und erzeugt daraus den endgültigen HTML-Code, der schließlich an den Browser gesendet wird.

PHP kann alles, was mit CGI und Perl auch möglich ist. Und manches ist mit PHP durchaus einfacher als mit CGI und Perl, weil der PHP-Interpreter viel stärker als etwa der Perl-Interpreter auf aktuelle Belange des Web-Publishing ausgerichtet ist. So ist es beispielsweise mit PHP auch möglich, PDF-Dateien dynamisch zu generieren, um druckreife Daten an den Browser zu senden. Mit Perl geht so etwas zwar auch, doch dazu muss der Programmierer sich erst mal nach einem geeigneten Modul umsehen, dieses installieren und sich dann mit der moduleigenen Dokumentation beschäftigen. Beim PHP-Interpreter ist dagegen alles inklusive und fest eingebaut. Allerdings platzt der PHP-Interpreter aufgrund seines Feature-Umfangs allmählich aus allen Nähten und wird durch die »Alles-inklusive«-Philosophie nicht gerade schneller – auch wenn er mittlerweile die gleiche interne Technik wie der Perl-Interpreter verwendet, nämlich Scripts erst einmal zu kompilieren und sie dann auszuführen. Letztendlich aber bestimmen immer eine ganze Reihe von Faktoren mit darüber, wie performant eine dynamische Web-Seite wirklich ist – unter anderem die Anzahl der Seitenaufrufe, die Leistungsfähigkeit der Server-Hardware, die Netzanbindung des Servers usw. In der Praxis hat sich PHP jedenfalls bestens bewährt und wird von vielen großen Web-Angeboten mit Erfolg eingesetzt.

2.6.2 PHP-Informationen

PHP und der PHP-Interpreter sind frei verfügbar und lizenzfrei benutzbar. Entwickelt werden Sprache und Interpreter von der so genannten PHP Group, einem Projektzusammenschluss von Programmierern. Die Einstiegsseite zu allen Belangen rund um PHP ist *www.php.net/*.

2.7 ASP

2.7.1 ASP und HTML

ASP steht für **Active Server Pages** (*Aktive Server-Seiten*) und stellt ähnlich wie PHP eine Alternative zu CGI/Perl dar. Auch bei ASP geht es also darum, serverseitig dynamische Web-Seiten zu erzeugen, beispielsweise, um Suchtreffer, die sich aufgrund einer Datenbankabfrage ergeben, in HTML-Form aufgelistet an den aufrufenden Browser zu senden. Ähnlich wie PHP-Code können Sie Script-Code bei ASP direkt in HTML einbetten – es sind also nicht wie bei Perl und CGI separate Scripts erforderlich, die in speziellen Verzeichnissen abgelegt werden müssen. Im Unterschied zu PHP ist ASP jedoch stärker an die Welt von Microsoft und Windows gekoppelt. Zwar gibt es ASP durchaus auch für Linux und andere Unix-basierte Systeme, und neben Microsoft Web-Servern werden auch der Apache Server und viele andere unterstützt. Doch die ASP-Integration ist für Web-Server von Microsoft optimiert und wird daher vorwiegend unter Windows NT eingesetzt.

ASP ist im Gegensatz zu PHP nur eine »Umgebung«, keine eigene Script-Sprache. Als Script-Sprachen kommen vor allem die Microsoft-eigenen Sprachen JScript und VBScript (Visual Basic Script) in Frage. Aber auch der Einsatz von Perl für ASP ist möglich – und hier zeigt sich denn auch wieder die universelle Verwendbarkeit von Perl, das etwa im Gegensatz zu PHP nicht an bestimmte Umgebungen gebunden ist. VBScript ist allerdings die Standard-Script-Sprache für ASP.

Das ASP-Prinzip ist das gleiche wie bei PHP. Aufgrund bestimmter Konventionen erkennt der Web-Server, dass eine HTML-Datei eine ASP-Datei ist. Der Server mit integrierter ASP-Umgebung führt dann den in der Datei enthaltenen Script-Code aus und sendet am Ende den dadurch erzeugten, gesamten HTML-Code an den aufrufenden Browser.

2.7.2 ASP-Informationen

Die ASP-Umgebung ist lizenz- und kostenpflichtig. Vertrieben wird ASP von Sun Chili!Soft (*www.chilisoft.com/*).

2.8 Java

2.8.1 Java und HTML

Java ist eine von Sun Microsystems entwickelte, vollkommen plattformunabhängige Programmiersprache. Die Sprache lehnt sich in Aufbau und Syntax an C/C++ an. Java wurde zunächst hauptsächlich als Programmiersprache für Internet-Anwendungen gefeiert. Nach einigen Jahren zeichnet sich jedoch ab, dass Java zwar für alle möglichen Zwecke gut geeignet ist, dass es aber im Web nicht die Dominanz erreicht hat, die von Sun ursprünglich mal erhofft wurde. Im Web wird Java heute vor allem im Zusammenhang mit Online-Banking, Online-Broking, web-basierten Chats und für didaktische Zwecke eingesetzt. Im Bereich der Animationen, Effekte, Online-Spiele usw. wird Java dagegen immer stärker von Flash verdrängt.

Java zeichnet sich u.a. durch folgende Eigenschaften aus:

- **Objekt-Orientierung:** Java ist streng objektorientiert und stellt dem Programmierer eine Fülle elementarer und komplexer Objekte bereit.

- **Sichere Speicherverwaltung:** Unter Java ist die Arbeitsspeicherverwaltung aus Programmierersicht wesentlich unkritischer als beispielsweise unter C. Es gibt keine durch Zeiger adressierten Speicherbereiche von unbestimmter Größe, sondern nur Speichervektoren von fest definierter Länge. Die fehlerarme Speicherverwaltung ist besonders wichtig, da Java-Programme ohne Portierungsaufwand in verschiedenen Rechnerumgebungen ablaufen sollen.

- **Plattformunabhängige Programmdateien:** Java-Programme werden wie herkömmliche Programme zu Objektcode kompiliert, jedoch nicht in eine bestimmte Prozessor- oder Betriebssystemumgebung eingebunden, also nicht »gelinkt«. Java-Programme laufen daher auf allen Plattformen, wenn ein Java-Objektcode-Interpreter installiert ist. Web-Browser, die Java ausführen, starten ihre eigene »Java-Konsole« zu diesem Zweck.

Java-Programme, die für den Einsatz im Internet gedacht sind, heißen **Applets**. Sie können Java-Applets in HTML-Dateien so referenzieren, dass die Anwendung innerhalb der Web-Seite in einem dazu geeigneten Bereich erscheint. Die Bildschirmausgaben bzw. die Interaktionen zwischen Anwender und Programm finden also im Anzeigefenster des WWW-Browsers statt. Applets sind eine Sonderform von Java-Programmen, die in ihren Möglichkeiten beschränkt sind. Auf diese Weise wird sichergestellt, dass Java-Applets nicht ohne das Einverständnis des Anwenders irgendetwas auf dessen Rechner tun können, z.B. Dateien verändern oder löschen. Java-Applets laufen also in einer so genannten **Sandbox**, einem Sicherheitskäfig.

Innerhalb des Client-Server-Modells im Web kann Java auf beiden Seiten vorkommen. Applets, die im Browser ausgeführt werden, sind clientseitig, laufen also auf dem Rechner des Anwenders. Häufig kommunizieren solche Applets aber über eigene Protokolle online mit entsprechenden, in Java programmierten »Gegenstellen« auf einem Server. Bei einer Anwendung wie einem Chat beispielsweise gibt es einerseits ein Applet, das im Browser läuft und dem Anwender die Chat-Oberfläche präsentiert – doch damit tatsächlich ein Mehrpersonen-Chat möglich ist, muss natürlich auch auf dem Server irgendetwas laufen, was die Chat-Teilnehmer verwaltet und in den Client-Anwendungen anzeigt. Hinter Java-Applets verbergen sich deshalb häufig verteilte Anwendungen, die aus einem Applet und zugehörigen Server-Programmen bestehen.

Um selbst ausführbare Java-Applets erstellen zu können, brauchen Sie einen Texteditor, um den Java-Quellcode zu generieren, und das Java Entwickler-Kit von Sun. Das Entwickler-Kit enthält alle Klassenbibliotheken der Programmiersprache Java, einen Applet-Viewer und einen Compiler. Neben einem Compiler, der speziell Java-Applets zum Einsatz im WWW erzeugt, gibt es im Java Developer's Kit aber noch einen Compiler, der Internet-unabhängige Programme für beliebige PCs oder andere Softwareträger erzeugt. Dieser Compiler erlaubt alle Möglichkeiten, um vom Webunabhängige Software zu erstellen. Für größere Softwareprojekte mit Java gibt es ausgereifte Java-Entwicklungsumgebungen, ähnlich wie für C++, Visual Basic oder Delphi.

2.8.2 Java-Informationen

Das Java-Entwickler-Kit ist frei für den persönlichen Gebrauch und für nichtkommerzielle Zwecke. Wenn Sie kommerzielle Anwendungen mit Java erstellen wollen, müssen Sie für die Compiler-Software eine kostenpflichtige Lizenz erwerben. Über die folgende Seite finden Sie im Web den Einstieg zu Software und Dokumentation rund um Java:

- Java-Entwickler-Seiten (Sun, *java.sun.com/*)

2.9 ActiveX

2.9.1 ActiveX und HTML

ActiveX ist eine von Microsoft eingeführte Technologie für ausführbaren Programmcode auf Web-Seiten mit dem Anspruch einer Alternative oder Konkurrenz zu Java. ActiveX ist dabei ein Überbegriff für verschiedene Softwarekomponenten. Alle diese Komponenten basieren auf dem so genannten **Component Object Model (COM)**. ActiveX ist jedoch kein Internet-Standard im herkömmlichen Sinn, sondern der Versuch, spezifische Eigenschaften des MS-Windows-Betriebssystems für Web-Seiten nutzbar zu machen. So ist es mit Hilfe von ActiveX beispielsweise möglich, Eingaben aus HTML-Formularen einer Web-Seite über die OLE-Schnittstelle von Windows direkt in eine Excel-Tabelle oder eine Access-Datenbank einzulesen (oder umgekehrt). ActiveX-Controls benutzen nämlich die OLE-Schnittstelle von Windows, um mit ihrer Umgebung zu kommunizieren. Microsoft bemüht sich zwar um Lösungen, die sich auch auf Macintosh- und Unix-Rechner übertragen lassen. Doch letztendlich ist ActiveX für MS-Windows optimiert, und das mit Absicht.

Ein wesentlicher Bestandteil von ActiveX sind die so genannten ActiveX-Controls. Solche Controls sind Programme oder Programm-Module, die sich in HTML-Dateien als Objekt einbinden lassen, ähnlich wie Java-Applets. Der Programmcode wird im Arbeitsspeicher des Client-Rechners (also des Anwenders, der eine Web-Seite aufruft) ausgeführt. Normalerweise wird dabei auch eine so genannte ActiveX-Layout-Datei auf dem Rechner des Anwenders installiert. Mit ActiveX-Controls lassen sich alle Arten von Anwendungen usw. realisieren.

Es gibt keine festen Vorschriften dafür, in welcher Programmiersprache ActiveX-Code geschrieben ist. Der Compiler muss jedoch das Component Object Model (COM) unterstützen. Um ActiveX-Controls zu erstellen, brauchen Sie also keine bestimmte Software, aber Sie brauchen einen COM-fähigen Compiler. Das kann Visual Basic sein, Microsoft C++ usw.

ActiveX wird derzeit nur vom MS Internet Explorer direkt ausgeführt. Für Netscape gibt es ein ActiveX-Plug-In zum Downloaden. Bei Netscape-Anwendern, die das Plug-In installiert haben, sind ActiveX-Controls dann auch ausführbar.

Diskutiert wird häufig über das Sicherheitskonzept von ActiveX. Wenn Sie als Anwender erlauben, dass ein ActiveX-Control auf Ihren Rechner geladen wird, kann dieses Programm auf dem Rechner so ziemlich tun und lassen was es will. Es gibt also keine »Sandbox«-Beschränkungen bei ActiveX, sondern nur eine »Vertrauensbarriere« (nämlich die Abfrage des Web-Browsers, ob der Anwender mit der Ausführung des Programms auf seinem Rechner einverstanden ist oder nicht). Dadurch ist mit ActiveX aus Programmierersicht zwar viel mehr realisierbar als mit Java-Applets, doch aus Anwendersicht sind ActiveX-Module tendenziell unsicherer als Java-Applets.

2.9.2 ActiveX-Informationen

Auf den Web-Seiten von Microsoft (*www.microsoft.com/*) können Sie nach Informationen zu ActiveX suchen. Microsoft bietet sie an verschiedenen Stellen an. Über die Domain activex.com (*www.activex.com/*) werden Sie auf eine Adresse weitergeleitet, an der Sie geeignete Software und vorhandene ActiveX-Controls finden. In diesem Buch wird die ActiveX-Technologie nicht weiter behandelt.

2.10   Flash

2.10.1 Flash und HTML

Flash bietet die Möglichkeit, Multimedia-Effekte auf Web-Seiten zu bringen, aber auch Anwendungen wie Spiele, Simulationen oder Navigationsunterstützung für Web-Seiten.

Flash ist jedoch der jüngste Hype und der neueste Vertreter der Gattung »ich mach HTML tot« – zumindest ist es von jenen so hochstilisiert worden, die sich mit HTML und den offenen Standards noch nie abfinden konnten. Da hinter Flash ein kommerzielles Softwareprodukt steckt, das in keiner Weise mit den offenen Internet-Standards vergleichbar ist, werden also Äpfel mit Birnen verglichen. Genauso könnte man sagen »ich brauche kein HTML für Tabellen, ich habe schließlich MS Excel«. Und es spricht nichts dagegen, eine Excel-Datei als Objekt in HTML einzubinden oder einfach so ins Web zu stellen und die Besucher auf diese Datei zu lenken – bei installiertem Excel oder Excel-Viewer wird der Browser dann brav die Anwendung öffnen und die Datei darin anzeigen. Nicht anders ist es bei Flash. Es handelt sich um ein Binärformat, das Sie wahlweise als Multimedia-Objekt in HTML einbinden können, oder Sie bieten Flash-Dateien direkt an – die neueren Browser haben ein Plug-In für Flash und können Flash direkt anzeigen. Mit Internet-Standards hat das alles jedoch nichts zu tun, und wenn Macromedia, dem Softwarehersteller von Flash, morgen einfällt, dass Flash eingestampft oder völlig umgekrempelt wird, dann ist das eben so, und niemand kann etwas dagegen tun.

Flash steht vor allem dort hoch im Kurs, wo man der Meinung ist, auf einer Web-Seite müsse es zugehen wie im Fernsehen. Dauernd irgendetwas in Bewegung, schicke Überblenden, Licht-Effekte, Geräusche, Musik usw. Manche Kreativlinge unterliegen diesem Glauben, aber noch mehr die Marketing-Abteilungen von Firmen, die bei Agenturen ihren Web-Auftritt gestalten lassen und dafür am Bildschirm etwas sehen wollen, von dem sie glauben, es sei besonders schwierig und atemberaubend. Dabei schaden die – von der Mehrheit der Seitenbesucher übrigens als sehr nervig empfundenen – Effekthaschereien, für die Flash vorwiegend eingesetzt wird, dieser Technologie mehr als sie ihr nutzen. Denn eigentlich ist Flash durchaus sinnvoll einsetzbar. Flash basiert auf bewegter Vektorgrafik. Beim Erstellen der so genannten **Flash-Movies** arbeiten Sie mit der Flash-Autoren-Software, mit der Sie grafische Darstellungen, Text und eingebundene Elemente wie Pixelgrafiken oder Sound an einer Zeitleiste positionieren. Dadurch bestimmen Sie einen zeitlichen Ablauf. Flash kann Übergänge zwischen zwei Zuständen auf der Zeitleiste berechnen. Angenommen, Sie haben bei 0 Sekunden einen blauen Punkt und bei 1 Sekunde an der gleichen Stelle einen roten Punkt, dann können Sie für den Punkt einen fließenden Farbübergang von Blau nach Rot definieren, der 1 Sekunde lang dauert. Nicht jedes »Movie« hat jedoch Anfang und Ende. Ebenso sind Schleifen-Effekte möglich, durch die sich mit Flash dialogorientierte Anwendungen wie Spiele oder Navigationshilfen realisieren lassen. Flash bietet auch webspezifische Schnittstellen an. So ist es problemlos möglich, in Flash anklickbare Verweise zu anderen Web-Seiten einzubrauen. Im didaktischen Bereich ist Flash beispielsweise gut einsetzbar, weil es sich hervorragend zur Visualisierung von Abläufen und Zusammenhängen eignet. Vereinzelt wird es auch für solche sinnvollen Zwecke eingesetzt – doch im Web dominieren leider vorwiegend die dümmlich daherfliegenden Schriftzüge und Blitz-Effekte.

Für anspruchsvollere Anwendungen reicht die visuelle Oberfläche der Flash-Autoren-Software alleine oft nicht aus. Flash hat deshalb zusätzlich eine integrierte Programmiersprache, die es Entwicklern erlaubt, komplexere Aufgaben zu lösen.

Alles in allem ist Flash also ein mächtiges Werkzeug, um Inhalte zu visualisieren. Nicht unerwähnt bleiben sollte jedoch, dass es auch frei verfügbare, offen dokumentierte und letztlich noch leistungsfähigere Internet-Standards für das gibt, was Flash leistet. So werden beim W3-Konsortium zwei XML-basierte Sprachen namens SVG und SMIL standardisiert, die in Verbindung mit JavaScript und DOM ähnliche Möglichkeiten eröffnen. Doch leider werden die modernen Browser mit Flash-Plug-Ins ausgeliefert, sind aber noch nicht ohne weiteres in der Lage, SVG oder SMIL zu verarbeiten. Und solange es kein Autorenwerkzeug dafür gibt, das auch solche Web-Entwickler anspricht, die keinen Quelltext am Bildschirm ertragen können, werden es diese Standards gegen Erscheinungen wie Flash schwer haben.

2.10.2 Flash-Informationen

Auf den Web-Seiten von Macromedia (*www.macromedia.com/*) können Sie nach Informationen zu Flash suchen. In allen großen Suchmaschinen im Web finden Sie zahlreiche Web-Angebote, die sich mit Flash auseinandersetzen. Die Autoren-Software, die zum Erstellen von Flash-Movies erforderlich ist, ist kosten- und lizenzpflichtig. Die Flash-Player-Software, die auch als Plug-In bei vielen Browsern mit ausgeliefert wird, ist dagegen frei verwendbar. In diesem Buch wird Flash nicht weiter behandelt.

3 Allgemeine Regeln für HTML

3.1 Textauszeichnung

3.1.1 Elemente und Tags in HTML

HTML-Dateien bestehen aus Text. Zur Textauszeichnung gibt es bestimmte Zeichen aus dem normalen Zeichenvorrat. Der Inhalt von HTML-Dateien steht in **HTML-Elementen**. HTML-Elemente werden durch so genannte **Tags** markiert. Fast alle HTML-Elemente werden durch ein einleitendes und ein abschließendes Tag markiert. Der Inhalt dazwischen ist der »Gültigkeitsbereich« des entsprechenden Elements. Tags werden in spitzen Klammern notiert. Ein Beispiel:

```
<h1>HTML - die Sprache des Web</h1>
```

Das Beispiel zeigt eine Überschrift 1. Ordnung. Das einleitende Tag <h1> signalisiert, dass eine Überschrift 1. Ordnung folgt (*h = heading = Überschrift*). Das abschließende Tag </h1> signalisiert das Ende der Überschrift. Ein abschließendes Tag beginnt mit einem Schrägstrich (/).

Beachten Sie: Bei herkömmlichem HTML spielt es keine Rolle, ob die Elementnamen in den Tags in Klein- oder Großbuchstaben notiert werden. Dort bedeuten z.B. <h1> und <H1> das Gleiche. In der neueren HTML-Variante, in XHTML, müssen die Elementnamen dagegen klein geschrieben werden. Das W3-Konsortium empfiehlt zwar für HTML aus Gründen der Lesbarkeit, Namen von Elementen groß zu schreiben. Im Hinblick auf eine spätere Deklarierung eines Dokuments als XHTML-Dokument ist diese Idee jedoch nicht unbedingt so gut und es ist besser, von vornherein alle Elementnamen in Kleinbuchstaben zu schreiben.

Es gibt auch einige Elemente mit Standalone-Tags, d.h. Elemente, die keinen Inhalt haben und deshalb nur aus einem Tag bestehen statt aus Anfangs- und End-Tag. Ein Beispiel:

```
Eine Zeile, ein manueller Zeilenumbruch<br>
und die nächste Zeile
```

Am Ende der ersten Zeile signalisiert <br>, dass ein manueller Zeilenumbruch eingefügt werden soll (*br = break = Umbruch*).

Beachten Sie: Wenn Sie XHTML-gerecht schreiben wollen, müssen Sie Elemente mit Standalone-Tags anders notieren: Anstelle von <br> müssen Sie dann <br /> notieren – also den Elementnamen mit einem abschließenden Schrägstrich. Alternativ dazu können Sie auch
</br> notieren, also ein Element mit Anfangs- und End-Tag, aber ohne Inhalt. Mehr darüber erfahren Sie im Kapitel 14 (*XHTML und HTML*).

3.1.2   Verschachtelung von Elementen

Elemente können ineinander verschachtelt werden. Auf diese Weise entsteht eine hierarchische Struktur. Komplexere HTML-Dateien enthalten sehr viele Verschachtelungen. Deshalb sprechen Fachleute auch von **strukturiertem Markup**. Ein Beispiel:

```
<h1><i>HTML</i> - die Sprache des Web</h1>
```

Das i-Element steht für schräg gestellte Schrift (*italic = kursiver Text*). Der Text zwischen ⟨i⟩ und ⟨/i⟩ wird als kursiv interpretiert, abhängig von der eingestellten Schriftart und Schriftgröße für die Überschrift 1. Ordnung.

3.1.3   Attribute in Tags

Einleitende Tags und Standalone-Tags können zusätzliche Angaben enthalten. align="center" bewirkt, dass der Text zentriert ausgerichtet wird (*align = Ausrichtung, center = zentriert*). Ein Beispiel:

```
<h1 align="center">HTML - die Sprache des Web</h1>
```

Es gibt folgende Arten von Attributen in HTML-Elementen:

- Attribute mit Wertzuweisung, wobei es bestimmte erlaubte Werte gibt, z.B. bei ⟨h1 align="center"⟩ (Überschrift 1. Ordnung zentriert ausgerichtet – hier sind nur die Werte left, center, right und justify erlaubt).

- Attribute mit freier Wertzuweisung, wobei jedoch ein bestimmter Datentyp oder eine bestimmte Konvention erwartet wird, z.B. ⟨style type="text/css"⟩ (Bereich für Stylesheets definieren – hier wird ein so genannter Mime-Typ als Wert erwartet, und Mime-Typen haben immer den Aufbau *Typ/Untertyp*). Oder ⟨table border="1"⟩ (Tabelle mit Rahmen von 1 Pixel Stärke – hier wird eine numerische Angabe erwartet.)

- Attribute mit freier Wertzuweisung ohne weitere Konventionen, z.B. ⟨p title="Aussage mit Vorbehalt"⟩ – hier kann ein ganzer Text zugewiesen werden.

- Allein stehende Attribute, z.B. ⟨hr noshade⟩ (Trennlinie ohne Schatten). Allein stehende Attribute gibt es allerdings nur in herkömmlichem HTML. Wenn Sie XHTML-gerecht schreiben wollen, müssen Sie ⟨hr noshade="noshade"⟩ notieren. Mehr darüber erfahren Sie im Kapitel 14.1.9 (*XHTML und HTML*).

Alle Werte, die Sie Attributen zuweisen, müssen in Anführungszeichen stehen. Die meisten Browser nehmen es zwar nicht übel, wenn die Anführungszeichen fehlen, doch seit dem HTML-Standard 4.0 sind die Anführungszeichen klipp und klar vorgeschrieben, und wer ordentliches HTML schreiben will, sollte sich daran halten.

Wie bei Elementnamen, so gilt auch bei Attributnamen: Bei herkömmlichem HTML spielt es keine Rolle, ob die Attributnamen in Klein- oder Großbuchstaben notiert werden. In der neueren HTML-Variante, in XHTML, müssen die Attributnamen dagegen klein geschrieben werden. Bei den Wertzuweisungen an Attribute kann Groß- und Kleinschreibung abhängig von der Art des Wertes unterschieden werden oder auch nicht.

Neben Attributen, die nur in bestimmten HTML-Elementen vorkommen können, gibt es auch so genannte **Universalattribute**, die in vielen bzw. fast allen HTML-Elementen erlaubt sind. Ein Beispiel:

```
<p id="Einleitung">Text</p>
```

Das Beispiel definiert einen Textabsatz mit den HTML-Tags `<p>` und `</p>`. Im einleitenden `<p>`-Tag wird ein Universalattribut notiert, nämlich das Attribut `id=`. Damit können Sie dokument-weit eindeutige Namen für einzelne HTML-Elemente vergeben. Einzelheiten über solche Attri-bute erfahren Sie im Abschnitt 13.1.

3.1.4 HTML-Parser

Unter einem HTML-Parser versteht man eine Software, die HTML-Auszeichnungen erkennt und in strukturierten Text umsetzt. Jeder Web-Browser verfügt über einen HTML-Parser, um überhaupt mit HTML klarzukommen. Solche HTML-Parser werden nun leider auf den meisten Web-Seiten mit Syntaxfehlern in der Textauszeichnung konfrontiert. Oft sind es kleinere, nicht allzu tragische Fehler, doch es gibt auch viele Web-Seiten, deren HTML-Quelltext nur das Prädi-kat »ungenügend« verdient, weil darin übelste Verunstaltungen der HTML-Regeln vorkommen. Strenge Parser, die genau gegen die HTML-Regeln prüfen, müssten die Umsetzung solcher Web-Seiten eigentlich abbrechen, und anstelle der Seite würden die Browser dann nur eine lapidare Fehlermeldung anzeigen. Da ein solcher Browser am breiten Markt jedoch keine Chance hätte, weil er kaum eine bekannte Web-Seite anzeigen würde, sind die HTML-Parser der heute ver-breiteten Browser ziemlich gutmütige Wesen, die so ziemlich alles fressen, was ihnen vorgesetzt wird, und irgendetwas daraus machen, meistens sogar durchaus das, was der Autor der Web-Seite erreichen wollte. Am weitesten in dieser Kunst hat es der HTML-Parser des MS Internet Explorer gebracht. Das hat dem Internet Explorer einerseits den Ruf beschert, »am besten« HTML zu können, aber Fachleute rümpfen aus dem gleichen Grund gerne die Nase über diesen Browser mit dem Argument, dass er durch sein Verhalten das schlampige und fehlerhafte Kodie-ren von HTML nur fördere.

Angesichts der wachsenden Komplexität der verschiedenen Sprachen, also HTML in Verbindung mit eingebettetem CSS, JavaScript, PHP usw., wird es immer wichtiger, die Syntaxregeln von HTML einzuhalten. Diese Regeln finden Sie in der HTML-Referenz im Anhang genauer be-schrieben.

3.2 Grundgerüst einer (X)HTML-Datei

Eine gewöhnliche HTML-Datei besteht grundsätzlich aus folgenden Teilen:

*   Dokumenttyp-Angabe (Angabe zur verwendeten HTML-Version)
*   Header (Kopfdaten, z.B. Angaben zu Titel u.ä.)
*   Body (Körper – anzuzeigender Inhalt, also Text mit Überschriften, Verweisen, Grafikreferen-zen usw.)

3.2.1   Grundgerüst einer HTML-Datei

Das folgende Listing zeigt das Schema einer vollständigen HTML-Datei mit allen notwendigen Tags und Angaben, aber ohne Inhalt:

```
<!DOCTYPE HTML PUBLIC
  "-//W3C//DTD HTML 4.01 Transitional//EN"
  "http://www.w3.org/TR/html4/loose.dtd">
<html>
<head>
<title>Text des Titels</title>
</head>
<body>

</body>
</html>
```

Die erste Zeile sieht für Anfänger zunächst verwirrend aus. Diese etwas komplizierte Angabe ist eine Dokumenttyp-Angabe. Einzelheiten dazu weiter unten bei Abschnitt 3.2.3 (*Dokumenttyp-Angaben*).

Der gesamte übrige Inhalt einer HTML-Datei wird in die Tags `<html>` bzw. `</html>` eingeschlossen. Das `html`-Element wird auch als **Wurzelelement** einer HTML-Datei bezeichnet. Hinter dem einleitenden HTML-Tag folgt das einleitende Tag für den Kopf `<head>`. Zwischen diesem Tag und seinem Gegenstück `</head>` werden die Kopfdaten einer HTML-Datei notiert. Die wichtigste dieser Angaben ist der Titel der HTML-Datei, markiert durch `<title>` bzw. `</title>`. Unterhalb davon folgt der Textkörper, markiert durch `<body>` bzw. `</body>`. Dazwischen wird dann der eigentliche Inhalt der Datei notiert, also das, was im Anzeigefenster des WWW-Browsers angezeigt werden soll.

Beachten Sie: Wenn Sie Frames (mehrere Bildschirmfenster) einsetzen wollen, sieht das Grundgerüst von Dateien, in denen ein Frameset definiert wird, anders aus. Dies wird im Abschnitt 9.1.2 *Grundgerüst einer HTML-Datei mit Framesets* beschrieben. Befassen Sie sich mit Frames aber erst, wenn Sie mit den Grundlagen von HTML schon etwas vertrauter sind.

3.2.2   Grundgerüst einer XHTML-Datei

Wenn Sie XHTML-gerechtes HTML schreiben wollen, sieht das Grundgerüst ähnlich aus. Nur am Anfang ist einiges anders. Das Schema:

```
<?xml version="1.0"?>
<!DOCTYPE html PUBLIC
  "-//W3C//DTD XHTML 1.0 Transitional//EN"
  "http://www.w3.org/TR/xhtml1/DTD/xhtml1-transitional.dtd">
<html xmlns="http://www.w3.org/1999/xhtml">
<head>
<title>Text des Titels</title>
</head>
<body>
```

```
</body>
</html>
```

Noch vor der Dokumenttyp-Angabe sollte bei XHTML-Dateien der Bezug zu XML hergestellt werden. Dazu dient die erste Zeile mit den Fragezeichen hinter der öffnenden spitzen Klammer und der schließenden spitzen Klammer. Notieren Sie diese Zeile so wie im Beispiel angegeben. Es handelt sich um eine so genannte **XML-Deklaration**.

Bei der Dokumenttyp-Angabe muss ein für XHTML gültiger Dokumenttyp angegeben werden. Einzelheiten dazu im folgenden Abschnitt 3.2.3 über Dokumenttyp-Angaben. Im einleitenden `<html>`-Tag muss der verwendete XML-Namensraum mit einem Attribut namens `xmlns=` angegeben werden. Benutzen Sie die Angabe wie im obigen Beispiel.

Damit ist die Datei als XHTML-Datei deklariert. Der weitere Quelltext ist normales HTML. Allerdings müssen Sie in diesem Fall die Unterschiede zwischen XHTML und HTML beachten (Kapitel 14). Befassen Sie sich mit diesen Unterschieden aber erst, wenn Sie schon etwas vertrauter mit HTML sind.

3.2.3   Dokumenttyp-Angaben

HTML ist innerhalb der Familie der Auszeichnungssprachen nur eine von vielen, wenn auch die prominenteste. HTML selbst hat außerdem bereits eine mehrjährige Geschichte und ist in verschiedenen, recht unterschiedlichen Versionen normiert worden. Mit der Dokumenttyp-Angabe bestimmen Sie, welche Auszeichnungssprache in welcher Version Sie verwenden. Eine auslesende Software, etwa ein Web-Browser, kann sich an dieser Angabe orientieren.

Die Regeln für HTML sind mit Hilfe von SGML formuliert, die Regeln für XHTML mit Hilfe von XML. Nach den Regeln einer SGML- oder XML-basierten Auszeichnungssprache ist eine HTML-Datei oder eine XHTML-Datei erst dann eine **gültige** (**valide**) Datei, wenn sie einen bestimmten Dokumenttyp angibt und sich dann innerhalb des restlichen Quelltextes genau an die Regeln hält, die in diesem Dokumenttyp definiert sind. Denn hinter jeder Dokumenttyp-Angabe stecken so genannte **Dokumenttyp-Definitionen** (DTD). Auch für HTML gibt es solche Dokumenttyp-Definitionen. Dort ist geregelt, welche Elemente ein Dokument vom Typ HTML enthalten darf, welche Elemente innerhalb von welchen anderen vorkommen dürfen, welche Attribute zu einem Element gehören, ob die Angabe dieser Attribute Pflicht ist oder freiwillig usw.

Als HTML-Anfänger mag Ihnen der Aufwand, der da betrieben wird, vielleicht nicht ganz einleuchten. Doch genau diese Dokumenttypen, mit deren Hilfe sich Regeln für Sprachen wie HTML genau definieren lassen, sind ein riesiger Fortschritt in der EDV. Denn nur so lässt sich das Konzept der softwareunabhängigen, aber regelgerechten Dateiformate konsequent durchsetzen. Ohne den Bezug auf die offiziellen Regeln wären Sprachen wie HTML unverbindliche Konventionen, die schnell in Dialekten verwässern würden. Das ist genauso wie bei natürlichen Sprachen: Ohne eine gewisse Regelung der Rechtschreibung würde sich eine Schriftsprache im Laufe der Zeit in so verschiedene Richtungen entwickeln, dass am Ende kaum jemand mehr verstehen kann, was der andere meint. Da Software außerdem noch viel dümmer ist als Menschen und viel genauere Vorgaben benötigt, um zu »verstehen«, was man ihr mitteilt, ist das Einhalten von Regeln dort sogar noch wesentlich wichtiger.

Beispiel einer Dokumenttyp-Angabe:

```
<!DOCTYPE HTML PUBLIC
  "-//W3C//DTD HTML 4.01 Transitional//EN"
  "http://www.w3.org/TR/html4/loose.dtd">
```

Notieren Sie die Dokumenttyp-Angabe am Anfang der HTML-Datei vor dem einleitenden `<html>`-Tag. Hinter der startenden spitzen Klammer folgt ein Ausrufezeichen. Dahinter folgt die Angabe `DOCTYPE HTML PUBLIC`. Das bedeutet, dass Sie sich auf die öffentlich verfügbare HTML-DTD beziehen. Die folgende Angabe, die in Anführungszeichen steht, ist wie folgt zu verstehen:

`W3C` ist der Herausgeber der DTD, also das W3-Konsortium. Eine Angabe wie `DTD HTML 4.01 Transitional` bedeutet, dass Sie in der Datei den Dokumenttyp »HTML« verwenden, und zwar in der Sprachversion 4.01 und deren Variante »Transitional«. Das `EN` ist ein Sprachenkürzel und steht für die Sprache, in diesem Fall Englisch. Die Angabe bezieht sich darauf, in welcher natürlichen Sprache die Element- und Attributnamen der Tag-Sprache definiert wurden, nicht auf den Inhalt Ihrer Datei. Benutzen Sie also immer `EN`, da die Namen von HTML-Elementen und -Attributen auf der englischen Sprache basieren. Die Schrägstriche notieren Sie so wie im obigen Beispiel.

Ferner enthält die Dokumenttyp-Angabe eine Web-Adresse. Die Angabe dieser Adresse ist nicht zwingend nötig. Eine Angabe wie:

```
<!DOCTYPE HTML PUBLIC
  "-//W3C//DTD HTML 4.01 Transitional//EN">
```

ist also ebenfalls erlaubt. Über die angegebene Web-Adresse kann eine auslesende Software die Dokumenttyp-Definitionen (DTD) aufrufen und in den darin notierten Regeln »nachgucken«. Die meisten heutigen Browser tun das bei HTML allerdings nicht, weil sie ohnehin bei vielen Web-Seiten mit übelsten Sprachverunstaltungen rechnen müssen und die Fähigkeit, auch nicht regelgerechtes HTML ordentlich auf den Bildschirm zu bringen, zugunsten der »reinen Lehre« opfern. Das eigentlich gewünschte Verhalten ist allerdings, dass ein Browser dann, wenn eine HTML-Datei eine Dokumenttyp-Angabe enthält, auch auf der Einhaltung der Regeln dieses Dokumenttyps besteht. Bei XML-Dokumenten ist es durchaus üblich, dass ein Parser bei einem Regelverstoß abbricht – anstelle der Web-Seite erscheint dann nur eine trockene Fehlermeldung, dass das Dokument nicht gültig (valide) sei.

Zum Redaktionszeitpunkt dieses Dokuments ist die HTML-Version 4.01 aktuell. Bei dieser HTML-Version und auch schon bei der glatten Versionsnummer 4.0 gibt es drei Sprachvarianten. Für eine davon müssen Sie sich entscheiden und den entsprechenden Dokumenttyp angeben.

Die Variante »Strict« für HTML

```
<!DOCTYPE HTML PUBLIC "-//W3C//DTD HTML 4.01//EN"
  "http://www.w3.org/TR/html4/strict.dtd">
```

Benutzen Sie diese Angabe, wenn Sie bestimmte Elemente und Attribute nicht mehr verwenden wollen, die früher mal zum HTML-Standard gehörten, aber mittlerweile durch andere Möglichkeiten (vor allem durch *CSS Stylesheets*, siehe Kapitel 15) ersetzbar sind und deshalb nicht mehr zum »reinen« HTML gehören. Ferner sind die Verschachtelungsregeln für HTML-Elemente in der Strict-Variante enger und im Sinne strukturierter Inhalte sauberer formuliert. So ist es in dieser Variante beispielsweise nicht erlaubt, zwischen `<body>` und `</body>` einfach nur Text zu notieren. Alle Inhalte müssen in so genannten Block-Elementen stehen, z.B. in Überschriften, Textabsätzen, Tabellen usw.

Die Variante »Transitional« für HTML

```
<!DOCTYPE HTML PUBLIC
  "-//W3C//DTD HTML 4.01 Transitional//EN"
  "http://www.w3.org/TR/html4/loose.dtd">
```

Benutzen Sie diese Angabe, wenn Sie auch früher erlaubte Elemente und Attribute noch verwenden wollen. Ein Grund, sich für diese Variante zu entscheiden, könnte sein, dass Sie Ihr HTML so schreiben wollen, dass es auch mit Netscape 3.x und anderen älteren Browsern, die noch kein CSS verstehen, in etwa so aussieht, wie Sie es wünschen. Denn in der Strict-Variante entfallen praktisch alle Elemente und Attribute, die in HTML früher für das »optische Aufpäppeln« von Web-Seiten gesorgt haben. Dazu gehören Angaben zur Textausrichtung, zu Hintergrundfarben usw. All das können Sie auch mit CSS definieren, aber ältere Browser beherrschen noch kein CSS. In der Variante »Transitional« sind auch die Regeln für die Elementverschachtelung etwas milder. So ist es nach dieser Variante erlaubt, zwischen `<body>` und `<body>` »nackten Text« außerhalb eines weiteren Elements zu notieren.

Die Variante »Frameset« für HTML

```
<!DOCTYPE HTML PUBLIC "-//W3C//DTD HTML 4.01 Frameset//EN"
      "http://www.w3.org/TR/html4/frameset.dtd">
```

Diese Angabe ist nur für spezielle HTML-Dateien gedacht, in denen Framesets definiert werden. Siehe dazu den Abschnitt 9.1, *Framesets und Frames definieren.*

Dokumenttyp-Angaben für XHTML

Auch für XHTML 1.0 gibt es die drei Varianten »Strict«, »Transitional« und »Frameset«. Im Mittelteil der Dokumenttyp-Angabe muss jedoch bei Version 1.0 von XHTML `XHTML 1.0` notiert werden. Auch die Web-Adressen für den Bezug sind andere als bei HTML.

```
<!DOCTYPE html PUBLIC "-//W3C//DTD XHTML 1.0 Strict//EN"
     "http://www.w3.org/TR/xhtml1/DTD/xhtml1-strict.dtd">
<!DOCTYPE html PUBLIC
  "-//W3C//DTD XHTML 1.0 Transitional//EN"
  "http://www.w3.org/TR/xhtml1/DTD/xhtml1-transitional.dtd">
<!DOCTYPE html PUBLIC
  "-//W3C//DTD XHTML 1.0 Frameset//EN"
  "http://www.w3.org/TR/xhtml1/DTD/xhtml1-frameset.dtd">
```

Dokumenttyp-Angaben für XHTML 1.1:

Es gibt auch eine Sprachversion 1.1 von XHTML, die intern anders organisiert ist als XHTML 1.0. In XHTML 1.1 gibt es keine Sprachvarianten mehr. XHTML 1.1 entspricht nur noch der Sprachvariante »Strict« von XHTML 1.0.

```
<!DOCTYPE html PUBLIC "-//W3C//DTD XHTML 1.1//EN"
  "http://www.w3.org/TR/xhtml11/DTD/xhtml11.dtd">
```

Ältere Dokumenttyp-Angaben

In manchen Ausnahmefällen kann es sinnvoll sein, sich auch auf eine ältere HTML-Version zu beziehen. Tun Sie dies jedoch nur, wenn irgendwelche technischen Gründe es erfordern. Folgende ältere Angaben gibt es:

```
<!DOCTYPE HTML PUBLIC "-//W3C//DTD HTML 2.0//EN">
```

Benutzen Sie diese Dokumenttyp-Angabe, wenn Sie sich auf HTML 2.0 beziehen wollen.

```
<!DOCTYPE HTML PUBLIC "-//W3C//DTD HTML 3.2//EN">
```

Benutzen Sie diese Dokumenttyp-Angabe, wenn Sie sich auf HTML 3.2 beziehen wollen. Dokumenttyp-Angaben anderer HTML-Versionen sind nicht mehr im Gebrauch.

3.2.4   Hinweis für die Praxis

Wenn Sie nun entmutigt sind durch das ganze Wirrwarr von HTML und XHTML, HTML-Sprachvarianten, XML-Deklarationen und Dokumenttyp-Anweisungen – lassen Sie sich davon nicht zu sehr beeindrucken. Das Wirrwarr ist dadurch entstanden, dass es viele Entwicklungen gibt auf dem Gebiet der Auszeichnungssprachen und dass bei dieser Entwicklung auch nur mit Wasser gekocht wird. Vieles war zunächst unausgereift. Heute ist man bemüht, einen Spagat zu machen zwischen den fröhlichen Anfängen von HTML und den wachsenden Anforderungen, die professionelle Datenverarbeitung an HTML stellt.

Benutzen Sie für Ihre ersten Schritte in HTML zunächst einfach mal das oben vorgestellte Grundgerüst einer HTML-Datei, so wie es dort notiert ist. Lernen Sie den Umgang mit weiteren HTML-Elementen und ihren Attributen sowie den Umgang mit CSS Stylesheets kennen. Wenn Sie erst einmal vertrauter sind mit diesen Sprachen, werden Sie auch besser verstehen, welchen Sinn und Zweck die Unterschiede zwischen HTML und XHTML und die Unterschiede zwischen Sprachvarianten wie »Strict«, »Transitional« und »Frameset« haben.

3.3   Regeln beim Editieren von HTML

Wenn Sie einen Texteditor oder einen quelltextorientierten HTML-Editor zum Bearbeiten Ihrer HTML-Dateien verwenden, sollten Sie folgende Regeln kennen und beachten:

- Notieren Sie in einer neuen Datei immer zuerst das Grundgerüst (siehe Kapitel 3.2.2) einer HTML-Datei.

- Beachten Sie bei der Texteingabe die Maskierungsvorschriften für Zeichenvorrat, Sonderzeichen und HTML-eigene Zeichen (Kapitel 3.4).

- Setzen Sie Zeilenumbrüche und Leerzeilen so, dass Sie im Quelltext eine optimale Übersicht behalten. Beachten Sie aber auch, dass Zeilenumbrüche und Absatzschaltungen im Web-Browser nicht so angezeigt werden, wie sie im Quelltext eingegeben wurden. Für Zeilenumbrüche und Absatzschaltungen, die im WWW-Browser wirksam sein sollen, müssen Sie die entsprechenden HTML-Elemente verwenden, zum Beispiel diejenigen für Textabsätze (Absatzschaltungen) oder Zeilenumbrüche (Kapitel 5.3). Wenn Sie aus besonderen Gründen Text im Web-Browser so anzeigen wollen, wie Sie ihn eingeben (mit allen Einrückungen, Umbrüchen usw.), können Sie das HTML-Element für präformatierten Text (Kapitel 5.6) verwenden.

- Beachten Sie, dass es in HTML keine Tabulatoren gibt. Ein im Quelltext eingegebener Tabulator wird bei der Anzeige im Web-Browser in ein Leerzeichen umgewandelt. Zeilenumbruchzeichen, Tabulatorzeichen und einfache Leerzeichen bilden in HTML die Klasse der so genannten **White-Space-Zeichen** (*white space = »weißer Raum«*). Die Browser setzen in der Regel ein Tabulatorzeichen oder Zeilenumbruchzeichen im Editor als Leerzeichen im HTML-Text um. Mehrere solcher White-Space-Zeichen hintereinander werden ignoriert und zu einem einzigen Leerzeichen zusammengefasst. Um mehrere Leerzeichen hintereinander zu erzwingen, können Sie anstelle der normalen Leerzeicheneingabe die Zeichenfolge   (geschütztes Leerzeichen) eingeben, und zwar so oft hintereinander wie gewünscht.

3.4 Zeichenvorrat, Sonderzeichen und HTML-eigene Zeichen

3.4.1 Allgemeines zu Zeichen in HTML

Wenn Sie Ihre Texte – sagen wir in deutscher Sprache – einfach in einen HTML-Editor eintippen, den Text mit Hilfe von HTML-Elementen strukturieren und sich das Ganze dann im Web-Browser anzeigen lassen, wird in der Regel der gesamte eingegebene Text korrekt angezeigt. Das klingt selbstverständlich – ist es aber nicht. In der HTML-Datei stehen nämlich nicht Ihre eingegebenen Buchstaben und Satzzeichen, sondern Byte für Byte numerische Werte wie 75, 168 oder 32. Der Browser versucht nun herauszubekommen, nach welchem **Zeichensatz** er diese numerischen Werte interpretieren soll. Ob beispielsweise nach einem westeuropäischen, einem kyrillischen oder einem arabischen Zeichensatz. Wenn Sie keinerlei Angaben zum verwendeten Zeichensatz machen, dann wird der Browser am Ende seiner Bemühungen einfach den Zeichensatz verwenden, der in seinen Einstellungen voreingestellt ist. In Ihrem Browser, der vermutlich eine englische oder deutschsprachige Benutzerführung hat, ist vermutlich der Zeichensatz für westeuropäische Sprachen eingestellt, der so genannte **Latin-1**-Zeichensatz (ISO 8859-1). Weil der HTML-Editor oder Texteditor, den Sie beim Eintippen benutzen, vermutlich ebenfalls nach diesem Zeichensatz speichert, klappt alles wunderbar. Wenn Ihre Web-Seiten aber im Web stehen, kann es passieren, dass Besucher aus Osteuropa, Asien usw. vorbeikommen, die ganz andere Zeichensätze in ihren Web-Browsern voreingestellt haben. Solche Besucher werden dann lauter Zeichen ihres eigenen, vertrauten Zeichensatzes sehen – aber es wird ein wirrer Zeichensalat sein, dem man beim besten Willen keinen Sinn entnehmen kann.

HTML bietet Ihnen deshalb die Möglichkeit an, dem Browser mitzuteilen, welchen Zeichensatz Sie meinen. Dann liegt es am Browser, die von Ihnen gemeinten Zeichen am Bildschirm beispielsweise eines Seitenbesuchers aus Fernost so anzuzeigen, wie Sie sie eingetippt haben. Es gibt folgende Möglichkeiten, dem Browser mitzuteilen, welchen Zeichensatz bzw. welches bestimmte Zeichen aus einem anderen als dem voreingestellten Zeichensatz Sie meinen:

- **global für eine Datei:** dazu gibt es die Möglichkeit, im Dateikopf einer HTML-Datei in einem so genannten Meta-Tag eine Angabe zum Default-Zeichensatz zu notieren. Eine solche Angabe ist sehr zu empfehlen, da Sie dem Browser damit auf jeden Fall die Entscheidung leichter machen, nach welchem Zeichensatz die Bytes der HTML-Datei zu interpretieren sind.

- **für einzelne Zeichen:** Das ist vor allem dann sinnvoll, wenn Sie eine globale Angabe zum Zeichensatz gemacht haben, im Text aber einzelne Zeichen verwenden wollen, die in dem angegebenen Zeichensatz nicht vorkommen. Dabei gibt es wiederum zwei Möglichkeiten: Entweder Sie verwenden eine spezielle numerische Notation. Für häufiger verwendete Sonderzeichen stellt HTML aber auch so genannte **benannte Zeichen** zur Verfügung. Für beide Möglichkeiten sollten Sie sich einmal mit der HTML-Zeichenreferenz beschäftigen.

Falls Sie das Thema mit den numerischen Bytes und den Zeichensätzen vertiefen möchten, können Sie den Abschnitt *Computer und geschriebene Sprache* (Kapitel 23.1) lesen.

3.4.2 Deutsche Umlaute und scharfes S

Wenn Sie in Ihrer HTML-Datei sonst keine Angaben zum verwendeten Zeichensatz machen, sollten Sie im Hinblick auf das Internet und die internationale Verwendung deutsche Umlaute und scharfes S durch spezielle, dafür vorgesehene **benannte Zeichen** ersetzen. Das gilt für den gesamten Inhalt einer HTML-Datei.

Ersetzen Sie das Zeichen ä durch die Zeichenfolge `&auml;`
Ersetzen Sie das Zeichen Ä durch die Zeichenfolge `&Auml;`
Ersetzen Sie das Zeichen ö durch die Zeichenfolge `&ouml;`
Ersetzen Sie das Zeichen Ö durch die Zeichenfolge `&Ouml;`
Ersetzen Sie das Zeichen ü durch die Zeichenfolge `&uuml;`
Ersetzen Sie das Zeichen Ü durch die Zeichenfolge `&Uuml;`
Ersetzen Sie das Zeichen ß durch die Zeichenfolge `&szlig;`

Ein Beispiel:

```
In M&uuml;nchen steht ein Hofbr&auml;uhaus.
Dort gibt es Bier aus Ma&szlig;kr&uuml;gen.
```

Ersetzen Sie die deutschen Sonderzeichen wie im obigen Beispiel durch die entsprechenden Zeichenfolgen – keine Sorge, die Web-Browser verstehen das und zeigen die Zeichen korrekt an.

Beachten Sie: Es gibt eine Menge weiterer Sonderzeichen, die durch solche Umschreibungen dargestellt werden sollten. Diese finden Sie in der HTML-Zeichenreferenz im Anhang aufgelistet.

3.4.3   Das Euro-Zeichen in HTML

Auch für das Euro-Zeichen gibt es ein **benanntes Zeichen** in HTML. Notieren Sie an der Stelle, wo das Euro-Zeichen stehen soll, die Zeichenfolge `&euro;`. Ein Beispiel:

```
Preis: &euro; 199,-
```

Beachten Sie: Vermeiden Sie unter MS Windows, das Euro-Zeichen über die Tastatur mit `AltGr`+`e` in HTML einzutippen. Denn Microsoft hat das Euro-Zeichen intern auf den Zeichenwert 128 gelegt hat, um es über Tastatur zugänglich zu machen und in vorhandene Schriftarten einzubauen. Das entspricht jedoch nicht dem Unicode/ISO-10646-Standard, auf dem HTML aufsetzt. Verwenden Sie in HTML deshalb das oben beschriebene `&euro;` oder als Alternative eine numerische Notation nach dem Unicode/ISO-10646-Standard. Dort hat das Euro-Zeichen den Hexadezimalwert 20AC oder den Dezimalwert 8364. Nach HTML 4.0 können Sie das Euro-Zeichen demnach numerisch so referenzieren: `&#x20AC;` oder `&#8364;`.

3.4.4   HTML-eigene Zeichen maskieren

Wenn in Ihrem Text Zeichen vorkommen, die in HTML eine bestimmte Bedeutung haben, müssen Sie diese Zeichen maskieren. Die folgenden Zeichen müssen Sie wie folgt maskieren:

Ersetzen Sie das Zeichen < durch die Zeichenfolge `&lt;`
Ersetzen Sie das Zeichen > durch die Zeichenfolge `&gt;`
Ersetzen Sie das Zeichen & durch die Zeichenfolge `&amp;`
Ersetzen Sie das Zeichen " durch die Zeichenfolge `&quot;`

Ein Beispiel:

```
Das ist ein &lt;HTML-Tag&gt;
GmbH &amp; Co. KG
&quot;Text steht in Anf&uuml;hrungszeichen&quot;
```

Beachten Sie: Am gefährlichsten ist die spitze öffnende Klammer (<). Wenn Sie dieses Zeichen nicht wie vorgeschrieben maskieren, bringen Sie den Web-Browser mit ziemlicher Sicherheit durcheinander, weil er glaubt, nun würde ein HTML-Tag folgen. Die anderen drei zu maskierenden Zeichen führen zwar meistens nicht zu Anzeigefehlern, doch sollten Sie sie auch stets maskieren. Besonders bei normalen Anführungszeichen, die ja doch sehr oft zum Einsatz kommen, wird die Maskierung im Text oft vergessen.

3.5   Farben definieren in HTML

Farben können Sie in HTML in vielen Zusammenhängen definieren, zum Beispiel bei dateiweiten Hinter- und Vordergrundfarben, bei Schriftfarben für Textabschnitte oder bei Hintergrundfarben in Tabellen. Allerdings sind all diese Angaben in HTML vom W3-Konsortium mittlerweile als *deprecated* (missbilligt) gekennzeichnet, d.h., sie sollen künftig nicht mehr zum Sprachstandard gehören. Der Grund ist, dass sich all diese Farben auch mit Hilfe von CSS Stylesheets definieren lassen. Denn CSS ist die Sprache für die Optik, nicht mehr HTML. Allerdings lohnt es sich trotzdem, sich mit dem Definieren von Farben in HTML zu befassen, weil in

CSS die gleichen Farbangaben möglich sind, dort aber darüber hinaus noch weitere Möglichkeiten bestehen. Im Abschnitt über *Farbangaben in CSS* wird das Thema aus CSS-Sicht behandelt (Kapitel 15.5).

Grundsätzlich gibt es zwei Möglichkeiten, Farben in HTML zu definieren:

* durch Angabe der RGB-Werte der gewünschten Farbe in Hexadezimalform (RGB = Rot/Grün/Blau-Wert der Farbe),

* durch Angabe eines Farbnamens.

Wenn Sie hexadezimale Werte angeben, arbeiten Sie Browser-unabhängig, und Sie haben die volle Auswahl unter 16,7 Millionen Farben. Wenn Sie Farbnamen angeben, umgehen Sie die etwas schwierige Definition einer Farbe im Hexadezimalmodus. Derzeit sind jedoch nur 16 Farbnamen offiziell standardisiert. Weitere Farbnamen gibt es, sie sind jedoch Browser-abhängig.

3.5.1 Hexadezimale Angabe von Farben

Wenn Sie Farben direkt im Hexadezimalmodus definieren, müssen Sie die gewünschte Farbe aus Angaben zu den drei Grundfarben Rot, Grün und Blau (RGB-Werte) zusammenstellen. Ein paar Beispiele:

```
<body bgcolor="#808080">
<table bgcolor="#00C0C0">
<hr color="#CC00CC">
```

Die erste Zeile erzeugt einen dunkelgrauen Hintergrund für die ganze Web-Seite, die zweite blaugrünen Hintergrund für eine Tabelle. Die letzte Zeile schließlich zeigt eine violette Trennlinie an.

Jede hexadezimale Farbdefinition ist 6-stellig und hat das Schema: #XXXXXX. Zunächst notieren Sie also ein Gatter #. Dahinter folgen sechs Stellen für die Farbdefinition. Die ersten beiden Stellen stellen den Rot-Wert der Farbe dar, die zweiten beiden Stellen den Grün-Wert, und die letzten beiden Stellen den Blau-Wert.

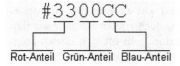

3.1: Die Farbangaben setzen sich aus drei zweistelligen Hexadezimalzahlen zusammen.

Die folgende Tabelle zeigt hexadezimale Ziffern:

Hexadezimale Zahl	Dezimale Zahl
0	0
1	1
2	2
3	3

Hexadezimale Zahl	Dezimale Zahl
4	4
5	5
6	6
7	7
8	8
9	9
A	10
B	11
C	12
D	13
E	14
F	15

Eine hexadezimale Ziffer kann also 16 Zustände haben. Für jeden Farbwert (Rot, Grün, Blau) stehen zwei Ziffern zur Verfügung. Das macht 16 x 16 (= 256) mögliche Zustände pro Farbwert.

Beachten Sie: Es gibt 16 Grundfarben, die von jedem VGA-kompatiblen Bildschirm angezeigt werden können.

Hexwert	HTML-Farbname	Farbe
#000000	black	schwarz
#800000	maroon	rotbraun
#008000	green	dunkelgrün
#808000	olive	ocker
#000080	navy	dunkelblau
#800080	purple	dunkelviolett
#008080	teal	blaugrün
#C0C0C0	silver	hellgrau
#808080	gray	dunkelgrau
#FF0000	red	rot
#00FF00	lime	hellgrün
#FFFF00	yellow	gelb
#0000FF	blue	blau
#FF00FF	fuchsia	violett
#00FFFF	aqua	hellblau
#FFFFFF	white	weiß

Es gibt ferner 216 Standardfarben, die Netscape intern und plattformübergreifend zur Verfügung stellt. Diese Farbpalette hat sich im WWW zu einer Art Quasi-Standard entwickelt. Sie deckt das ganze Farbspektrum ab. Dabei sind für die einzelnen Rot-, Grün- und Blauwerte nur die Hex-zahlen 00, 33, 66, 99, CC und FF zugelassen. So ergeben sich zum Beispiel Farbwerte wie #3300FF (hellblau), #CC99FF (blasses violett) oder #FF9900 (orange). Mehr über diese Paletten und ihre Bedeutung erfahren Sie im Kapitel 24.3.4 über Standardfarbpaletten.

3.5.2 Farbnamen für die 16 Grundfarben

Um eine Farbe mit Hilfe eines Farbnamens zu definieren, geben Sie anstelle des hexadezimalen RGB-Werts einfach den gewünschten Farbnamen an. Die folgenden Farbnamen sind Bestandteil von HTML seit Version 3.2 und werden von vielen WWW-Browsern verstanden.

```
<body bgcolor="black">
<table bgcolor="aqua">
<hr color="red">
```

Die drei Beispiele setzen einen schwarzen Seitenhintergrund, eine hellblaue Hintergrundfarbe für eine Tabelle und eine rote Trennlinie. Geben Sie den gewünschten Farbnamen an einer Stelle an, an der eine Farbangabe erlaubt ist. Um eine Übersicht über alle erlaubten Farben zu erhalten, rufen Sie das folgende Anzeigebeispiel auf. Dort sind auch die Hexadezimalwerte verzeichnet, die den Farbnamen entsprechen. Die Tabelle im vohergehenden Abschnitt listet auch die Farbnamen auf.

3.5.3 Netscape-Farbnamen

Um eine Farbe mit Hilfe eines Farbnamens zu definieren, geben Sie anstelle des hexadezimalen RGB-Werts einfach den gewünschten Farbnamen an. Die spezielleren Farbnamen werden von Netscape und dem MS Internet Explorer interpretiert.

```
<body bgcolor="brown">
<table bgcolor="darkblue">
<hr color="pink">
```

Geben Sie den gewünschten Farbnamen an einer Stelle an, an der eine Farbangabe erlaubt ist. Eine Übersicht aller 120 erlaubten Farben bietet die folgende Tabelle. Dort sind auch die Hexadezimalwerte verzeichnet, die den Farbnamen entsprechen.

aliceblue	#F0F8FF
antiquewhite	#FAEBD7
aquamarine	#7FFFD4
azure	#F0FFFF
beige	#F5F5DC
blueviolet	#8A2BE2
brown	#A52A2A
burlywood	#DEB887
cadetblue	#5F9EA0
chartreuse	#7FFF00
chocolate	#D2691E
coral	#FF7F50
cornflowerblue	#6495ED
cornsilk	#FFF8DC
crimson	#DC143C
darkblue	#00008B
darkcyan	#008B8B
darkgoldenrod	#B8860B

darkgray	#A9A9A9
darkgreen	#006400
darkkhaki	#BDB76B
darkmagenta	#8B008B
darkolivegreen	#556B2F
darkorange	#FF8C00
darkorchid	#9932CC
darkred	#8B0000
darksalmon	#E9967A
darkseagreen	#8FBC8F
darkslateblue	#483D8B
darkslategray	#2F4F4F
darkturquoise	#00CED1
darkviolet	#9400D3
deeppink	#FF1493
deepskyblue	#00BFFF
dimgray	#696969
dodgerblue	#1E90FF
firebrick	#B22222
floralwhite	#FFFAF0
forestgreen	#228B22
gainsboro	#DCDCDC
ghostwhite	#F8F8FF
gold	#FFD700
goldenrod	#DAA520
greenyellow	#ADFF2F
honeydew	#F0FFF0
hotpink	#FF69B4
indianred	#CD5C5C
indigo	#4B0082
ivory	#FFFFF0
khaki	#F0E68C
lavender	#E6E6FA
lavenderblush	#FFF0F5
lawngreen	#7CFC00
lemonchiffon	#FFFACD
lightblue	#ADD8E6
lightcoral	#F08080
lightcyan	#E0FFFF
lightgoldenrodyellow	#FAFAD2
lightgreen	#90EE90
lightgrey	#D3D3D3
lightpink	#FFB6C1
lightsalmon	#FFA07A
lightseagreen	#20B2AA
lightskyblue	#87CEFA
lightslategray	#778899

lightsteelblue	#B0C4DE
lightyellow	#FFFFE0
limegreen	#32CD32
linen	#FAF0E6
mediumaquamarine	#66CDAA
mediumblue	#0000CD
mediumorchid	#BA55D3
mediumpurple	#9370DB
mediumseagreen	#3CB371
mediumslateblue	#7B68EE
mediumspringgreen	#00FA9A
mediumturquoise	#48D1CC
mediumvioletred	#C71585
midnightblue	#191970
mintcream	#F5FFFA
mistyrose	#FFE4E1
moccasin	#FFE4B5
navajowhite	#FFDEAD
oldlace	#FDF5E6
olivedrab	#6B8E23
orange	#FFA500
orangered	#FF4500
orchid	#DA70D6
palegoldenrod	#EEE8AA
palegreen	#98FB98
paleturquoise	#AFEEEE
palevioletred	#DB7093
papayawhip	#FFEFD5
peachpuff	#FFDAB9
peru	#CD853F
pink	#FFC0CB
plum	#DDA0DD
powderblue	#B0E0E6
rosybrown	#BC8F8F
royalblue	#4169E1
saddlebrown	#8B4513
salmon	#FA8072
sandybrown	#F4A460
seagreen	#2E8B57
seashell	#FFF5EE
sienna	#A0522D
skyblue	#87CEEB
slateblue	#6A5ACD
slategray	#708090
snow	#FFFAFA
springgreen	#00FF7F
steelblue	#4682B4

```
tan            #D2B48C
thistle        #D8BFD8
tomato         #FF6347
turquoise      #40E0D0
violet         #EE82EE
wheat          #F5DEB3
whitesmoke     #F5F5F5
yellowgreen    #9ACD32
```

3.6 Kommentare und Credits

3.6.1 Nicht angezeigter Text (Kommentar)

HTML bietet die Möglichkeit, an beliebigen Stellen innerhalb einer HTML-Datei Kommentare einzufügen. Kommentare werden von Web-Browsern ignoriert, d.h. bei der Präsentation nicht angezeigt. Kommentare sind z.B. sinnvoll, um interne Angaben zu Autor und Erstelldatum in einer Datei zu platzieren, um interne Anmerkungen zu bestimmten Textstellen zu machen oder um verwendete HTML-Befehle intern auszukommentieren. Ein Beispiel:

```
<h1>Willkommen!</h1>

<!-- Kommentar: das obendrüber ist eine Überschrift -->

<p>viel Text</p>

<!-- und das ist ein mehrzeiliger Kommentar
zu dem Text mit <p>...</p>
Letzte Zeile des Kommentars -->
```

Kommentare werden durch die Zeichenfolge <!-- eingeleitet. Dahinter folgt beliebig langer Kommentartext. Innerhalb des Kommentartextes können Sie auch HTML-Elemente notieren. Alles, was zwischen der einleitenden Zeichenfolge und der beendenden Zeichenfolge --> steht, wird bei der Anzeige im Browser unterdrückt.

Beachten Sie: Vor allem beim Einbinden von JavaScript wird empfohlen, den Script-Code in HTML-Kommentare zu setzen, da einige ältere Browser darüber nicht hinweglesen, sondern den enthaltenen Text/Programmcode am Bildschirm ausgeben.

Während Sie an Ihren HTML-Dateien basteln, werden Sie häufig Verschiedenes testen und ausprobieren. Dabei ist es hilfreich, bisherige Lösungen vor dem Ausprobieren einer neuen Lösung nicht einfach zu überschreiben, sondern in einen Kommentar zu setzen. So müssen Sie sich nicht ärgern, wenn Sie etwas überschreiben, das eigentlich doch besser war als das, womit Sie es überschrieben haben.

3.6.2 Credits

Folgende Hinweise sollten Sie beachten, wenn Sie beabsichtigen, HTML-Dateien fürs Web zu erstellen:

- **Weisen Sie sich als Verfasser aus:**
  Weisen Sie darauf hin, wer die Web-Seiten erstellt hat. Anwender haben ein Recht zu erfahren, wer für eine Web-Seite verantwortlich ist.

- **Weisen Sie das Erstelldatum aus:**
  Schreiben Sie das Erstelldatum an eine geeignete Stelle im Text. Besonders bei schnell veraltenden Informationen ist dies wichtig. Eine Preisliste für PC-Hardware etwa, die seit zwei Jahren nicht mehr aktualisiert wurde, wird ihren Nutzen für heutige Anwender dann bereits im Erstelldatum verraten.

- **Weisen Sie Autorenrechte aus:**
  Weisen Sie auf Ihre Urheberrechte hin bzw. nennen Sie ausdrücklich die Bedingungen, was mit Ihrem Text geschehen darf und was nicht. Das Kopieren des Textes können Sie kaum verbieten, wohl aber die Weitergabe des Textes nach darin vorgenommenen Änderungen. Auch für Grafiken, z.B. Logos, sollten Sie entsprechende Angaben machen.

- **Bieten Sie die Möglichkeit zum Feedback an:**
  Dazu können Sie zum Beispiel einen E-Mail-Verweis (Kapitel 6.4) oder ein Formular (Kapitel 10) verwenden.

3.7 Referenzieren in HTML

HTML-Dateien bestehen bekanntlich nur aus Text. Dennoch enthalten viele Web-Seiten Grafiken, Hintergrundgrafiken, Multimedia-Elemente, Java-Applets, Flash-Animationen und dergleichen. Solche Elemente werden in HTML in Form einer Referenz auf eine entsprechende Datenquelle notiert. Auch ein ausführbarer Verweis zu einer eigenen oder fremden Web-Seite ist nur ausführbar, wenn er sein Verweisziel benennt. Für all diese Zwecke wird das Referenzieren in HTML benötigt. Ebenso gibt es in Ergänzungssprachen wie CSS Stylesheets oder JavaScript Stellen, an denen Sie andere Datenquellen referenzieren müssen.

Die Regeln zum Referenzieren sind dabei immer die gleichen. Der Grund ist das zentrale und einheitliche Adressierungs-Schema im Web, das unabhängig von der Syntax einzelner Betriebssysteme gilt und die genaue Adressierung beliebiger Quellen im Web erlaubt.

3.7.1 Mit vollständigen URIs referenzieren

Mit vollständigen URIs müssen Sie dann referenzieren, wenn sich die gewünschte Datenquelle grob gesagt nicht im aktuellen eigenen Web-Angebot befindet. Ein **URI** (*Universal Resource Identifier = universelle Quellenbezeichnung*) ist beispielsweise so etwas wie

http://www.teamone.de/ oder

http://selfhtml.teamone.de/html/allgemein/referenzieren.htm

Beide Beispieladressen sind aber gleichzeitig auch so genannte **URLs** (*Uniform Resource Locators – einheitliche Quellenorter*). Und dann gibt es – um die Verwirrung komplett zu machen – auch noch so genannte **URNs** (*Uniform Resource Names – einheitliche Quellennamen*). Letztere sind dazu gedacht, um nicht wirklich existierende Datenquellen oder Quellen, die zwar existieren, aber durch kein bekanntes Internet-Protokoll im Netz abrufbar sind, dennoch eindeutig zu benennen. Ein URI ist also der Oberbegriff für URL und URN, wobei URI und URL bei typischen Adressen, hinter denen sich konkrete Dateien oder Datenquellen verbergen, faktisch das Gleiche sind. Im HTML-Standard wird aber konsequent von URIs geredet. Beispiele für URIs:

```
http://www.ihr-guter-name.de/
http://www.ihr-guter-name.de/index.htm
http://www.ihr-guter-name.de/index.htm#impressum
http://www.ihr-guter-name.de/hintergrund.gif
http://www.ihr-guter-name.de/praesentation.pdf
http://www.ihr-guter-name.de/cgi-bin/suche.cgi?ausdruck=Hasenjagd
http://www.google.com/search?hl=de&safe=off&q=Stefan+M%FCnz&lr=
ftp://www.ihr-guter-name.de/praesentation.pdf
http://192.168.78.10/
http://www.ihr-guter-name.de:8082/geheim.htm
```

Ein vollständiger URI besteht aus der Angabe eines Internet-Protokolls, z.B. `http` oder `ftp`, gefolgt von einem Doppelpunkt. Dahinter kann – das ist von Protokoll zu Protokoll verschieden – eine Zusatzangabe zu einem lokalen Netzwerknamen möglich sein. Diese Angabe wird in zwei Schrägstriche `//` eingeschlossen. Bei den meisten Adressen gibt es keine solche Angabe, weshalb die beiden Schrägstriche dort einfach ohne Inhalt nebeneinander stehen.

Hinter diesen Angaben folgt die Adresse des Host-Rechners im Netz, auf dem sich die Datenquelle befindet. Das kann ein Domain-Name oder eine numerische IP-Adresse sein. Der Domain-Name ist übrigens in den obigen Beispielen `ihr-guter-name.de`. Das `www` davor ist eine im Web typische und bei Web-Servern einstellbare Voreinstellung für Sub-Domains.

Hinter der Adressierung des Host-Rechners kann – durch einen Doppelpunkt abgetrennt, eine so genannte Portnummer folgen, wie im letzten der obigen Beispiele bei `:8082`. Das ist immer dann erforderlich, wenn die Datenquelle nicht über den Standard-Port des angegebenen Protokolls wie etwa `http` erreichbar ist, sondern über einen anderen Port. In der Praxis benötigen Sie die Portangabe eher selten, aber kennen sollten Sie sie.

Dahinter folgt schließlich die lokale Pfadangabe zur gewünschten Datenquelle. Egal, um welches Betriebssystem es sich dabei handelt – Verzeichnispfade werden stets durch einfache Schrägstriche getrennt. Es ist Aufgabe der Server-Software auf dem Rechner, die Pfadangaben korrekt aufzulösen. Auf diese Weise brauchen Sie sich keine Gedanken zu machen, welches System der angesprochene Rechner benutzt.

Auf dem Rechner können beliebige Dateien und Datenquellen angesprochen werden. Voraussetzung ist, dass sie über das angegebene Protokoll wie z.B. `http` unter der Adressierung erreichbar sind. Es muss sich nicht unbedingt um Dateien handeln. So kann mit `#` und einem Namen dahinter etwa ein bestimmter Zielanker in einer HTML-Datei angesprochen werden. Wie solche Zielanker definiert werden, ist im Abschnitt *Anker definieren und Verweise zu Ankern* (Kapitel 6.2) beschrieben. Auch Aufrufe von CGI-Scripts mit Parametern sind URIs, wie im obigen Beispiel `suche.cgi?ausdruck=Hasenjagd`.

Zeichen, die nicht zum ASCII-Zeichensatz (Kapitel 23) gehören oder in URIs Bedeutung haben (z.B. der Schrägstrich, der Doppelpunkt oder das Prozentzeichen), müssen Sie innerhalb von URIs maskieren. Das geschieht durch Angabe eines Prozentzeichens % mit anschließendem Hexadezimalwert für das Zeichen. Im obigen Beispiel sehen Sie das z.B. bei M%FCnz, wobei FC die hexadezimale Angabe der Zahl 252 ist und diese wiederum den Buchstaben »ü« bedeutet.

Beachten Sie: Die voranstehenden Beschreibungen richten sich an Praktiker und erheben keinen Anspruch auf Vollständigkeit. Das Konzept der URIs ist noch wesentlich differenzierter als hier dargestellt. Bei Interesse können Sie es in der RFC 1630 (*www.ietf.org/rfc/rfc1630.txt*) nachlesen.

Datenquellen im eigenen Web-Angebot können Sie natürlich auch mit vollständigen URIs referenzieren. Damit schränken Sie sich jedoch ein (siehe die einleitenden Bemerkungen zum Abschnitt 3.7.3 *Pfadangaben relativ zum Basis-URI*).

3.7.2 Absolute Pfadangaben relativ zum Basis-URI

Die Variante mit absoluten Pfadangaben wählen Sie, wenn die gewünschte Datenquelle auf dem gleichen Host-Rechner liegt und über das aktuelle Protokoll und den Standard-Port erreichbar ist. Das klingt komplizierter als es ist. In dem vollständigen URI *http://selfhtml.teamone.de/html/ allgemein/referenzieren.htm* ist der Teil */html/allgemein/referenzieren.htm* eine absolute Pfad-angabe relativ zur Basis-URI *http://selfhtml.teamone.de*. Innerhalb des eigenen Web-Angebots und der eigenen Domain oder Sub-Domain können Sie also mit solchen Pfadangaben arbeiten. Einige Beispiele:

```
/
/index.htm
/index.htm#impressum
/hintergrund.gif
/praesentation.pdf
/cgi-bin/suche.cgi?ausdruck=Hasenjagd
/search?hl=de&safe=off&q=Stefan+M%FCnz&lr=
```

Der erste Schrägstrich hinter dem Basis-URI steht für das Wurzelverzeichnis des jeweiligen Internet-Servers. Es handelt sich meistens nicht um das tatsächliche Wurzelverzeichnis des Rechners oder der Festplatte, auf die Sie damit zugreifen. Bei Web-Servern ist beispielsweise einstellbar, welches tatsächliche Verzeichnis dem Web-Wurzelverzeichnis entsprechen soll. Hinter dem Basis-URI kann alles folgen, was schon im Abschnitt *Mit vollständigen URIs referenzieren* angesprochen wurde.

3.7.3 Pfadangaben relativ zum Basis-URI

Die relativen Pfadangaben wählen Sie, wenn Sie den jeweils aktuellen URI als Bezugs-URI nut-zen. Dann können Sie von dort aus relativ adressieren. Die HTML-Datei mit dem URI *http://selfhtml.teamone.de/html/allgemein/referenzieren.htm* enthält beispielsweise zum Referen-zieren einer Grafik folgende Angabe: *../../src/logo.gif*. Das bedeutet: Gehe zwei Verzeichnisse nach oben, von dort aus ins Unterverzeichnis *src* und dort findest du die Datei *logo.gif*. Absolut gese-hen, hat diese Datei also den URI *http://selfhtml.teamone.de/src/logo.gif*.

Diese Form der relativen Adressierung ist innerhalb von Web-Projekten sehr zu empfehlen. Der Grund ist, dass Sie das Web-Projekt auf diese Weise problemlos an eine andere Web-Adresse verschieben können, und trotzdem funktionieren noch alle projektinternen Verweise und Grafikreferenzen. Auch auf der lokalen Festplatte funktionieren dann alle Referenzen. Gerade wenn Sie Ihr Projekt auch mal auf CD-ROM oder anderen Medien veröffentlichen wollen, ist die relative Adressierung ein Muss. Ein paar Beispiele:

```
./
farben.htm
./farben.htm
bilder/grafik.gif
./bilder/grafik.gif
../
../../../../woanders/datei.htm
```

Eine Datei im gleichen Verzeichnis wie dem aktuellen können Sie einfach durch Angabe des Dateinamens referenzieren – im obigen Beispiel etwa die Datei `farben.htm`. Das aktuelle Verzeichnis referenzieren Sie durch `./` – also einen Punkt, gefolgt von einem Schrägstrich. Die Adressierung von `farben.htm` und `./farben.htm` im obigen Beispiel hat also den gleichen Effekt.

Eine Angabe wie `bilder/grafik.gif` referenziert eine Datei namens `grafik.gif` im Verzeichnis `bilder`, das ein Unterverzeichnis des aktuellen Verzeichnisses ist. Die Notation `./bilder/grafik.gif` hat wieder den gleichen Effekt wie `bilder/grafik.gif`.

Mit `../` referenzieren Sie das Verzeichnis über dem aktuellen Verzeichnis, egal wie es heißt. Mit `../../` referenzieren Sie das Verzeichnis über dem Verzeichnis über dem aktuellen Verzeichnis usw. Von jedem der so adressierten Verzeichnisse können Sie wieder auf deren Unterverzeichnisse zugreifen, wie im letzten der obigen Beispiele gezeigt.

3.8 Konventionen für Dateinamen

3.8.1 Dateinamen im Hinblick auf Server-Rechner

Die meisten Server-Rechner im heutigen Web haben ein Unix- oder von Unix abgeleitetes Betriebssystem. Unix unterscheidet strikt zwischen Groß- und Kleinschreibung bei Dateinamen. Wer sein Web-Projekt beispielsweise in einer DOS-/Windows-Umgebung erstellt, wo dies keine Rolle spielt, kann bittere Erfahrungen machen, wenn plötzlich die lokal funktionierenden Verweise und Grafikreferenzen nach dem Hochladen auf den Server-Rechner nicht mehr funktionieren. Der Grund ist in solchen Fällen, dass beispielsweise in den HTML-Dateien kleingeschriebene Verweisziele oder Grafikdateinamen notiert wurden, während das DOS-/Windows-System großgeschriebene Dateinamen an den Server übertragen hat.

Wenn Sie mit Windows 3.x oder DOS 6.x und niedriger arbeiten, bleibt Ihnen in einem solchen Fall kaum eine andere Möglichkeit, als die Dateien auf dem Server-Rechner mit Hilfe von FTP-Befehlen so umzubenennen, wie sie in den Verweisen und Grafikreferenzen notiert sind. Wenn Sie mit einem System arbeiten, das Groß-/Kleinschreibung bei Dateinamen zwar für die Optik, aber nicht intern unterscheidet (z.B. Windows seit Version 95), ist es am sichersten, Sie erzeugen

Dateinamen, die nur aus Kleinbuchstaben bestehen, und in Verweisen und Grafikreferenzen notieren Sie ebenfalls alle Dateinamen in Kleinbuchstaben.

3.8.2 Dateinamen im Hinblick auf Kompatibilität

Wenn Sie Ihr Web-Projekt ausschließlich für den Einsatz im Web erstellen, müssen Sie nur darauf achten, dass die Dateien vom Server-Rechner akzeptiert werden. Bei modernen Unix-Systemen, wie sie die meisten Web-Server einsetzen, sind Dateinamen bis zu 256 Zeichen Länge erlaubt. Vermeiden Sie aber in jedem Fall deutsche Umlaute und scharfes S in den Dateinamen. Als Sonderzeichen ist in jedem Fall der Unterstrich »_« erlaubt. Andere Satzzeichen sollten Sie vermeiden. Fragezeichen »?«, Stern-Zeichen »*«, Gleichheitszeichen »=« dürfen Sie auf keinen Fall in Dateinamen verwenden. Auch auf Leerzeichen sollten Sie unbedingt verzichten.

Wenn Sie Ihr Projekt auch anderweitig vertreiben möchten, zum Beispiel als Download zum Offline-Lesen oder auf CD-ROM, sollten Sie die engen Grenzen von MS-DOS-kompatiblen Dateinamen kennen und in Ihre Entscheidung mit einbeziehen. Unter MS-DOS ist maximal 1 Punkt zur Trennung von Dokumentname und Dateiendung erlaubt. Vor dem Punkt dürfen acht Zeichen stehen, dahinter drei Zeichen (für die Dateiendung).

3.8.3 Dateiendungen

Hierbei gilt generell: Halten Sie unbedingt die üblichen Konventionen für Dateiendungen ein. Moderne Web-Browser erkennen HTML-Dateien zwar auch an ihrem Inhalt, aber bei Verwendung im Web sollten Sie immer die üblichen Dateiendungen verwenden.

* Gewöhnliche HTML-Dateien erhalten entweder die Endung *.html* oder *.htm*.

* HTML-Dateien mit Server Side Includes erhalten die Endung *.shtml* oder *.shtm*.

* HTML-Dateien mit PHP-Abschnitten erhalten die Endung *.php*.

* HTML-Dateien mit ASP-Abschnitten erhalten die Endung *.asp*.

3.8.4 Default-Dateinamen bei Web-Servern

Die meisten heutigen Web-Server sehen einen oder mehrere bestimmte Dateinamen als Datei für die »Einstiegsseite« vor. Meistens ist das der Name *index.html* oder *index.htm*, manchmal auch *welcome.html* bzw. *welcome.htm* oder *default.html* bzw. *default.htm*. Bei einigen Providern können Sie auch selbst einen beliebigen Dateinamen als Default-Dateinamen bestimmen. Und wenn Sie selbst Zugriff auf die Konfiguration des Web-Servers haben, können Sie die Default-Dateinamen dort einstellen.

Default-Dateinamen haben den Vorteil, dass die Web-Adresse keinen HTML-Dateinamen mehr braucht und kürzer wird. Viele Adressen lauten ja einfach *http://www.xy.com/* oder *http://www.xy.com/verzeichnis/* – ohne weitere Angabe einer bestimmten HTML-Datei. Dass beim Aufruf einer solchen Adresse dennoch eine bestimmte HTML-Datei geladen wird, liegt eben daran, dass es eine Datei mit einem Namen gibt, die der Web-Server als Default-Dateiname gespeichert hat.

Erkundigen Sie sich bei Ihrem Provider, ob er einen Default-Dateinamen für Verzeichnisse anbietet, und wenn ja, welchen. Erstellen Sie Ihr Projekt dann so, dass die Einstiegsseite diesen Dateinamen hat und untergeordnete Seiten auf diese Datei zurückverweisen.

3.9 Informationsverteilung und Dateiorganisation

3.9.1 Hypertext schreiben – Information verteilen

HTML steht für Hypertext Markup Language. Die Sprache ist ausgelegt für Hypertext-gerechte Informationsverteilung. Der Anwender soll zwischen Informationen navigieren, die ihn interessieren. Wenn Sie dieser Themenkomplex näher interessiert, sollten Sie in der Einführung das Unterkapitel 1.5 über Hypertext lesen.

Bei der Hypertext-Informationsverteilung ist es nötig, dass die angebotene Information auf kleine, in sich abgeschlossene Informationseinheiten verteilt wird, die untereinander auf eine nachvollziehbare und einsichtige Weise vernetzt sind.

Wenn Sie beispielsweise Ihren Fußballverein im WWW präsentieren wollen, gehört dazu die übliche Einstiegsseite mit Verweisen zu den Unterseiten. Die Unterseiten sollten jeweils an gleicher Stelle einen Rückverweis auf die Einstiegsseite enthalten. Je eine Unterseite könnten Sie in diesem Beispiel etwa für die Geschichte, für die Vereinsberichte, für die aktuellen Tabellenstände, und für die derzeitigen Spieler spendieren. Die Seite für Spieler könnte nochmals Verweise zu Seiten enthalten, auf denen jeweils ein einzelner der Spieler vorgestellt wird. Bei solchen Unter-Unter-Seiten ist ein Rückverweis zur nächsthöheren Ebene wie auch zur Einstiegsseite angebracht. Wichtig sind auch die Querverweise. Wenn ein Spieler bereits lange dabei ist, findet sich bestimmt auch ein Querverweis zu einem wichtigen Ereignis der Vereinsgeschichte. Bei den Erläuterungen zum aktuellen Tabellenstand sind wiederum Querverweise zu den besten Torschützen usw. denkbar.

So entsteht ein sinnvolles Netz aus Einzelinformationen. Zusätzliche Verlinkungen sollten die Navigationsmöglichkeiten ergänzen. So ist es in vielen Fällen sinnvoll, so genannte Guided Tours anzubieten, also eine Abfolge von Seiten, die der Anwender bequem durchblättern kann.

Egal, welche Art von Projekt Sie in Angriff nehmen: Immer sollten Sie den hier skizzierten Blick für die Strukturierung und Vernetzung der Information im Auge behalten.

Was hier als »Seite« oder »Unterseite« bezeichnet wird, sollte in einem Web-Projekt jeweils eine HTML-Datei sein. Schrecken Sie nicht vor der Anzahl der entstehenden Dateien zurück. Die saubere Strukturierung der Information sollte oberstes Gebot sein. Die Technik der Vernetzung zwischen Projektdateien mit HTML wird im Abschnitt 6.2 über Verweise beschrieben. Weitere Tipps für die Konzeption Ihres WWW-Projekts erhalten Sie im Kapitel 25.1 *Web-Projekte planen.*

3.9.2 Dateiorganisation

Bei jedem etwas größeren Projekt werden Sie schnell feststellen, wie viele HTML-, Grafik- und andere Dateien sich dabei ansammeln. Um den Überblick zu behalten, sollten Sie sich entweder ein sinnvolles Dateinamenschema überlegen, oder Sie legen Unterverzeichnisse an, etwa für Dateien zu einem Themengebiet oder für Grafiken usw. Wenn Sie Ihr Projekt im Web veröffentlichen wollen, müssen Sie beim Einsatz von Unterverzeichnissen vorher klären, ob Sie auf dem Web-Server, wo das Projekt einmal abgelegt werden soll, die Berechtigung bzw. Möglichkeit haben, Unterverzeichnisse anzulegen. Denn Sie werden in diesem Fall auf dem Server-Rechner die gleiche Verzeichnisstruktur erstellen müssen, die Sie lokal beim Erstellen gewählt haben, damit alle Verweise und Referenzen funktionieren.

3.10　Guter HTML-Stil

Definitive Richtlinien für »richtiges« HTML gibt es nicht. Wohl aber gibt es Regeln, wie ein gültiges HTML-Dokument auszusehen hat. Auf jeden Fall ist es empfehlenswert, sich so weit wie möglich an den HTML-Sprachstandards des W3-Konsortiums zu orientieren. Mittlerweile hat das W3-Konsortium auch erkannt, dass seine Aufgabe nicht nur im Ausarbeiten technischer Spezifikationen besteht, sondern auch in deren Vermittlung an »normalsterbliche« Anwender, die kein abgeschlossenes Informatikstudium haben. Wenn Sie sich intensiv und dauerhaft mit dem Erstellen eigener Web-Seiten beschäftigen, sollten Sie sich deshalb regelmäßig mal auf den Web-Seiten des W3-Konsortiums (*www.w3.org*) nach Neuigkeiten und nach aktuellen Trends und Richtlinien umsehen. Es gibt auch ein deutsches Büro des W3-Konsortiums (*www.w3c.de*), das wichtige Informationen des W3-Konsortiums in deutscher Sprache anbietet.

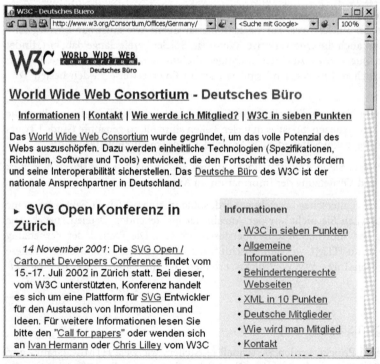

3.2:　Das World Wide Web Consortium W3C hat auch eine deutsche Startseite mit aktuellen News.

Für HTML-Autoren bietet das W3-Konsortium ferner einen Service an, um erstellte Dateien auf syntaktische Korrektheit zu überprüfen: den so genannten Validator (*validator.w3.org*). Damit können Sie Ihre Seiten, wenn diese im Web über eine HTTP-Adresse erreichbar sind, überprüfen lassen.

Was die Frage nach »gutem HTML-Stil« betrifft, ist es eigentlich viel besser zu beschreiben, wie man es auf keinen Fall machen sollte. Dazu gibt es eine zwar schon etwas betagte, aber immer noch lesenswerte Anleitung im Web: Die *Goldenen Regeln für schlechtes HTML* von Stefan Karzauninkat (*www.karzauninkat.com/Goldhtml*).

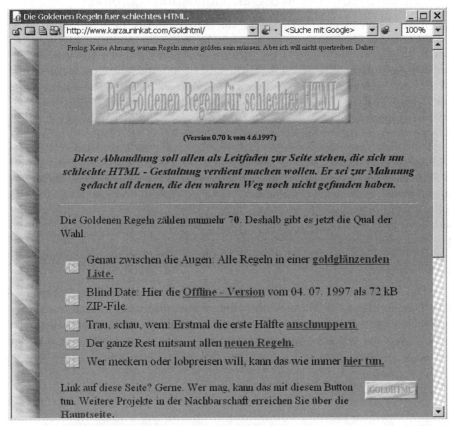

3.3:   Die »Goldenen Regeln« von Stefan Karzauninkat sind zwar betagt, aber (leider) immer noch aktuell.

3.10.1 Nicht für bestimmten Browser schreiben

Wenn Sie Dateien im Web platzieren wollen, sollten Sie zum Testen Ihrer Dateien mehr als einen Web-Browser verwenden. Verwenden Sie die weit verbreiteten Produkte wie Netscape und den MS Internet Explorer, wenn es irgendwie geht auch in mehreren Versionen, aber auch mal ein älteres Produkt wie etwa Mosaic. Wenn Sie die Möglichkeit haben, auf mehreren Plattformen

(MS Windows, Macintosh, Sun usw.) zu testen, machen Sie unbedingt Gebrauch davon. Und vielleicht schauen Sie sich Ihre Seiten auch mal mit einem Handheld-Computer an oder mit einer Brille, durch die Sie alles undeutlich sehen.

Nun kann Ihnen niemand verbieten, HTML-Dateien zu schreiben, die nur von Netscape oder nur vom MS Internet Explorer korrekt angezeigt werden. Aber wenn Sie solche Seiten ins Netz stellen, sollten Sie wissen, dass Sie damit letztlich Ihrem Image schaden.

3.10.2 Nicht für bestimmte Bildschirmauflösung schreiben

Das Erzwingen von festen Breiten durch Einsatz von verschachtelten Tabellen und »blinden Pixeln« ist mittlerweile so verbreitet im Web, dass manche Homepage-Autoren schon gar nicht mehr wissen, dass einfaches HTML normalen Fließtext erzeugt, der sich der Fenstergröße des Browsers anpasst. Nun macht es keinen Sinn, das Erzwingen von Mindestbreiten völlig zu verteufeln. Tabellen mit mehreren Spalten und entsprechendem Inhalt benötigen nun mal eine gewisse Breite, und HTML ist auch nicht WML (eine Sprache speziell zum Erstellen von Web-Seiten für Handy-Displays). Wenn Sie aber vor der Frage stehen, ob Sie Ihre Web-Seiten für eine 1024er oder eine 800er Bildschirmauflösung »optimieren« sollen, dann stehen Sie vor der falschen Frage. Denn viele Anwender surfen mit mehreren Instanzen des Web-Browsers und öffnen Verweise zu anderen Seiten gerne in neuen Browser-Fenstern. Diese Fenster werden oft nicht im Vollbildmodus angezeigt. Auch haben viele Anwender Programme offen, die grundsätzlich einen Teil des Bildschirms einnehmen und immer angezeigt werden – z.B. Instant-Messaging-Programme wie ICQ. All diese Anwender machen Ihnen also ohnehin nicht die Freude, das Bowser-Fenster extra wegen Ihren Seiten auf maximale Bildschirmgröße zu bringen. Grübeln Sie daher nicht lange über anzunehmende Durchschnittswerte von Bildschirmgrößen. Ein paar hundert Pixel (also eine sehr unbestimmte Angabe) in der Breite können Sie voraussetzen, aber das ist auch alles.

Verwenden Sie bei Tabellen oder Frames tendenziell eher prozentuale Breiten- und Höhenangaben. Absolute Pixelangaben haben nur dort einen Sinn, wo beispielsweise die erste Spalte einer blinden Tabelle über einem farblich zweigeteilten Hintergrundbild liegen soll. Ansonsten sollten Sie sich nicht zu sehr auf solche Vorstellungen wie die versteifen, dass eine Grafik oder ein Absatz bei jedem Anwender genau 10,8 cm vom linken Rand entfernt beginnt. Wenn das bei Ihnen gut aussieht, bedeutet das noch lange nicht, dass es bei jemand anderem gut aussieht, und in einigen Fällen könnte es auch ausgesprochen schlecht aussehen.

3.10.3 HTML-Elemente nicht zweckentfremden

Besonders die logisch-semantischen Elemente von HTML sollten Sie nicht benutzen, um bestimmte Formatier-Effekte zu erzielen. So verwenden einige Leute z.B. das `blockquote`-Element, um Absätze einzurücken, nur weil die Mehrzahl der Browser den Text, der in `<block-quote>` ... `</blockquote>` eingeschlossen ist, als eigenen, eingerückten Absatz darstellen. Das `blockquote`-Element ist jedoch für Zitate gedacht und sollte auch nur dafür verwendet werden.

Noch häufiger wird mit Überschriften Schindluder getrieben. Überschriften sind nicht dazu da, um Text groß und fett zu machen, sondern dazu, logische Hierarchieverhältnisse zwischen Textabschnitten zu markieren. Wenn Sie Text auffällig formatieren wollen, dann benutzen Sie dazu CSS Stylesheets.

3.10.4 Ehrliche und aussagekräftige Verweistexte verwenden

Generell gilt: Das Ziel eines Verweises sollte das halten, was der Verweis verspricht. Das bedeutet beim Setzen des Verweises: Der Verweistext sollte weder zu viel noch zu wenig versprechen. Wenn Sie beispielsweise Information über ein Softwareprodukt anbieten, ohne es zum Download anzubieten, ist es unfair, dem Anwender mit einem Verweis auf die Information zu suggerieren, er könne das Produkt auch gleich downloaden.

Verweise können in HTML an jeder beliebigen Stelle im Text stehen. Wenn Sie jedoch einmal Text lesen, in dem jedes zweite Wort ein Verweis ist, werden Sie schnell merken, dass dies den Lesefluss ungemein stört. Der Grund dafür ist, dass Verweise immer gleich die Aufmerksamkeit auf sich ziehen und den Leser von seiner eigentlichen Aufgabe, dem geistigen Erfassen des im Text Gemeinten, ablenken. Um so wichtiger ist es, dass Verweise innerhalb des Fließtextes dem Anwender keine Rätsel aufgeben, sondern sofort erfassbar sind.

Verwenden Sie einen Verweis innerhalb des Fließtextes also nur dann, wenn der Verweistext sinnvoll ist. Formulieren Sie Sätze, in denen verweissensitiver Text vorkommt, so, dass der Verweistext aussagekräftig ist. Schreiben Sie z.B. nicht: »Für weitere Information klicken Sie *hier*«, sondern: »*Weitere Information* ist ebenfalls verfügbar«.

3.10.5 Grafiken richtig einsetzen

Wenn Sie nicht gerade eine virtuelle Kunstausstellung in HTML erstellen, sollten Sie sich mit großen Grafikdateien zurückhalten. Bedenken Sie bei Dateien, die Sie fürs Web erstellen, dass viele Anwender einen volumenabhängigen Internet-Zugang haben, d.h. sie zahlen dafür, wie viel Daten sie in den Arbeitsspeicher ihres Rechners laden. Zwar erlauben die meisten Browser, das Laden von Grafiken auszuschalten, aber wenn der Anwender keinen Gebrauch von dieser Funktion macht, heißt das noch lange nicht, dass er bereit ist, ohne Ankündigung eine 1-MByte-Grafik zu laden.

Versuchen Sie es daher lieber mit kleinen, wohlplatzierten Grafiken. Oft genügen 16 Farben statt 256 oder gar 16,7 Mio. Das macht die Grafiken deutlich kleiner.

Andererseits sollten Sie keinesfalls auf den Einsatz von Grafiken verzichten. Reiner Text ist am Bildschirm nämlich wesentlich ermüdender zu lesen als in Printmedien. Deshalb sollten Sie längere Texte möglichst reichhaltig strukturieren und auflockern. Dazu gehört auch die Verwendung von Grafiken. Ideal sind kleine Grafiken in Icon-Größe. Die sind schnell geladen, und Sie können bedenkenlos mehrere davon pro HTML-Datei referenzieren. Kleine Grafiken können auch bestimmte Corporate-Identity-Funktionen oder Orientierungsfunktionen übernehmen. Der Vorteil solcher mehrfach verwendeter Grafiken ist, dass die meisten Browser sie nur einmal laden und dann im Speicher halten.

4 Dateiweite Einstellungen

4.1 HTML-Kopfdaten

4.1.1 `HTML 2.0` `X HTML 1.0` `1.0` `N 1.0` Titel einer HTML-Datei

Jede HTML-Datei sollte einen Titel erhalten. Das ist aus folgenden Gründen besonders wichtig:

- Der Titel der Datei wird bei der Anzeige im Web-Browser in der Titelzeile des Anzeigefensters angezeigt.

- Der Titel der Datei wird vom Web-Browser beim Setzen von Lesezeichen (Bookmarks, Favoriten) auf die Datei verwendet.

- Der Titel der Datei wird im Web-Browser in der Liste der bereits besuchten Seiten angezeigt.

- Der Titel der Datei dient im Web vielen automatischen Suchprogrammen als wichtiger Input. Wenn die Datei zu den Suchtreffern einer Suche gehört, bieten viele Suchmaschinen den Titel der Datei als anklickbaren Verweis an.

Ein Beispiel:

```
<head>
<title>Ausblick vom Hamburger Michel</title>
  <!-- ... andere Angaben im Dateikopf ... -->
</head>
```

Innerhalb des Grundgerüsts einer HTML-Datei wird der Titel im Dateikopf notiert. `<title>` leitet die Angabe des Titels ein. Dahinter folgt der Text des Titels. Mit `</title>` wird die Titelangabe abgeschlossen (*title* = *Titel*).

Beachten Sie: Der Titeltext sollte nicht zu lang sein. Für beschreibende Angaben zur Datei gibt es die Meta-Angaben zum Inhalt (Kapitel 4.2). Für den Titeltext gelten alle Regeln für Zeichenvorrat, Sonderzeichen und HTML-eigene Zeichen.

4.1.2 Meta-Angaben zum Inhalt

`HTML 2.0` `X HTML 1.0` *Allgemeines zu Meta-Angaben*

In Meta-Angaben können Sie verschiedene nützliche Anweisungen für Web-Server, Web-Browser und automatische Suchprogramme im Internet (»Robots«) notieren. Meta-Angaben können Angaben zum Autor und zum Inhalt der Datei enthalten. Sie können aber auch HTTP-Befehle absetzen, zum Beispiel zum automatischen Weiterleiten des Web-Browsers zu einer anderen Adresse. Meta-Angaben sind **nicht** für persönliche Anmerkungen oder Kommentare zum Quelltext der HTML-Datei gedacht. Für solche Angaben können Sie Kommentare (Kapitel 3.6) definieren.

Der HTML-Standard seit Version 4.0 schreibt keine konkreten Meta-Angaben mehr vor, sondern definiert lediglich den grundsätzlichen Aufbau einer Meta-Angabe. Zur Standardisierung von Meta-Angaben arbeitet das W3-Konsortium stattdessen an einer Sprache namens Resource Description Framework (RDF). Auf den Web-Seiten des W3-Konsortiums finden Sie Informationen zum Resource Description Framework (*www.w3.org/RDF/*).

Für jede Meta-Angabe notieren Sie ein Meta-Tag im HTML-Dateikopf. Es ist also kein Problem, mehrere Meta-Tags zu notieren. Einige Beispiele:

```
<head>
<meta name="author" content="Anna Lyse">
<meta http-equiv="expires"
  content="Sat, 01 Dec 2001 00:00:00 GMT">
  <!-- ... andere Angaben im Dateikopf ... -->
</head>
```

Eine Meta-Angabe steht in einem Standalone-Tag namens `meta`. Jedes Meta-Tag hat dann in der Regel zwei Attribute. Das eine Attribut lautet entweder `name=` oder `http-equiv=`, und das andere lautet stets `content=`. Durch die beiden Attribute lassen sich typische »Konfigurationsdaten« vom Typ »Eigenschaft=Wert« erzeugen. Im obigen Beispiel wird auf diese Weise z.B. mit `name=` eine Eigenschaft `"author"` angegeben, der mit `content=` ein Wert `Anna Lyse` zugewiesen wird. In der zweiten Meta-Angabe des Beispiels wird einer Eigenschaft namens `expires` der Wert `Sat, 01 Dec 2001 00:00:00 GMT` zugewiesen. In dem zweiten Beispiel wird die Eigenschaft jedoch mit `http-equiv=` definiert.

Der Unterschied zwischen `name=` und `http-equiv=` ist, dass `name=` allgemeine, nicht näher spezifizierte Eigenschaften benennen kann, während `http-equiv=` Eigenschaften benennt, die ein Web-Server auslesen sollte. Eigenschaften, die mit `name=` definiert werden, richten sich daher tendenziell eher an auslesende Client-Programme, also an Web-Browser, aber auch an Suchmaschinen-Robots, die Web-Seiten zum Füttern ihrer Suchmaschinendatenbank auslesen. Eigenschaften, die mit `http-equiv=` definiert werden, sind dagegen für den Web-Server gedacht. Die Idee dahinter ist, dass der Web-Server, wenn er von einem aufrufenden Browser die Anfrage erhält, diese HTML-Datei zu übermitteln, die Meta-Tags vorher ausliest und Angaben, die mit `http-equiv=` definiert wurden, in den HTTP-Header einbaut, den er an den aufrufenden Web-Browser schickt. Als Autor der HTML-Datei können Sie auf diese Weise also die Kommunikation zwischen Web-Server und Web-Browser beeinflussen. Inwieweit Angaben dieser Art etwas bewirken, hängt also vom Web-Server ab bzw. davon, ob er diese Daten vor dem Übertragen der Datei an den Browser ausliest oder nicht. Für Wertzuweisungen an `content=` gelten alle Regeln für Zeichenvorrat, Sonderzeichen und HTML-eigene Zeichen.

Beachten Sie: Mit Meta-Angaben wird leider viel Missbrauch getrieben. Da viele Meta-Angaben keine unmittelbar nachvollziehbare Wirkung am Bildschirm haben und andererseits mit Suchdiensten zu tun haben, regen sie offenbar magisch die Phantasie mancher Geister an, die meinen, mit einem Mammutaufgebot irgendwo aufgeschnappter Meta-Angaben würden sie über Nacht zum Superstar, da ihre Homepage dann immer ganz oben bei den Ergebnislisten der Suchmaschinen erscheint. Dazu nur so viel: Homepages werden nicht durch Meta-Angaben erfolgreich, sondern durch Inhalt. Zu einer sauber gemachten Homepage gehört aber auch der sinnvolle Einsatz von Meta-Angaben.

Beschreibung, Autor, Stichwörter, Datum

Die hier beschriebenen Meta-Angaben sind am verbreitetsten, sie werden von fast allen großen Suchmaschinen im Web erkannt und ausgelesen. Sie können für Suchprogramme Ihre Autorenschaft, eine Kurzbeschreibung des Inhalts, charakteristische Stichwörter und das Publikationsdatum notieren. Häufig werden diese Daten in der Suchmaschine angezeigt, wenn ein Anwender nach etwas sucht und diese Datei zu den Treffern gehört. Es ist also sinnvoll, diese Meta-Angaben in allen inhaltlich relevanten HTML-Dateien zu notieren und dabei redaktionell genauso sorgfältig zu sein wie bei dem Text, der im Bowser-Fenster angezeigt wird. Ein Beispiel:

```
<head>
<meta name="description" content="Dieser
  Beschreibungstext soll einem Anwender im
  Suchdienst bei Auffinden dieser Datei erscheinen.">
<meta name="author" content="Rainer Wahnsinn">
<meta name="keywords" content="HTML, Meta-Informationen,
  Suchprogramme, HTTP-Protokoll">
<meta name="date" content="2001-12-15T08:49:37+00:00">
  <!-- ... andere Angaben im Dateikopf ... -->
</head>
```

- Mit `<meta name="description" content="Beschreibungstext">` bestimmen Sie einen Beschreibungstext (*meta = »über«, name = Name, description = Beschreibung, content = Inhalt*).

- Mit `<meta name="author" content="Autorenname">` teilen Sie den Namen des Autors (d.h. des inhaltlich Verantwortlichen) für die HTML-Datei mit (*author = Autor*).

- Mit `<meta name="keywords" content="[Wortliste]">` bestimmen Sie Stichwörter für ein Suchprogramm. Ein Anwender, der in der Suchdatenbank des Suchprogramms nach einem dieser Stichwörter sucht, soll die aktuelle HTML-Datei bevorzugt als Suchtreffer angezeigt bekommen, da das Stichwort in dieser Datei ein zentrales Thema ist (*keywords = Schlüsselwörter*). Trennen Sie die einzelnen Schlüsselwörter durch Kommata. Ein Schlüsselwort kann durchaus aus zwei oder mehreren Einzelwörtern bestehen. Halbe oder ganze Sätze gehören hier allerdings nicht hin, denn dafür gibt es den Beschreibungstext, den Sie bei `name="description"` notieren können.

- Mit `<meta name="date" content="[Datum/Uhrzeit]">` geben Sie an, wann die Datei publiziert wurde. Das Schema ist dabei eine UTC-Zeitangabe. Im obigen Beispiel ist 2001 die Jahreszahl, 12 der Monat (Dezember), 15 der Tag, 08 die Stunden, 49 die Minuten und 37 die Sekunden. Die Angabe 00:00 hinter dem Pluszeichen ist die Abweichung der Zeit von der Greenwich-Zeit in Stunden und Minuten, im Beispiel keine Abweichung. Wenn Sie nur das Datum, aber keine Uhrzeit angeben wollen, notieren Sie nur den Teil der Datumsangabe bis vor dem großen T (für *Time*).

Meta-Angaben nach Dublin-Core

Eine internationale Gruppe von Experten, unter dem Namen **Dublin Core** vereint, hat ein System für Meta-Angaben veröffentlicht. Das System ist einfach zu handhaben und berücksichtigt alle wichtigen Angaben, die zu einem Dokument gemacht werden können. Die Meta-Angaben von Dublin-Core werden auch vom W3-Konsortium begrüßt. Einer Verwendung steht also nichts im Wege. Im Web finden Sie Informationen zur Dublin Core Metadata Initiative (*dublincore.org/*).

Zumindest die führenden Suchmaschinen im Web erkennen mittlerweile die Meta-Angaben nach Dublin-Core. Das führt bei solchen Suchmaschinen zu einer sehr ordentlichen Suchtrefferanzeige, wenn diese Datei zu den Suchtreffern gehört. Ein Beispiel:

```
<head>
<meta name="DC.Title" content="SELFHTML/Meta-Angaben">
<meta name="DC.Creator" content="Stefan M&uuml;nz">
<meta name="DC.Subject" content="Meta-Angaben">
<meta name="DC.Description"
      content="Heute bekannte Meta-Angaben in HTML">
<meta name="DC.Publisher" content="TeamOne">
<meta name="DC.Contributor" content="Wolfgang Nefzger">
<meta name="DC.Date" content="2001-12-15">
<meta name="DC.Type" content="Text">
<meta name="DC.Format" content="text/html">
<meta name="DC.Identifier" content="http://selfhtml.teamone.de/">
<meta name="DC.Source" content="HTML-Referenz">
<meta name="DC.Language" content="de">
<meta name="DC.Relation" content="Unterkapitel">
<meta name="DC.Coverage" content="Munich">
<meta name="DC.Rights"
  content="Alle Rechte liegen beim Autor">
  <!-- ... andere Angaben im Dateikopf ... -->
</head>
```

Bei Meta-Angaben, die einem bestimmten öffentlichen System angehören, so wie hier dem System von Dublin Core, wird dem Namen einer Meta-Angabe eine Kurzbezeichnung für den Herausgeber der Meta-Angaben vorangestellt. Bei Dublin Core sind das die Initialen `DC`. Dahinter folgt, durch einen Punkt getrennt, der Name der Meta-Angabe. Der Zuweisungswert erfolgt wie üblich über das Attribut `content=`.

- Mit `<meta name="DC.Title" content="Titel">` können Sie einen Titel für die Datei angeben, ähnlich wie im `title`-Element von HTML (*title = Titel*).

- Mit `<meta name="DC.Creator" content="Name">` weisen Sie den geistigen Urheber des Inhalts der Datei aus (*Creator = Ersteller*).

- Mit `<meta name="DC.Subject" content="Text">` geben Sie das Thema an, das in der Datei behandelt wird (*Subject = Thema*).

- Mit `<meta name="DC.Description" content="Text">` können Sie eine Kurzbeschreibung des Dateiinhalts notieren (*Description = Beschreibung*).

- Mit `<meta name="DC.Publisher" content="Name">` können Sie angeben, wer für die Publikation der Datei verantwortlich ist. Das kann der Autor selbst sein, aber auch etwa ein Verlag oder der Nachfahre eines verstorbenen Autors (*Publisher = Veröffentlicher*).

- Mit `<meta name="DC.Contributor" content="Name">` können Sie Koautoren oder Personen angeben, die neben dem Hauptautor maßgeblich am Inhalt beteiligt sind, z.B. Grafiker, Musiker, Übersetzer (*Contributor = Beitragender*). Falls Sie mehrere Angaben dazu machen, trennen Sie die Namen durch Kommata.

- Mit `<meta name="DC.Date" content="Datum">` können Sie angeben, wann die Datei publiziert wurde. Im obigen Beispiel ist 2001 die Jahreszahl, 12 der Monat (Dezember) und 15 der Tag.

- Mit `<meta name="DC.Type" content="Typ">` können Sie die Textsorte bzw. den Dokumententyp angeben, dem sich der Inhalt der Datei zuordnen lässt. Die erlaubten Zuweisungen an `content=` fasst die folgende Tabelle zusammen:

Dokumenttyp	Beschreibung
Collection	Wenn die Datei ein Verzeichnis mit Verweisen zu Unterseiten ist.
Dataset	Wenn die enthaltene Information datensatzartig vorliegt, z.B. in einer Tabelle.
Event	Wenn der Inhalt ein zeitliches Ereignis behandelt, z.B. eine Ausstellung oder eine Hochzeitsfeier.
Image	Wenn der Inhalt primär eine grafische Darstellung ist oder ein zentrales Foto.
Interactive Resource	Wenn der Zweck der Seite in der Interaktion mit dem Anwender liegt, z.B. wenn ein Java-Applet eingebettet ist, das einen Chat realisiert.
Service	Wenn der Inhalt eine Dienstleistung anbietet.
Software	Wenn der Inhalt Software anbietet, z.B. zum Download.
Sound	Wenn der Inhalt primär akkustisch ist, z.B. ein eingebettetes MP3-Musikstück zum Abspielen anbietet oder einen laufenden Radiosender über RealAudio einbettet.
Text	Wenn der Inhalt textorientiert ist – egal, ob es sich um Sachtexte, Literatur, Witze, Nachrichten oder wissenschaftliche Abhandlungen handelt.

- Mit `<meta name="DC.Format" content="Typ">` können Sie das Datenformat bzw. den Medientyp angeben, für den der Inhalt der Datei gedacht ist. Als Wert bei `content=` können Sie einen Mime-Type (Anhang A.2) angeben. Der Mime-Type für HTML lautet `text/html`.

- Mit `<meta name="DC.Identifier" content="Wert">` können Sie eine eindeutige Nummer oder Bezugsadresse für die Datei angeben (*Identifier = eindeutiger Bezeichner*). Bei Web-Seiten ist das beispielsweise der Original-URI.

- Mit `<meta name="DC.Source" content="Quelle">` können Sie eine Quelle nennen, von der die aktuelle Datei abgeleitet ist (*Source = Quelle*). Das kann beispielsweise der Fall sein, wenn eine HTML-Datei Auszüge aus einem Buch beinhaltet. In diesem Fall können Sie das Buch als Quelle angeben.

- Mit `<meta name="DC.Language" content="Sprache">` können Sie die Landessprache angeben, in der der Inhalt der Datei verfasst ist (*Language = Sprache*). Als Angabe bei `content=` wird ein Sprachenkürzel (Anhang A.3) erwartet.

- Mit `<meta name="DC.Relation" content="Quelle">` können Sie angeben, welche Beziehung zwischen der aktuellen Datei und einem zugehörigen Editionsprojekt bestehen (*Relation = Bezug*). Der Wert bei `content=` kann z.B. eine verbale Beschreibung der Bezugs-Art sein.

- Mit `<meta name="DC.Coverage" content="Text">` können Sie einen zeitlichen oder geografischen Bezugspunkt für den Inhalt der Datei angeben (*Coverage = Erfassung, Berichterstattung*). Das kann bei geografischen Angaben etwa ein Ort, eine Längen-/Breitengradangabe oder eine Region sein, bei zeitlichen Angaben ein Datum oder ein Zeitalter.

- Mit `<meta name="DC.Rights" content="Text">` können Sie eine Angabe zum Copyright des Dateiinhalts machen (*Rights = Rechte*). Sie können dabei aber auch einen URI angeben, unter dem die genauen Copyright-Angaben genannt werden.

Beachten Sie: Sie müssen nicht alle Meta-Angaben des Dublin-Core-Sets verwenden. Es ist kein Problem, wenn Sie nur zu denjenigen etwas notieren, wo Sie sinnvolle Angaben machen können.

Auslesen erlauben/verbieten

Die folgenden Angaben werden von den meisten Suchmaschinen-Robots beachtet. Wenn Sie eine HTML-Datei zwar im Web anbieten, aber trotzdem verhindern möchten, dass die Datei über öffentliche Suchdienste auffindbar sein soll, können Sie eine entsprechende Anweisung als Meta-Information für Suchprogramme notieren. Sie können solchen Suchprogrammen aber auch mit einer entsprechenden Eingabe signalisieren, dass Sie ein Auslesen der Datei und aller Dateien, die darin über Verweise erreichbar sind, ausdrücklich wünschen. Ein Beispiel:

```
<head>
<meta name="robots" content="noindex">
  <!-- ... andere Angaben im Dateikopf ... -->
</head>
```

Mit `<meta name="robots" content="noindex">` verbieten Sie einem Suchprogramm, Inhalte aus der HTML-Datei an seine Suchdatenbank zu übermitteln (*robots = Suchprogramme, content = Inhalt, noindex = keine Indizierung*). Anstelle von `noindex` können Sie auch `none` notieren (*none = keine*).

Daneben sind folgende weitere Angaben möglich:

- `<meta name="robots" content="index">`: Damit erlauben Sie einem Suchprogramm ausdrücklich, Inhalte aus der aktuellen HTML-Datei an seine Suchdatenbank zu übermitteln (*index = Indizierung*).

- `<meta name="robots" content="nofollow">`: Damit erlauben Sie einem Suchprogramm, Inhalte aus der aktuellen HTML-Datei an seine Suchdatenbank zu übermitteln (*nofollow = nicht folgen*). Sie verbieten dem Suchprogramm jedoch, untergeordnete Dateien Ihres Projekts, zu denen Verweise führen, zu besuchen.

- `<meta name="robots" content="follow">`: Damit erlauben Sie einem Suchprogramm ausdrücklich, Inhalte aus der aktuellen HTML-Datei und aus untergeordneten Dateien Ihres

Projekts, zu denen Verweise führen, zu besuchen und an seine Suchdatenbank zu übermitteln (*follow = folgen*).

Beachten Sie: Wenn Sie sich für das Erlauben und Verbieten von Inhalten für Such-Robots interessieren, sollten Sie auch den Abschnitt Anhang A.6 *robots.txt – Robots kontrollieren* lesen.

Sprache bei Stichwörtern

Für Meta-Angaben zu Stichwörtern (bei solchen zur Kurzbeschreibung des Inhalts sollte es auch funktionieren) können Sie mehrere gleichartige Meta-Angaben notieren und dabei zwischen Landessprachen trennen. Ein Beispiel:

```
<head>
<meta name="keywords" lang="de"
  content="Ferien, Griechenland, Sonnenschein">
<meta name="keywords" lang="en-us"
  content="vacation, Greece, sunshine">
<meta name="keywords" lang="en"
  content="holiday, Greece, sunshine">
<meta name="keywords" lang="fr"
  content="vacances, Gr&egrave;ce, soleil">
  <!-- ... andere Angaben im Dateikopf ... -->
</head>
```

Im Beispiel werden die gleichen Stichwörter in den Sprachen Deutsch, US-Englisch, Britisch-Englisch und Französisch definiert. Dabei wird das Attribut `lang=` benutzt, um die Sprache anzugeben. Als Angabe ist ein Sprachenkürzel (Anhang A.3) erlaubt, z.B. `de` für deutsch, `en` für englisch, `fr` für französisch, `it` für italienisch oder `es` für spanisch.

Beachten Sie: Das Attribut `lang=` gehört zu den Universalattributen (Kapitel 13.1) in HTML.

4.1.3 Angabe zum Default-Zeichensatz

Sie können mit Hilfe einer Meta-Angabe ausdrücklich bestimmen, welchen Zeichensatz Sie innerhalb der HTML-Datei verwenden. Diese Angabe ist für den Web-Server und den Web-Browser sehr hilfreich, denn sie teilt beiden Softwaretypen eindeutig mit, nach welchem Zeichensatz die Inhalte der HTML-Datei im Zweifelsfall zu interpretieren sind. Wichtig ist die Zeichensatzangabe vor allem dann, wenn Sie innerhalb der HTML-Datei z.B. deutsche Umlaute nicht maskieren. Ein Beispiel:

```
<head>
<meta http-equiv="content-type"
  content="text/html; charset=ISO-8859-1">
  <!-- ... andere Angaben im Dateikopf ... -->
</head>
```

Die Angabe zum Zeichensatz wird mit `http-equiv="content-type"` definiert. Daran ist schon erkennbar, dass sich die Angabe auch an den Web-Server richtet. Bei `content=` geben Sie zunächst den Mime-Type an, der für HTML-Dateien immer `text/html` lautet. Dahinter folgt, durch einen Strichpunkt getrennt, die Angabe des Zeichensatzes. Im obigen Beispiel wird der

Zeichensatz ISO-8859-1 definiert (das ist der normale Zeichensatz für westeuropäische Sprachen, unter anderem auch für Deutsch). Erlaubt sind Zeichensatzangaben, wie sie auf der Web-Adresse *www.iana.org/assignments/character-sets* angegeben sind. Weitere Informationen über solche Zeichensätze, auch über andere als diesen Zeichensatz, finden Sie im Abschnitt 23.1 *Zeichensätze (ISO-8859-Familie und andere)*.

4.1.4 Angaben zu Default-Sprachen für Scripts und Stylesheets

Für HTML-Ergänzungssprachen wie Stylesheets und Scripts können Sie bestimmen, welche Sprachen Sie innerhalb der HTML-Datei verwenden. Vor allem bei JavaScript ist diese Angabe wichtig, wenn Sie die HTML-Variante »Strict« benutzen. Denn das language-Attribut im script-Tag, mit dem traditionellerweise die verwendete Script-Sprache angegeben wird, ist in dieser HTML-Variante nicht erlaubt. Ein Beispiel:

```
<head>
<meta http-equiv="Content-Script-Type"
  content="text/javascript">
<meta http-equiv="Content-Style-Type" content="text/css">
  <!-- ... andere Angaben im Dateikopf ... -->
</head>
```

Die Angaben zum Bestimmen der Default-Script-Sprache und der Default-Stylesprache haben einen einheitlichen Aufbau. Die Angabe zur bevorzugten Script-Sprache leiten Sie mit <meta http-equiv="Content-Script-Type" ein, die Angabe zur bevorzugten Stylesprache mit http-equiv="Content-Style-Type". Bei dem Attribut content= müssen Sie dann den Mime-Type der gewünschten Sprache angeben. Beispiele sind text/css für CSS Stylesheets und text/javascript für JavaScript.

4.1.5 Datei von Originaladresse laden

Häufig abgerufene Web-Seiten werden im Web auf so genannten Proxy-Servern zwischengespeichert. Das ist dann ein so genannter Proxy-Cache. Auch Browser speichern aufgerufene Seiten, und zwar lokal auf dem Rechner des Anwenders. Dabei spricht man vom Browser-Cache. Die Cache-Speicher sparen in vielen Fällen Leitungswege und Ressourcen. Ein Nachteil ist jedoch, dass dem Anwender möglicherweise Daten angezeigt werden, die gar nicht mehr aktuell sind, weil auf der Original-Adresse mittlerweile neue Daten liegen. Sie können mit Hilfe einer Meta-Angabe erzwingen, dass die Daten nicht aus einem Cache-Speicher serviert werden, sondern vom Original-Server. Zu empfehlen ist diese Angabe, wenn Sie die Daten einer HTML-Datei häufig ändern und neu ins Web hochladen. Ein Beispiel:

```
<head>
<meta http-equiv="expires" content="0">
  <!-- ... andere Angaben im Dateikopf ... -->
</head>
```

Mit `<meta http-equiv="expires" content="0">` veranlassen Sie, dass diese HTML-Datei in jedem Fall von der Original-Adresse geladen wird (*expires = fällig werden*).

Bei `content=` können Sie anstelle der 0 in diesem Zusammenhang aber auch ein bestimmtes Datum und eine bestimmte Uhrzeit angeben. Dadurch bewirken Sie, dass die Daten dieser Datei nach dem angegebenen Zeitpunkt auf jeden Fall vom Original-Server geladen werden sollen. Datum und Uhrzeit müssen Sie im internationalen Format angeben, zum Beispiel: `content="Sat, 15 Dec 2001 12:00:00 GMT"`. Notieren Sie den Zeitpunkt so wie im Beispiel mit allen Leerzeichen, Doppelpunkten zwischen Stunden, Minuten und Sekunden sowie der Angabe GMT am Ende. Als Wochentagsnamen sind erlaubt `Mon` (Montag), `Tue` (Dienstag), `Wed` (Mittwoch), `Thu` (Donnerstag), `Fri` (Freitag), `Sat` (Samstag) und `Sun` (Sonntag). Als Monatsnamen sind erlaubt `Jan` (Januar), `Feb` (Februar), `Mar` (März), `Apr` (April), `May` (Mai), `Jun` (Juni), `Jul` (Juli), `Aug` (August), `Sep` (September), `Oct` (Oktober), `Nov` (November) und `Dec` (Dezember).

Anstelle der 0 können Sie auch eine Zahl angeben. Diese Zahl bedeutet dann die Anzahl Sekunden, nach deren Ablauf der Web-Browser eine Datei, die er im Cache hat, auf jeden Fall wieder vom Server lädt. Mit `content="43200"` stellen Sie beispielsweise einen Wert von 12 Stunden ein.

4.1.6 Weiterleitung zu anderer Adresse (Forwarding)

Diese Angabe ist zwar ziemlich eingebürgert und sehr beliebt, weshalb sie hier auch beschrieben wird. In der HTML-Spezifikation verteufelt das W3-Konsortium diese Angabe jedoch mit der Begründung, dass die Seite dann für einige Besucher überhaupt nicht mehr anzeigbar sei. Das mutet zwar etwas seltsam an, da es seit Urzeiten mit praktisch allen Browsern erfolgreich funktioniert. Es sei an dieser Stelle aber auf die Verteufelung hingewiesen. Benutzt wird diese Angabe in der Praxis oft für das automatische Weiterleiten eines Seitenbesuchers von einer alten Adresse Ihres Web-Projekts zu einer neuen Adresse.

Ein Beispiel:

```
<head>
<meta http-equiv="refresh"
  content="5; URL=http://selfhtml.teamone.de/">
  <!-- ... andere Angaben im Dateikopf ... -->
</head>
```

Mit `<meta http-equiv="refresh" content="...">` veranlassen Sie die Weiterleitung zu einer anderen Adresse. Mit `content="5;` bestimmen Sie, nach wie viel Sekunden die Weiterleitung starten soll. Die 5 im Beispiel bedeutet also, dass die aktuelle Seite, nachdem sie geladen ist, 5 Sekunden lang angezeigt wird. Danach wird die Adresse aufgerufen, die mit `url=..."` angegeben wird. Notieren Sie den gesamten Befehl inklusive der etwas ungewohnten Stellung der Anführungszeichen so wie im Beispiel oben angegeben. Setzen Sie Ihre gewünschte Anzeigedauer und den Namen der aufzurufenden Adresse ein. Bei lokalen Adressen auf dem gleichen Server können Sie absolute oder relative Pfadangaben ohne Angabe von `http://` und Domain notieren. Bei Weiterleitung zu Dateien im gleichen Verzeichnis genügt der Dateiname. Bei einem Timeout von 0 wird die angegebene nächste Datei sofort geladen.

Beachten Sie: Verlassen Sie sich nicht darauf, dass diese Angabe funktioniert. Wenn Sie etwa eine Weiterleitung zu einer neuen Adresse eingeben, notieren Sie am besten auf der gleichen Seite zur Sicherheit noch einen normalen Verweis zu der neuen Adresse. So finden auch Anwender, bei denen die Meta-Angabe nicht funktioniert, über den Verweis den Weg zu Ihrer neuen Heimat.

4.1.7 Angaben zu PICS

PICS steht für »Platform for Internet Content Selection«. Es handelt sich dabei um ein standardisiertes Schema zum Bezeichnen von Internet-Inhalten. Das Schema wurde ins Leben gerufen, um jugendfeie Internet-Inhalte als solche auszuzeichnen. Es gibt so genannte PICS-Labels, also Auszeichnungen. Anbieter von Web-Seiten können ihre Seiten entweder freiwillig und nach eigenem Ermessen mit einem PICS-Label versehen, oder – und das ist wohl eher Sinn der Sache – sie nehmen einen unabhängigen PICS-Service in Anspruch, der PICS-Zertifikate für Inhalte ausstellt.

Auf Einzelheiten des PICS-Systems wird hier nicht näher eingegangen. Informationen im Web finden Sie auf der PICS-Seite des W3-Konsortiums (*www.w3.org/PICS/*). Moderne Browser können PICS-Inhalte erkennen. Dazu lassen sich softwareseitig Einstellungen vornehmen, zum Beispiel durch Eltern von surfenden Kindern. So kann der Browser bei Seiten mit PICS-Labeln durch Vergleichen der Konfiguration mit dem Label erkennen, ob der Inhalt angezeigt werden darf oder nicht. Ein Beispiel:

```
<head>
<meta http-equiv="PICS-Label" content='
 (PICS-1.1 "http://www.gcf.org/v2.5"
  labels on "1994.11.05T08:15-0500"
  until "1995.12.31T23:59-0000"
  for "http://w3.org/PICS/Overview.html"
  ratings (suds 0.5 density 0 color/hue 1))'>
  <!-- ... andere Angaben im Dateikopf ... -->
</head>
```

Durch die Meta-Angabe `http-equiv="PICS-Label"` können Sie eine PICS-Auszeichnung für eine HTML-Datei notieren. Hinter `content=` folgt die PICS-Auszeichnung. Die gesamte Auszeichnung wird in einfache Anführungszeichen gesetzt. Die Syntax der PICS-Auszeichnung wird innerhalb davon in runde Klammern eingeschlossen. Innerhalb der runden Klammern stehen zunächst die Pflichtangabe zur PICS-Version und die Angabe des URI, wo die Inhaltskategorisierung definiert wird, auf die hier Bezug genommen wird. Die Angaben `labels on`, `until` und `for` sind optional. Entscheidend ist aber auf jeden Fall die Angabe `ratings`, in der die eigentliche Inhaltskategorisierung notiert wird. Die Kategorisierung wird dabei nochmals in runde Klammern eingeschlossen. Die einzelnen dort möglichen Angaben und ihre Bedeutung muss der PICS-Service bereitstellen, der die PICS-Zertifikate verteilt.

4.1.8   Meta-Angaben in separater Datei (Profil)

Sie können ein externes Profil für Meta-Angaben angeben, an das Sie sich halten. Das Profil richtet sich sowohl an Web-Browser als auch an Suchdienste. Es kann sich dabei um allgemein bekannte Profile handeln, die bestimmte Internet-Adressen als Heimat haben. Denkbar ist eine solche Adresse beispielsweise für Dublin-Core. Ebenso ist es aber auch möglich, eine eigene Datei mit eigenen Meta-Definitionen anzugeben. Ein Beispiel:

```
<head profile="http://meine.org/profil.dat">
 <meta name="Kategorie" content="A.1.B">
  <!-- ... andere Angaben im Dateikopf ... -->
</head>
```

Um ein Profil einzubinden, notieren Sie im einleitenden `<head>`-Tag das Attribut `profile=`. Als Wert weisen Sie einen URI zu, unter dem die Profildatei abgelegt ist. Es gibt keine Angaben darüber, wie diese Profildatei auszusehen hat. Das W3-Konsortium möchte die angegebene Adresse auch eher als »global eindeutigen Namen« verstanden wissen. Web-Browser oder Suchmaschinen, die das entsprechende Profil kennen, brauchen dann gar nichts auslesen, sondern erfahren auf diese Weise einfach, dass die nachfolgenden Meta-Angaben diesem Profil gemäß zu interpretieren sind.

Im Beispiel wird ein Profil zugrunde gelegt, das auf der Internet-Adresse `http://meine.org/ profil.dat` abgelegt ist. Es wird angenommen, dass in dem Profil eine Meta-Eigenschaft mit dem Namen `Kategorie` definiert wird. Diese Eigenschaft kann dann mit `<meta name= "Kategorie" ...` benutzt werden.

4.1.9   Schema zu einer Meta-Angabe

Dies ist, wenn Sie so wollen, eine Meta-Meta-Angabe. Für Wertzuweisungen, die Sie beim `content`-Attribut einer Meta-Angabe notieren, gibt es manchmal ein bekanntes Schema, nach dem der Wert interpretiert werden kann. Mit Hilfe eines zusätzlichen Attributs können Sie angeben, nach welchem Schema die Wertzuweisung zu interpretieren ist. Ein Beispiel:

```
<head profile="http://meine.org/profil.dat">
 <meta name="Typ" scheme="MimeType" content="image/svg+xml">
  <!-- ... andere Angaben im Dateikopf ... -->
</head>
```

In dem Beispiel wird ein Profil zugrunde gelegt, das auf der Internet-Adresse `http://meine. org/profil.dat` abgelegt ist. Es wird angenommen, dass in dem Profil eine Eigenschaft mit dem Namen `Typ` definiert wird. Diese Eigenschaft kann dann in einer Meta-Angabe mit `name="Typ"` bezeichnet werden. Die Angabe zu `scheme=` im gleichen Tag stellt den Versuch dar, der auslesenden Software einen Hinweis zu geben, wie die zugehörige Angabe bei `content=` zu verstehen ist. Im Beispiel wird mit `scheme="MimeType"` versucht, der Software mitzuteilen, dass die Angabe bei `content=` einen Mime-Type (Anhang A.2) meint.

4.1.10 Diverse Meta-Angaben

Die folgenden Meta-Angaben sind verstreute »Sammlerstücke«. Oft sind es Angaben, die mit bestimmten Web-Servern oder Browsern oder Suchmaschinen-Robots funktionieren, oder Angaben, die von Bearbeitungs-Software eingetragen wird. Manchmal sind es aber möglicherweise auch nur Erfindungen von Leuten, die an magische Kräfte in ihren HTML-Dateien glauben. Hier eine kleine Auswahl solcher Meta-Angaben:

- `<meta http-equiv="content-language" content="de">`: Sprache des Dateiinhalts (HTTP 1.0 und RFC1766)

- `<meta name="generator" content="MS Frontpage 2000">`, `<meta name="generator" content="Netscape Composer">`: Wird von HTML-Editoren, vor allem von Wysiwyg-Editoren ohne Wissen des Autors eingefügt. Softwarehersteller können so prima das Web durchsuchen und feststellen, wo und wie viel mit ihrer Software gearbeitet wird.

- `<meta http-equiv="ext-cache" content="name=/some/path/index.db; instructions= user instructions">`: Anweisung an den Netscape-Browser: nicht den normalen lokalen Browser-Cache benutzen, sondern den angegebenen externen Cache.

- `<meta http-equiv="cache-control" content="no-cache">`: Anweisung an den Browser: keinen Cache benutzen, sondern von Originalseite laden.

- `<meta http-equiv="set-cookie" content="cookievalue=xxx;expires=friday, 31-dec-99 23:59:59 gmt; path=/;">`: Cookie setzen (Netscape).

- `<meta http-equiv="pragma" content="no-cache">`: An Proxy-Agenten: Datei bitte nicht auf Proxy-Server speichern!

- `<meta name="revisit-after" content="20 days">`: An Such-Robot: bitte nach 20 Tagen erneut vorbeikommen und Datei neu auslesen!

4.1.11 Adressbasis und Zielfensterbasis

HTML 3.2 · X HTML 1.0 · 強 3.0 · N 3.0 *Adressbasis*

Sie können innerhalb einer HTML-Datei, die Sie auf einem WWW-Server ablegen, nochmals deren internetweit eindeutigen, genauen URI notieren. Ein Web-Browser, der diese Information ausliest, kann in Fehlersituationen besser auf verknüpfte oder referenzierte Dateien zugreifen. Bei Projektverweisen zu anderen HTML-Dateien und bei Referenzen von Grafiken oder Multimedia gilt die hier definierbare Basis als Bezug. Ein Beispiel:

```
<head>
<base href="http://selfaktuell.teamone.de">
  <!-- ... andere Angaben im Dateikopf ... -->
</head>
```

Die Angabe der Dateibasis erfolgt im Dateikopf mit `<base href= ... >` und dem genauen URI der Datei (*base = Basis, href = hyper reference = Hyper(text)-Referenz*). Wenn nun in der Datei beispielsweise die Grafikreferenz `<img src="/src/logo.gif">` steht, so ermittelt der WWW-

Browser diese Grafik mit dem absoluten URI `<img src="http://selfaktuell.teamone.`
`de/src/logo.gif">`.

Beachten Sie: Wenn es wichtig für Sie ist, dass Ihre Projekte leicht auf andere Server-Rechner, in andere Verzeichnisstrukturen usw. übertragbar bleiben, sollten Sie auf die Definition einer Adressbasis verzichten. Denn mit der Angabe einer absoluten Adressbasis wird der WWW-Browser stets versuchen, Verweisziele und referenzierte Dateien von der hier angegebenen Adresse zu laden. Dies macht das Austesten der Dateien auf einem lokalen PC unmöglich!

Die Angabe der Adressbasis ist dagegen ein gewisser Schutz vor HTML-unkundigen Anwendern, die sich eine HTML-Datei lokal abspeichern oder das Cache-Verzeichnis ihres WWW-Browsers durchsuchen. Beim lokalen Aufruf der HTML-Datei wird der WWW-Browser stets eine Online-Verbindung verlangen und die Datei von der angegebenen Adresse laden wollen.

Zielfensterbasis

Diese Angabe ist z.B. in Verbindung mit Frames sinnvoll. Sie können für eine HTML-Datei, die innerhalb eines Framesets in einem Frame-Fenster angezeigt wird, festlegen, dass alle Verweise dieser Datei in einem bestimmten anderen Frame-Fenster angezeigt werden, solange bei einem Verweis kein anderes Frame-Fenster angegeben wird. Da häufig alle Verweisziele einer Datei, die in einem Frame-Fenster angezeigt wird, in einem bestimmten anderen Frame-Fenster angezeigt werden sollen, spart diese einmalige Angabe im Dateikopf viel Tipparbeit und hilft, den Dateiumfang zu verkleinern. Siehe auch das Kapitel 9.3 *Verweise bei Frames*. Ein Beispiel:

```
<head>
<base target="RechtesFenster">
  <!-- ... andere Angaben im Dateikopf ... -->
</head>
```

Mit `<base target= ... >` legen Sie das Default-Fenster fest, in dem Verweisziele angezeigt werden sollen. Voraussetzung ist im obigen Beispiel, dass Sie ein Frameset mit Frame-Fenstern definiert haben. Bei dem gewünschten Frame-Fenster müssen Sie mit dem Attribut `name=` den Fensternamen vergeben haben, den Sie hier bei `<base target= ... >` angeben.

Anstelle eines selbst vergebenen Frame-Fensternamens können Sie aber auch eine der folgenden festen Angaben notieren, die auch für HTML-Dateien außerhalb von Framesets interessant sind:

- `<base target="_blank">` öffnet jeden Verweis der Datei in einem neuen Browser-Fenster.

- `<base target="_top">` öffnet jeden Verweis der Datei im gesamten Bowser-Fenster und befreit die Anzeige aus allen eventuell angezeigten Framesets (z.B. auch aus fremden, feindlichen Framesets – siehe Abschnitt 9.5.2 über Schaufenstereffekte).

- `<base target="_parent">` öffnet jeden Verweis der Datei im übergeordneten Frameset und befreit die Anzeige dem inneren Frameset. _parent und _top sind dann verschieden, wenn ein Frame-Fenster nochmals ein komplettes Frameset enthält, also eher etwas für Mikro-Freaks.

4.1.12 Logische Beziehungen

HTML 2.0 **X HTML 1.0** *Beziehungen zu anderen Quellen*

Hinweis für HTML-Einsteiger: Das hier beschriebene Element hat nichts mit normalen, anklickbaren Verweisen innerhalb einer HTML-Datei zu tun. Solche Verweise werden im Kapitel 6 über *Verweise* beschrieben.

Die auf den folgenden Seiten beschriebenen Möglichkeiten sind zwar seit Urzeiten Bestandteil von HTML, werden aber leider von keinem der populären heutigen Web-Browser unterstützt und sind von daher zunächst einmal wertlos. Sie stellen jedoch eine hervorragende Möglichkeit dar, um intern die hypertextuellen Abhängigkeiten einer HTML-Datei, etwa die vorherige und nächste Seite, die übergeordnete Seite usw. explizit anzugeben. Suchdienste oder Softwareprogramme können dann beispielsweise ganze »Site-Maps« Ihres Projekts erstellen, also grafische Darstellungen der Seitenstruktur. Noch machen zwar kaum Suchmaschinen davon Gebrauch, doch es ist zu hoffen, dass sich dies noch ändern wird.

Web-Browser sollten, wenn sie solche Tags in einer HTML-Datei vorfinden, eine entsprechende Button-Leiste oder vergleichbare Bedienelemente anzeigen. Mit dem Anklicken der Buttons sollte der Anwender dann Sprungverweise zu den verknüpften Verweiszielen ausführen. Weder Netscape noch der MS Internet Explorer sind bis heute auf diese sinnvollen Vorschläge eingegangen – wenn also einer dieser Hersteller behauptet, sein Browser interpretiere HTML 4.0 vollständig, dann dürfen Sie schmunzelnd darauf hinweisen, dass der Browser nicht mal HTML 2.0 vollständig interpretiert – eben wegen dieser Tags. Sie können pro HTML-Datei ein Set solcher Tags notieren. Sie können alle, aber auch nur einzelne, gerade benötigte Tags verwenden. Ein Beispiel:

```
<head>
<link rel="contents" href="inhalt.htm" title="Inhaltsverzeichnis">
<link rel="index" href="stichwrt.htm" title="Stichwortverzeichnis">
<link rel="glossary" href="glossar.htm"
  title="Begriffs-Glossar">
<link rel="next" href="augsburg.htm"
  title="nächste Seite">
<link rel="previous" href="aachen.htm" title="vorherige Seite">
  <!-- ... andere Angaben im Dateikopf ... -->
</head>
```

Mit `<link rel=` leiten Sie eine logische Dateibeziehung ein. Dahinter folgt der Typ der Dateibeziehung (*link = Verweis, rel = relationship = Verwandtschaft*). Erlaubte Typen sind:

- `rel="contents"` steht für: Bezug zum Inhaltsverzeichnis (*contents = Inhaltsverzeichnis*)
- `rel="chapter"` steht für: Bezug zum Kapitel (*chapter = Kapitel*)
- `rel="section"` steht für: Bezug zum Abschnitt (*section = Abschnitt*)
- `rel="subsection"` steht für: Bezug zum Unterabschnitt (*subsection = Unterabschnitt*)
- `rel="index"` steht für: Bezug zum Stichwortverzeichnis
- `rel="glossary"` steht für: Bezug zum Glossar
- `rel="appendix"` steht für: Bezug zum Anhang (*appendix = Anhang*)

- `rel="copyright"` steht für: Bezug zur Copyright-Angabe

- `rel="next"` steht für: Bezug zur nächsten Datei in der »Guided tour« (*next = nächste Seite*)

- `rel="prev"` steht für: Bezug zur vorherigen Datei in der »Guided tour« (*prev = previous = vorherige Seite*)

- `rel="start"` steht für: Bezug zur ersten Datei in der »Guided tour« (*start = erste Seite*)

- `rel="help"` steht für: Bezug zum Hilfekontext (*help = Hilfe*)

- `rel="bookmark"` steht für: Bezug zu einem allgemeinen Orientierungspunkt (*bookmark = Lesezeichen*)

- `rel="stylesheet"` steht für: Bezug zu einer Datei mit Style-Definitionen. Diese eine Angabe wird von Netscape und dem MS Internet Explorer tatsächlich interpretiert, und zwar, um Stylesheets in HTML einzubinden.

- `rel="alternate"` steht für: Bezug zu einer Datei mit dem gleichen Inhalt wie der aktuellen, jedoch in einer anderen Dokumentversion (*alternate = alternierend*). Von diesem Typ können Sie bei Bedarf auch mehrere Befehle notieren.

Das Attribut `href=` dient zur Bestimmung, wohin ein Verweis zum Verknüpfungsziel führen soll. Bei der Wertzuweisung gelten die gleichen Regeln wie bei normalen Verweisen. Mit dem Attribut `title=` können Sie die Beschriftung definieren, die verwendet wird, wenn der Browser Verweis-Buttons anzeigt. Die Angabe sollte das Verknüpfungsziel bezeichnen. Weitere mögliche Attribute im `<link>`-Tag sind:

- `media=` zur Bestimmung des Ausgabemediums (mehr dazu im Abschnitt 15.2.4 *Verschiedene separate Stylesheets für unterschiedliche Ausgabemedien*).

- `target=` zur Angabe des Zielfensters, in dem das Verknüpfungsziel ausgegeben werden soll. Bei Frames kann das eines der definierten Frame-Fenster sein. Es kann aber auch einer der reservierten Fensternamen angegeben werden: `target="_blank"` öffnet den Verweis in einem neuen Browser-Fenster, `target="_top"` im gesamten Bowser-Fenster und befreit die Anzeige aus allen eventuell angezeigten Framesets, `target="_parent"` im übergeordneten Frameset und befreit die Anzeige aus dem inneren Frameset.

- `hreflang=` erlaubt die Angabe der Landessprache des Verknüpfungsziels mit Hilfe eines Sprachenkürzels.

- `charset=` ermöglicht die Angabe des Zeichensatzes, den das Verknüpfungsziel verwendet, z.B. `ISO-8859-1` – erlaubt sind dabei Zeichensatzangaben, wie sie auf der Web-Adresse *http://www.iana.org/assignments/character-sets* angegeben sind.

Ferner kann das `link`-Element Universalattribute haben.

Beachten Sie: Neben diesen im HTML-Standard verankerten Ausprägungen des `link`-Elements gibt es noch einen weitere, die zum Einbinden downloadbarer Schriftarten in HTML dient. Ein Beispiel:

```
<link rel="fontdef"
 src="http://www.meine.com/fonts/chianti.pfr">
```

Damit binden Sie eine Schriftart namens `chianti.pfr` ein. Näheres zu diesem Thema erfahren Sie im Abschnitt 23.4 *Downloadbare Schriftarten*.

HTML 2.0 | X HTML 1.0 *Rückbeziehungen*

Rückbeziehungen sind für »bidirektionale« Beziehungen zweier HTML-Dateien gedacht. Das ist der Fall, wenn sowohl Datei A auf Datei B verweist als auch Datei B auf Datei A, wenn also beide logisch gesehen ein sinnvolles Verweisziel von der jeweils anderen sind.

Ebenso wie logische Beziehungen zu anderen Dateien sollten Rückbeziehungen als Buttons oder in vergleichbarer Form dargestellt werden (Netscape und der MS Internet Explorer bleiben auch hierbei stumm). Suchmaschinen können aus Rückbeziehungsangaben interessante Schlüsse über die Hypertextstruktur eines Projekts ziehen.

Beispiel aus *datei_1.htm*:

```
<head>
<link rel="alternate" href="datei_2.htm"
  title="zweite Lesart">
</head>
```

Beispiel aus *datei_2.htm*:

```
<head>
<link rev="alternate" href="datei_1.htm"
  title="erste Lesart">
</head>
```

Mit `<link rev=` leiten Sie eine Rückbeziehung ein. Ansonsten ist die Funktionalität identisch mit `<link rel=` für logische Beziehungen zu anderen Quellen. Es sind auch die gleichen anderen Attribute möglich. Im obigen Beispiel sehen Sie, wie zwei HTML-Dateien, deren angenommener Inhalt zwei verschiedene Betrachtungsweisen ein und derselben Sache behandelt, durch Rückbeziehungen logisch miteinander verknüpft werden.

4.1.13 **HTML 2.0 | X HTML 1.0 | ⚠** Durchsuchbarkeit mit Server-Kommunikation

Heute spielt dieses Element in der Praxis keine Rolle mehr, da moderne WWW-Browser bequemes und schnelles Suchen nach Text in einer angezeigten HTML-Datei erlauben. Das Element ist mittlerweile auch als *deprecated* eingestuft und soll künftig aus dem HTML-Standard entfallen. Die folgenden Informationen haben daher eher »historischen« Charakter.

Eine HTML-Datei kann eine durchsuchbare Datei sein. Das bedeutet, dass ihr Inhalt auf dem Server-Rechner nach allen vorkommenden Wörtern indexiert wurde. Es hat jedoch nur einen Sinn, eine HTML-Datei als durchsuchbar zu definieren, wenn ihr Inhalt tatsächlich in indexierter Form, also in einer Suchindexdatei auf dem Server-Rechner vorliegt.

Bei einer als durchsuchbar definierten HTML-Datei erscheint bei der Anzeige im Web-Browser am Anfang der Datei ein Eingabefeld, das dem Anwender die Eingabe eines Suchbegriffs erlaubt.

Ein Beispiel:

```
<head>
<isindex prompt="Geben Sie einen Suchbegriff ein: ">
  <!-- ... andere Angaben im Dateikopf ... -->
</head>
```

Mit isindex deklarieren Sie eine HTML-Datei als durchsuchbar. Mit dem Attribut prompt= bestimmen Sie einen Eingabeaufforderungstext. Der Text muss in Anführungszeichen stehen (*prompt = Aufforderung*).

4.2 Dateiweite Einstellungen

4.2.1 Farben für Hintergrund, Text und Verweise

HTML 3.2 **X HTML 1.0** ⚠ **🏯 2.0** **N 1.1** *Farbe für den Hintergrund*

Sie können eine Farbe für den Hintergrund des Anzeigefensters bestimmen. Die gesamte HTML-Datei wird auf dieser Hintergrundfarbe angezeigt.

Ein Beispiel:

```
<!DOCTYPE HTML PUBLIC
  "-//W3C//DTD HTML 4.01 Transitional//EN"
  "http://www.w3.org/TR/html4/loose.dtd">
<html>
<head>
<title>Text des Titels</title>
</head>
<body bgcolor="#CCFFFF">
<h1>Text, Verweise, Grafikreferenzen usw.</h1>
</body>
</html>
```

Die Angabe zur Hintergrundfarbe erfolgt im einleitenden <body>-Tag der HTML-Datei. Mit dem Attribut bgcolor= bestimmen Sie die Farbe für den Bildschirmhintergrund (*bgcolor = background color = Hintergrundfarbe*). Die gesamte HTML-Datei wird auf der hier definierten Hintergrundfabe angezeigt. Für die Farbauswahl gelten die Regeln zum Definieren von Farben in HTML.

Beachten Sie: Das Attribut bgcolor= ist als *deprecated* eingestuft und soll künftig vermieden werden. Den gleichen Effekt erreichen Sie nämlich auch mit Hilfe von CSS Stylesheets, z.B. so:

```
<body style="background-color:#CCFFFF">
```

Wenn Sie ein Dokument aus mehreren HTML-Dateien erstellen, das einen einheitlichen Hintergrund und Textvordergrund haben soll, müssen Sie die Hintergrundfarbe in jeder HTML-Datei neu definieren. Natürlich können Sie auch für jede HTML-Datei andere Farben definieren. Wenn Sie eine Hintergrundfarbe definieren, sollten Sie auch passende (kontrastierende) Textvordergrundfarben definieren (siehe hierzu folgender Abschnitt).

HTML 3.2 **X HTML 1.0** ⚠ **🏯 2.0** **N 1.1** *Farben für Text und Verweise*

Sie können dateiweite Farben definieren:

• für Text (gültig für alle Elemente wie Überschriften, normalen Fließtext, Listen usw.),

- für Verweise zu noch nicht besuchten Stellen,

- für Verweise zu bereits besuchten Stellen,

- für Verweise, während sie angeklickt werden.

Ein Beispiel:

```
<!DOCTYPE HTML PUBLIC
  "-//W3C//DTD HTML 4.01 Transitional//EN"
  "http://www.w3.org/TR/html4/loose.dtd">
<html>
<head>
<title>Text des Titels</title>
</head>
<body bgcolor="#663333" text="#FFCC99"
  link="#FF9966" vlink="#FF9900" alink="#FFFFFF">
<h1>Text</h1>
<a href="http://www.yahoo.de/">Verweis zu Yahoo</a>
</body>
</html>
```

Die Angaben erfolgen im einleitenden `<body>`-Tag der HTML-Datei. Für die Farbauswahl gelten die Regeln zum Definieren von Farben in HTML.

- Mit `text=` definieren Sie eine Farbe für den Text.

- Mit `link=` definieren Sie eine Farbe für Verweise zu noch nicht besuchten Dateien (*link = Verweis*).

- Mit `vlink=` definieren Sie eine Farbe für Verweise zu bereits besuchten Dateien (*vlink = visited link = besuchter Verweis*).

- Mit `alink=` definieren Sie eine Farbe für Verweise, die der Anwender gerade anklickt (*alink = activated link = aktivierter Verweis*).

Beachten Sie: Alle diese Attribute sind als *deprecated* eingestuft und sollen künftig vermieden werden. Den gleichen Effekt erreichen Sie nämlich auch mit Hilfe von CSS Stylesheets, z.B. im Dateikopf zwischen `<head>` und `</head>` mit dem folgenden Quelltext:

```
<style type="text/css">
body { background-color:#663333; color:#FFCC99; }
a:link { color:#FF9966; }
a:visited { color:#FF9900; }
a:active { color:#FFFFFF; }
</style>
```

Die definierten Textvordergrundfarben sollten mit der definierten Hintergrundfarbe kontrastieren. Wenn Sie z.B. eine dunkle Hintergrundfarbe definieren, sollten Sie helle Textvordergrundfarben wählen (z.B. Weiß, Gelb, Hellgrün und Hellblau).

Weitere Möglichkeiten

Bei Verwendung von CSS Stylesheets lesen Sie zunächst in Kapitel 15 nach, wie man CSS-Formate definieren kann. Anschließend sind Sie in der Lage, CSS-Eigenschaften anzuwenden.

Maßgeblich sind im hier beschriebenen Zusammenhang folgende CSS-Eigenschaften: background-color, color, Pseudoformate für Verweise. Das <body>-Tag kann auch Universalattribute enthalten.

4.2.2 `HTML 3.2` `X HTML 1.0` ⚠ `翻 2.0` `N 1.1` Hintergrundbild (Wallpaper)

Sie können für die Anzeige einer HTML-Datei ein Hintergrundbild bestimmen. Dabei wird das Bild über das ganze Anzeigefenster hinweg immer wiederholt, sodass ein Tapeteneffekt (Wallpaper) entsteht. Besonders geeignet für Wallpaper-Effekte sind relativ kleine Grafiken, die irgendein abstraktes Muster darstellen. Typische Beispiele finden Sie im Kapitel über Grafiken im Abschnitt 24.2.4 *Wallpapers (Hintergrundbilder)*. Die Hintergrundgrafik sollte als Grafikdatei im GIF-Format oder JPEG-Format vorliegen. Ein Beispiel:

```
<!DOCTYPE HTML PUBLIC
  "-//W3C//DTD HTML 4.01 Transitional//EN"
  "http://www.w3.org/TR/html4/loose.dtd">
<html>
<head>
<title>Text des Titels</title>
</head>
<body background="background.jpg" text="#990000"
  link="#0000CC" vlink="#000066" alink="#000000">
<h1>Text</h1>
<a href="http://www.yahoo.de/"><b>Verweis zu Yahoo</b></a>
</body>
</html>
```

Die Angabe zum Einbinden eines Hintergrundbildes erfolgt im einleitenden <body>-Tag der HTML-Datei. Mit dem Attribut background= bestimmen Sie eine Grafikdatei als Hintergrundbild (*background = Hintergrund*). Die gesamte HTML-Datei wird auf dem hier definierten Hintergrundbild angezeigt.

Beachten Sie: Das Attribut background= ist als *deprecated* eingestuft und soll künftig vermieden werden. Den gleichen Effekt erreichen Sie nämlich auch mit Hilfe von CSS Stylesheets, z.B. so:

```
<body style="background-image:url(background.jpg)">
```

4.1: Ein Hintergrundbild sollte so beschaffen sein, dass Text trotzdem gut lesbar bleibt.

Bei der Adressierung des Hintergrundbildes gelten die Regeln zum Referenzieren in HTML. Das Hintergrundbild gilt jeweils für die HTML-Datei, in der es definiert wird. Wenn Sie ein Dokument aus mehreren HTML-Dateien erstellen, das einen einheitlichen Hintergrund haben soll, müssen Sie die Angabe in jeder HTML-Datei wiederholen. Wenn Sie ein Hintergrundbild definieren, sollten Sie auch passende Farben für Text und Verweise definieren.

Verwenden Sie bei textorientierten WWW-Seiten unauffällige Hintergrundbilder, bei denen die Lesbarkeit des Textes nicht leidet. Auffällige Hintergrundfarben sollten Sie nur verwenden, wenn die gesamte WWW-Seite grafisch aufgebaut ist und wenn die Grafiken im Vordergrund zu dem auffälligen Hintergrund passen. Netscape ab Version 4.x und MS Internet Explorer ab Version 4.x interpretieren auch animierte GIF-Grafiken als Hintergrundbilder.

Der MS Internet Explorer kennt ein zusätzliches Attribut bgproperties="fixed" im einleitenden <body>-Tag, mit dem Sie ein unbewegliches Hintergrundbild erzeugen können. Dieses Attribut gehörte jedoch nie zum HTML-Standard und lässt sich auch durch eine CSS-Angabe ersetzen, z.B. so:

```
<body style="background-image:url(background.jpg); background-attachment:fixed;">
```

Weitere Möglichkeiten

Bei Verwendung von CSS Stylesheets lesen Sie zunächst in Kapitel 15 nach, wie man CSS-Formate definieren kann. Anschließend sind Sie in der Lage, CSS-Eigenschaften anzuwenden. Maßgeblich sind im hier beschriebenen Zusammenhang folgende CSS-Eigenschaften: background-image, background-repeat, background-attachment, background-position, background, color, Pseudoformate für Verweise.

4.2.3　Seitenränder definieren

Bitte benutzen Sie die hier beschriebenen HTML-Attribute nur in begründeten Ausnahmefällen – sie werden hier nur der Vollständigkeit halber erwähnt. Diese Attribute gehörten nie zum HTML-Standard und sind ein typisches Beispiel dafür, welcher Wirrwarr entsteht, wenn Browser ihr eigenes Süppchen kochen. Benutzen Sie auf jeden Fall CSS Stylesheets zum Definieren von Seitenrändern. Ein Beispiel:

```
<html>
<head>
<title>Text des Titels</title>
</head>
<body marginwidth="50" marginheight="100"
  topmargin="100" leftmargin="50">
<h1>Text</h1>
viel Text usw.
</body>
</html>
```

Die Angabe für Seitenränder erfolgt im einleitenden <body>-Tag der HTML-Datei. Mit leftmargin= bestimmen Sie den Abstand zwischen linkem bzw. rechtem Fensterrand und Inhalt der Datei (*leftmargin = linker Rand*) für den Internet Explorer. Mit topmargin= bestimmen Sie den Abstand zwischen oberem bzw. unterem Fensterrand und dem Inhalt der Datei (*topmargin =*

oberer Rand) für den Internet Explorer. Mit `marginwidth=` und `marginheight=` bestimmen Sie die entsprechenden Abstände für Netscape. Alle Angaben erfolgen in Pixeln. Linke und rechte Ränder sind immer gleich groß, ebenso obere und untere.

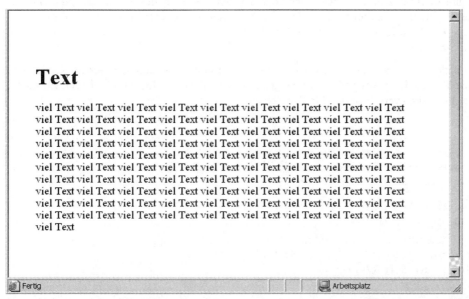

4.2: Die Seitenränder lassen sich bei Netscape und Internet Explorer einstellen – die Attribute sind aber nicht HTML-konform.

Beachten Sie: Die definierten Seitenränder gelten jeweils für die HTML-Datei, in der sie definiert werden. Wenn Sie ein Projekt aus mehreren HTML-Dateien erstellen, das einheitliche Seitenränder haben soll, müssen Sie die Seitenränder in jeder HTML-Datei neu definieren. Natürlich können Sie auch für alle Dateien unterschiedliche Seitenränder definieren.

Seitenränder mit CSS Stylesheets

Hier noch ein Beispiel, wie Sie die gleichen Seitenränder wie im obigen Beispiel auch mit Hilfe von CSS Stylesheets erreichen können:

```
<head>
<style type="text/css">
body { margin-left:50px; margin-right:50px;
  margin-top:100px; margin-bottom:100px }
</style>
</head>
```

Mit den obigen Angaben im HTML-Dateikopf erreichen Sie die gleiche Wirkung. Diese Angaben werden von Netscape seit Version 4.0 und vom MS Internet Explorer seit Version 3.0 interpretiert. Außerdem sind diese Angaben vom W3-Konsortium standardisiert.

4.2.4 ⏹ Ⓝ Hintergrundmusik

Sie können bestimmen, dass beim Aufruf einer HTML-Datei eine Hintergrundmusik ertönt. Dazu gibt es zwei Lösungen. Beide der im folgenden beschriebenen Lösungen – die eine für Microsofts Internet Explorer, die andere für Netscape – sind proprietär. Dazu kommt, dass Netscape 4.x in einigen Zwischenversionen dabei versagt. Beide Lösungen gehören nicht zum HTML-Standard.

Ferner sollten Sie sich beim Wunsch, Hintergrundmusik einzubinden, darüber im Klaren sein, dass die Mehrzahl der Anwender im Web genervt ist von dem Gedudel und sehr schnell wieder von solchen Seiten verschwindet. Ein Beispiel:

```
<html>
<head>
<title>Text des Titels</title>
<!-- Microsoft: -->
<bgsound src="background.mid" loop="infinite">
</head>
<body>
<!-- Netscape: -->
<embed src="background.mid" autostart="true"
  loop="true" hidden="true" height="0" width="0">
<h1>Inhalt der Seite</h1>
</body>
</html>
```

Mit `<bgsound ...>` definieren Sie im Kopf einer HTML-Datei eine Hintergrundmusik nach Microsoft-Syntax für die Anzeige der Datei (*bgsound = background sound = Hintergrundmusik*). Mit `<embed ...>` erreichen Sie das Gleiche für Netscape (*embed = einbetten*). Hinter der Angabe `src=` folgt in beiden Fällen die Angabe der gewünschten Musikdatei (*src = source = Quelle*). Es sollte sich möglichst um Dateien der Typen MID, AU oder WAV handeln.

Um eine sichtbare Anzeige des Abspiel-Players zu unterdrücken, sind bei der Netscape-Syntax die Angaben `hidden="true" height="0" width="0"` erforderlich (*width = Breite, height = Höhe, hidden = versteckt*). Auch den automatischen Start des Abspielvorgangs müssen Sie in der Netscape-Syntax explizit angeben – durch `autostart="true"`. Schließlich können Sie noch bestimmen, ob die Musikdatei nur einmal, mehrmals oder endlos oft (bis zum Aufrufen einer anderen HTML-Datei) abgespielt wird. Nach der Microsoft-Syntax können Sie mit `loop="infinite"` eine Endloswiederholung erzwingen. Wenn Sie die Wiederholungszahl begrenzen wollen, geben Sie anstelle von `infinite` einfach die gewünschte Anzahl der Wiederholungen an. Bei der Netscape-Syntax haben Sie nur die Wahl zwischen Endloswiederholung und keiner Wiederholung. Um eine Endloswiederholung zu erzwingen, notieren Sie die Angabe `loop="true"`. Ansonsten lassen Sie die Angabe einfach weg.

Beachten Sie: Im obigen Beispiel wird vorausgesetzt, dass sich die Musikdatei im gleichen Verzeichnis befindet wie die HTML-Datei. Wenn die Datei in einem anderen Verzeichnis steht, müssen Sie den relativen oder absoluten Pfadnamen angeben. Das funktioniert genauso wie beim Einbinden von Grafiken. Die Ausgabe einer Hintergrundmusik setzt beim Anwender natürlich entsprechende Hardware (Soundkarte, Lautsprecher) voraus. Ferner muss der Web-Browser die Möglichkeit haben, die Ausgabe der Musikdatei zu steuern.

5 Text strukturieren

5.1 Überschriften

5.1.1 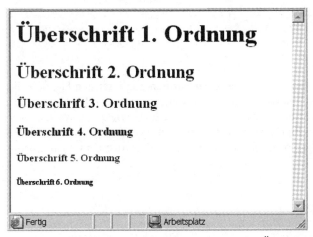 Überschriften definieren

HTML unterscheidet sechs Überschriftenebenen, um Hierarchieverhältnisse in Dokumenten abzubilden. Ein Beispiel:

```
<!DOCTYPE HTML PUBLIC "-//W3C//DTD HTML 4.01 Strict//EN"
      "http://www.w3.org/TR/html4/strict.dtd">
<html>
<head>
<title>Text des Titels</title>
</head>
<body>
<h1>&Uuml;berschrift 1. Ordnung</h1>
<h2>&Uuml;berschrift 2. Ordnung</h2>
<h3>&Uuml;berschrift 3. Ordnung</h3>
<h4>&Uuml;berschrift 4. Ordnung</h4>
<h5>&Uuml;berschrift 5. Ordnung</h5>
<h6>&Uuml;berschrift 6. Ordnung</h6>
</body>
</html>
```

5.1: HTML unterstützt sechs Hierarchieebenen bei Überschriften.

`<h[1-6]>` (*h = heading = Überschrift*) leitet eine Überschrift ein. Die Nummer steht für die Überschriftenebene. 1 ist die höchste Ebene, 6 die niedrigste. Dahinter folgt der Text der Überschrift. `</h[1-6]>` beendet die Überschrift und steht am Ende des Überschriftentextes.

Beachten Sie: Die Nummern bei einleitendem und abschließendem Tag müssen gleich sein. Jede Überschrift ist ein eigener Absatz, d.h. vor und nach Überschriften sind keine Absatzschaltungen nötig. Beim Überschriftentext gelten die Aussagen zu Zeichenvorrat, Sonderzeichen und HTML-eigene Zeichen.

5.1.2 Überschriften ausrichten

Überschriften werden linksbündig ausgerichtet, wenn Sie nichts anderes angeben. Sie können eine Überschrift zentriert oder rechtsbündig ausrichten. Auch Blocksatz ist möglich. Ein Beispiel:

```
<!DOCTYPE HTML PUBLIC "-//W3C//DTD HTML 4.01 Transitional//EN"
     "http://www.w3.org/TR/html4/loose.dtd">
<html>
<head>
<title>Text des Titels</title>
</head>
<body>
<h1 align="center">&Uuml;berschrift 1. Ordnung zentriert</h1>
<h2 align="center">&Uuml;berschrift 2. Ordnung zentriert</h2>
<h3 align="center">&Uuml;berschrift 3. Ordnung zentriert</h3>
<h1 align="right">
  &Uuml;berschrift 1. Ordnung rechtsb&uuml;ndig
</h1>
<h2 align="right">
  &Uuml;berschrift 2. Ordnung rechtsb&uuml;ndig
</h2>
<h3 align="right">
  &Uuml;berschrift 3. Ordnung rechtsb&uuml;ndig
</h3>
</body>
</html>
```

Durch die Angabe `align="center"` im einleitenden Überschriften-Tag erreichen Sie, dass die Überschrift zentriert ausgerichtet wird (*align = Ausrichtung, center = zentriert*). Mit der Angabe `align="right"` wird die Überschrift rechtsbündig ausgerichtet (*right = rechts*). Mit `align="justify"` erzwingen Sie den Blocksatz für die Überschrift (*justify = justieren*). Mit der Angabe `align="left"` können Sie die Normaleinstellung (linksbündige Ausrichtung) angeben.

Überschrift 1. Ordnung zentriert

Überschrift 2. Ordnung zentriert

Überschrift 3. Ordnung zentriert

Überschrift 1. Ordnung rechtsbündig

Überschrift 2. Ordnung rechtsbündig

Überschrift 3. Ordnung rechtsbündig

Fertig   Arbeitsplatz

5.2: Überschriften dürfen Sie auch zentriert oder rechtsbündig ausrichten.

Beachten Sie: Nicht alle Browser beherrschen den Blocksatz. Blocksatz ist im Zusammenhang mit Überschriften auch nur bedingt praxistauglich, da Blocksatz erst bei mehrzeiligen Texten zum Tragen kommt. align ist im HTML-4-Standard als *deprecated* (missbilligt) eingestuft. Stattdessen wird empfohlen, CSS Stylesheets zu benutzen, z.B.:

```
<h1 style="text-align:center">...</h1>
```

Weitere Hinweise siehe folgender Abschnitt.

5.1.3 HTML 4.0 / X HTML 1.0 / 3.0 / N 4.0 Überschriften formatieren mit CSS

Wie eine Überschrift vom Browser genau dargestellt wird, darauf haben Sie mit HTML keinen Einfluss. Die Browser benutzen Default-Formatierungen, um Überschriften darzustellen. Mit CSS Stylesheets können Sie Überschriften jedoch nach Wunsch formatieren. Bei Verwendung von CSS Stylesheets lesen Sie zunächst in Kapitel 15, wie man CSS-Formate definieren kann. Anschließend sind Sie in der Lage, CSS-Eigenschaften anzuwenden. Maßgeblich sind im hier beschriebenen Zusammenhang folgende CSS-Eigenschaften: Schriftformatierung, Ausrichtung und Absatzkontrolle, Außenrand und Abstand, Innenabstand, Rahmen, Hintergrundfarben und -bilder.

Im nachfolgenden Beispiel wird eine Überschrift 1. Ordnung definiert, die 36 Punkt Schriftgröße hat und in roter Farbe dargestellt wird:

```
<!DOCTYPE HTML PUBLIC "-//W3C//DTD HTML 4.01 Strict//EN"
        "http://www.w3.org/TR/html4/strict.dtd">
<html>
<head>
<title>Text des Titels</title>
</head>
<body>
<h1 style="font-size:36pt; color:red">
```

```
 &Uuml;berschrift 1. Ordnung
</h1>
</body>
</html>
```

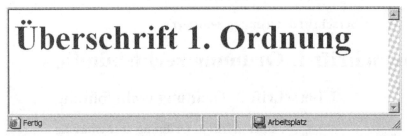

5.3:   Mit Style Sheets formatieren Sie Überschriften nach Belieben, etwa größer und mit roter
       Schrift.

Weitere Informationen

In der HTML-Referenz im Anhang finden Sie Angaben darüber, wo Überschriften vorkommen
dürfen, welche anderen Elemente sie enthalten dürfen, welche Attribute sie haben können und
was bei den einzelnen Attributen zu beachten ist.

5.2   Textabsätze

5.2.1   HTML 2.0 X HTML 1.0 HTML 1.0 N 1.0 Textabsätze definieren

Absätze dienen der optischen Gliederung eines Textes. Beim Erstellen von HTML-Dateien genügt es nicht, im Editor einen harten Umbruch einzufügen. WWW-Browser ignorieren solche
Umbrüche (siehe auch Kapitel 3.3, *Regeln beim Editieren von HTML*). Ein Beispiel:

```
<!DOCTYPE HTML PUBLIC "-//W3C//DTD HTML 4.01 Strict//EN"
        "http://www.w3.org/TR/html4/strict.dtd">
<html>
<head>
<title>Text des Titels</title>
</head>
<body>
<h1>Textabs&auml;tze definieren</h1>
<p>Hier beginnt ein Absatz, und hier ist er zu Ende.</p>
<p>Hier beginnt ein neuer Absatz, und hier ist er zu Ende.</p>
</body>
</html>
```

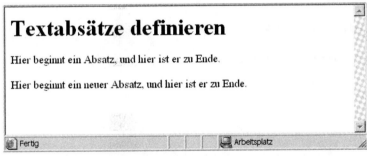

5.4: Ohne explizite Absätze zeigt HTML im Browser nur Fließtext an.

⟨p⟩ (*p = paragraph = Absatz*) leitet einen Textabsatz ein. ⟨/p⟩ beendet den Textabsatz und steht am Ende des Absatztextes.

Beachten Sie: Allein stehende ⟨p⟩-Tags, wie sie früher mal zulässig waren, sind mittlerweile nicht mehr HTML-gerecht. Notieren Sie Textabsätze immer mit einleitendem und abschließendem Tag. Das ⟨p⟩-Element darf keine anderen blockerzeugenden Elemente wie z.B. Überschriften, Textabsätze, Listen, Zitate oder Adressen enthalten. Beim Absatztext gelten die Aussagen zu Zeichenvorrat, Sonderzeichen und HTML-eigene Zeichen.

5.2.2 Textabsätze ausrichten

Textabsätze werden linksbündig ausgerichtet, wenn Sie nichts anderes angeben. Sie können einen Textabsatz auch zentriert oder rechtsbündig ausrichten. Auch Blocksatz ist möglich. Ein Beispiel:

```
<!DOCTYPE HTML PUBLIC
  "-//W3C//DTD HTML 4.01 Transitional//EN"
  "http://www.w3.org/TR/html4/loose.dtd">
<html>
<head>
<title>Text des Titels</title>
</head>
<body>
<h1>Textabs&auml;tze ausrichten</h1>
<p align="center">Dies ist ein zentrierter Absatz.</p>
<p align="right">
  Dies ist ein Absatz, der rechts ausgerichtet ist.
</p>
</body>
</html>
```

Durch die Angabe align="center" im einleitenden ⟨p⟩-Tag erreichen Sie, dass der Textabsatz zentriert ausgerichtet wird (*align = Ausrichtung, center = zentriert*). Mit align="right" wird der Absatz rechtsbündig ausgerichtet (*right= rechts*). Mit align="justify" erzwingen Sie den Blocksatz für den Absatz (*justify = justieren*). Mit align="left" können Sie die Normaleinstellung (linksbündige Ausrichtung) angeben.

```
Textabsätze ausrichten

                    Dies ist ein zentrierter Absatz.

                Dies ist ein Absatz, der rechts ausgerichtet ist.
```

Fertig   Arbeitsplatz

5.5: Textabsätze richten Sie mit Attributen zentriert oder rechtsbündig aus.

Beachten Sie: Nicht alle Browser beherrschen den Blocksatz. `align` ist im HTML-4-Standard als *deprecated* (missbilligt) eingestuft. Stattdessen wird empfohlen, CSS Stylesheets zu benutzen, z.B.:

```
<p style="text-align:center">...</p>
```

Weitere Hinweise siehe folgender Abschnitt.

5.2.3   `HTML 4.0` `XHTML 1.0` `3.0` `N 4.0` Textabsätze formatieren mit CSS

Wie der Text eines Absatzes genau dargestellt wird, darauf haben Sie mit HTML keinen Einfluss. Die Browser benutzen Default-Formatierungen, um den Text darzustellen. Mit CSS Stylesheets können Sie Ihre Textabsätze jedoch nach Wunsch formatieren. Bei Verwendung von CSS Stylesheets müssen Sie zunächst wissen, wie man CSS-Formate definieren kann. Anschließend sind Sie in der Lage, CSS-Eigenschaften anzuwenden. Maßgeblich sind im hier beschriebenen Zusammenhang folgende CSS-Eigenschaften: Schriftformatierung, Ausrichtung und Absatzkontrolle, Außenrand und Abstand, Innenabstand, Rahmen, Hintergrundfarben und -bilder. Ein Beispiel:

```
<!DOCTYPE HTML PUBLIC "-//W3C//DTD HTML 4.01 Strict//EN"
        "http://www.w3.org/TR/html4/strict.dtd">
<html>
<head>
<title>Text des Titels</title>
</head>
<body>
<h1>Textabs&auml;tze formatieren</h1>
<p style="font-family:Arial,sans-serif; font-size:18px; color:blue">
Ein formatierter Absatz.
</p>
<p style="background-color:yellow">
Ein anderer formatierter Absatz.
</p>
</body>
</html>
```

> # Textabsätze formatieren
>
> Ein formatierter Absatz.
>
> Ein anderer formatierter Absatz.
>
> 🖉 Fertig   🖳 Arbeitsplatz

5.6: Mit CSS lassen sich Textabsätze auf vielfältige Weise formatieren.

Im Beispiel sind zwei Absätze definiert. Für den ersten wird bestimmt, dass er in Schriftart Arial oder einer anderen serifenlosen Schrift dargestellt wird, 18 Pixel Schriftgröße hat und in blauer Farbe erscheint. Der zweite Absatz erhält eine gelbe Hintergrundfarbe.

Weitere Informationen

In der HTML-Referenz im Anhang finden Sie Angaben darüber, wo Textabsätze vorkommen dürfen, welche anderen Elemente sie enthalten dürfen, welche Attribute sie haben können und was bei den einzelnen Attributen zu beachten ist.

5.3   Zeilenumbruch

5.3.1   HTML 2.0 X HTML 1.0 1.0 N 1.0 Zeilenumbruch erzwingen

Text innerhalb von normalen Absätzen, Listen sowie in Überschriften oder Tabellenzellen wird vom Web-Browser bei der Anzeige automatisch umbrochen. Sie können jedoch an einer gewünschten Stelle einen Zeilenumbruch erzwingen. Ein Beispiel:

```
<!DOCTYPE HTML PUBLIC "-//W3C//DTD HTML 4.01 Strict//EN"
  "http://www.w3.org/TR/html4/strict.dtd">
<html>
<head>
<title>Text des Titels</title>
</head>
<body>
<h1>Otto's Brief an die Mutter</h1>
<p>Liebe Mama!</p>
<p>Vor drei Wochen habe ich erfahren<br>
dass Du krank bist<br>
Mach Dir keine Sorgen<br>
Mir geht es gut.</p>
</body>
</html>
```

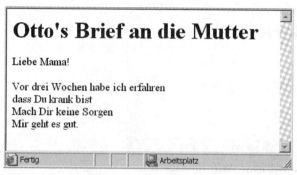

5.7: Zeilenumbrüche setzen Sie explizit mit dem Tag <br>.

`<br>` (*br = break = Umbruch*) fügt an der gewünschten Stelle einen Zeilenumbruch ein. Dabei ist es egal, ob das allein stehende Tag am Ende der vorherigen Zeile steht (wie im Beispiel) oder in einer eigenen Zeile, oder am Anfang der folgenden Zeile.

Beachten Sie: Wenn Sie **XHTML-konform** arbeiten, müssen Sie das `br`-Element als inhaltsleer kennzeichnen. Dazu notieren Sie das allein stehende Tag in der Form `<br />`. Weitere Informationen dazu im Kapitel 14.1.11 zu XHTML und HTML.

5.3.2 ⃞ ⃞ Automatischen Zeilenumbruch verhindern

Sie können einen Textbereich bestimmen, in dem kein automatischer Zeilenumbruch erfolgt. Alles, was innerhalb dieses Bereichs steht, wird in einer langen Zeile angezeigt. Der Anwender kann dann mit der horizontalen Scroll-Leiste die überlangen Textzeile anzeigen. Diese Möglichkeit gehört jedoch nicht zum offiziellen HTML-Sprachstandard. Sie sollten sie daher vermeiden. Ein Beispiel:

```
<html>
<head>
<title>Text des Titels</title>
</head>
<body>
<h1>ARD und ZDF</h1>
<nobr>Die vom ZDF sagen die vom ARD senden
st&auml;ndig Wiederholungen, und die vom ARD
sagen die vom ZDF senden st&auml;ndig Wiederholungen,
und so wiederholen sich ARD und ZDF st&auml;ndig
ohne überhaupt etwas zu senden.</nobr>
</body>
</html>
```

Erläuterung: `<nobr>` bewirkt, dass der auf das Tag folgende Text nicht umbrochen wird (*nobr = no break = kein Umbruch*). Am Ende des Textabschnitts, der nicht umbrochen werden soll, notieren Sie das abschließende Tag `</nobr>`.

Beachten Sie: Wenn Sie Textzeilen unabhängig vom Anzeigefenster des Anwenders genau kontrollieren und nach HTML-Standard arbeiten wollen, können Sie präformatierten Text (Kapitel 5.6) einsetzen.

5.3.3 ▊HTML▊ ▊X▊ ▊▊ ▊N▊ Geschützte Leerzeichen

Sie können verhindern, dass bei einem Leerzeichen ein automatischer Zeilenumbruch erfolgen darf. Ein Beispiel:

```
<!DOCTYPE HTML PUBLIC "-//W3C//DTD HTML 4.01 Strict//EN"
  "http://www.w3.org/TR/html4/strict.dtd">
<html>
<head>
<title>Text des Titels</title>
</head>
<body>
<h1>HTML 2.0 und HTML 4.0</h1>
<p>Es gibt vieles, worin sich HTML 2.0
und HTML 4.0 unterscheiden.</p>
</body>
</html>
```

Die Zeichenfolge   erzeugt ein geschütztes Leerzeichen (*nbsp = nonbreaking space = nicht umbrechbares Leerzeichen*). Es wird ein normales Leerzeichen angezeigt, doch an dieser Stelle kann kein Zeilenumbruch erfolgen. Notieren Sie die Zeichenfolge inklusive kaufmännisches Und am Beginn und Strichpunkt am Ende.

Beachten Sie: Die gleiche Wirkung erzielen Sie durch Notieren der Zeichenfolge . Zu dieser Art von Zeichennotation siehe auch benannte Zeichen für den Zeichensatz ISO 8859-1 im Anhang D.3. Durch Notieren mehrerer solcher benannter Zeichen hintereinander können Sie auch mehrere Leerzeichen in Folge erzwingen.

5.3.4 ▊N▊ ▊▊ Zeilenumbruch erlauben

Web-Browser umbrechen Text normalerweise nur bei Leerzeichen, weil durch Leerzeichen Wörter voneinander abgegrenzt werden. Sie können explizit weitere Stellen markieren, an denen der Browser den Text umbrechen darf. Dies gilt für alle Absatzarten in HTML. Diese Möglichkeit gehört jedoch nicht zum offiziellen HTML-Sprachstandard. Sie sollten sie daher vermeiden. Ein Beispiel:

```
<html>
<head>
<title>Text des Titels</title>
</head>
<body>
<h1>Langes Wort</h1>
<p>Donaudampfschiffahrts-<wbr>Kapitänsmütze Donaudampfschiffahrts-
<wbr>Kapitänsmütze ... </p>
</body>
</html>
```

Mit <wbr> markieren Sie eine Stelle, an der getrennt werden darf, falls diese Stelle bei der Bildschirmanzeige am Ende der Zeile steht (*wbr = word break = Umbruch innerhalb eines Wortes*). Sinnvoll ist dies bei langen Wörtern oder aus Bindestrichen bestehenden Ausdrücken. Innerhalb von Abschnitten mit verhindertem Zeilenumbruch bewirkt <wbr>, dass an der betreffenden Stelle trotzdem ein Umbruch erfolgen darf.

Weitere Informationen

In der HTML-Referenz im Anhang finden Sie genaue Angaben darüber, wo Zeilenumbrüche vorkommen dürfen, welche Attribute sie haben können und was bei den einzelnen Attributen zu beachten ist.

5.4   Listen

5.4.1   HTML 2.0 XHTML 1.0 1.0 N 1.0 Aufzählungsliste definieren

Aufzählungslisten sind z.B. von Bedeutung, um Produkteigenschaften oder Argumente für eine These übersichtlich darzustellen. Bei einer Aufzählungsliste werden alle Listeneinträge mit einem Aufzählungszeichen (Bullet) versehen. Ein Beispiel:

```
<!DOCTYPE HTML PUBLIC "-//W3C//DTD HTML 4.01 Strict//EN"
        "http://www.w3.org/TR/html4/strict.dtd">
<html>
<head>
<title>Text des Titels</title>
</head>
<body>
<h1>Liste wichtiger Reime</h1>

<ul>
<li>Probieren geht &uuml;ber Studieren</li>
<li>Liebe geht über Triebe</li>
<li>Tante f&auml;llt &uuml;ber Kante</li>
</ul>

</body>
</html>
```

5.8:   Aufzählungslisten zeigen vor den Einzelpunkten nur ein Markierungszeichen wie einen Punkt an.

\<ul\> leitet eine Aufzählungsliste ein (*ul = unordered list = unsortierte Liste*). Mit \<li\> beginnt ein neuer Punkt innerhalb der Liste (*li = list item = Listeneintrag*). \</li\> beendet den Listeneintrag. Es ist zwar nach HTML-Standard erlaubt, das abschließende \</li\>-Tag wegzulassen, doch davon ist abzuraten. \</ul\> beendet die Liste. Wie das Bullet dargestellt wird, bestimmt der Web-Browser. Das Verschachteln von Listen ist ebenfalls möglich. Ein Beispiel:

```
<!DOCTYPE HTML PUBLIC "-//W3C//DTD HTML 4.01 Strict//EN"
 "http://www.w3.org/TR/html4/strict.dtd">
<html>
<head>
<title>Text des Titels</title>
</head>
<body>
<h1>Dies und das im Web</h1>

<ul>
<li>Suchmaschinen
  <ul>
   <li>Google</li>
   <li>Altavista</li>
   <li>Fireball</li>
  </ul>
</li>
<li>Verzeichnisse
  <ul>
   <li>Yahoo</li>
   <li>Web.de</li>
   <li>Dino-Online</li>
  </ul>
</li>
<li>Was anderes</li>
<li>Noch was anderes</li>
</ul>

</body>
</html>
```

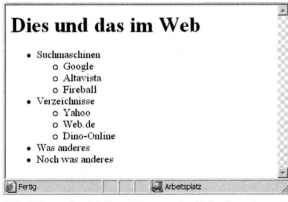

5.9: Bei verschachtelten Listen wechselt der Browser automatisch das Markierungszeichen.

Zwischen <li> und </li> darf eine komplette weitere Liste stehen. Auch andere Listentypen sind dabei erlaubt.

5.4.2   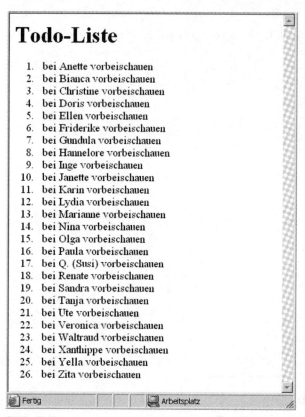 Nummerierte Liste definieren

Nummerierte Listen sind z.B. von Bedeutung, um nacheinander auszuführende Aktionen oder Rangfolgen übersichtlich darzustellen. Bei einer nummerierten Liste werden alle Listeneinträge automatisch durchnummeriert.

5.10: Bei nummerierten Listen setzt der Browser automatisch Zahlen ein.

Ein Beispiel:

```
<!DOCTYPE HTML PUBLIC "-//W3C//DTD HTML 4.01 Strict//EN"
        "http://www.w3.org/TR/html4/strict.dtd">
<html>
<head>
<title>Text des Titels</title>
</head>
<body>
<h1>Todo-Liste</h1>
```

```
<ol>
<li>bei Anette vorbeischauen</li>
<li>bei Bianca vorbeischauen</li>
<li>bei Christine vorbeischauen</li>
<!-- usw. -->
</ol>


</body>
</html>
```

Erläuterung: `<ol>` leitet eine nummerierte Liste ein (*ol = ordered lis = nummerierte Liste*). Mit `<li>` beginnt ein neuer Punkt innerhalb der Liste (*li = list item = Listeneintrag*). `</li>` beendet den Listeneintrag. Es ist zwar nach HTML-Standard erlaubt, das abschließende `</li>`-Tag wegzulassen, doch davon ist abzuraten. `</ol>` beendet die Liste.

Beachten Sie: Verschachteln von nummerierten Listen ist ebenfalls möglich, bewirkt aber keine Gesamtnummerierung. Automatische Nummerierungshierarchien wie 1, 1.1, 1.1.1, sind in HTML nicht automatisch möglich.

5.4.3 `HTML 2.0` `X HTML 1.0` `1.0` `N 1.0` Definitionsliste definieren

Definitionslisten sind für Glossare gedacht. Glossare bestehen aus einer Liste von Einträgen. Die Einträge eines Glossars bestehen aus einem zu definierenden Ausdruck (z.B. ein Fachbegriff) und der zugehörigen Definition.

Ein Beispiel:

```
<!DOCTYPE HTML PUBLIC "-//W3C//DTD HTML 4.01 Strict//EN"
  "http://www.w3.org/TR/html4/strict.dtd">
<html>
<head>
<title>Text des Titels</title>
</head>
<body>
<h1>DF&Uuml;-Abkürzungen</h1>

<dl>
<dt>AA</dt>
<dd>Auto Answer (Modem)</dd>
<dt>AAE</dt>
<dd>Allgemeine Anschalte-Erlaubnis</dd>
<dt>AARP</dt>
<dd>Appletalk Address Resolution Protocol</dd>
<!-- usw. -->
</dl>

</body>
</html>
```

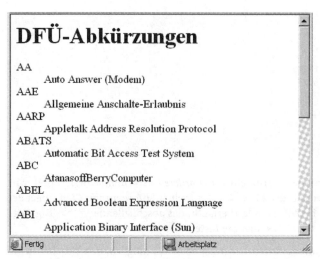

5.11: Definitionslisten bestehen aus einem Begriff und der dazugehörigen Erklärung.

`<dl>` leitet eine Definitionsliste ein (*dl = definition list = Definitionsliste*). `<dt>` leitet einen zu definierenden Ausdruck ein (*dt = definition (list) term = Ausdruck in der Definitionsliste*). `<dd>` leitet eine Definition eines Ausdrucks ein (*dd = definition (list) definition = Definition in der Definitionsliste*). `</dl>` beendet die Liste. Die End-Tags `</dt>` und `</dd>` dürfen zwar auch fehlen, doch davon ist abzuraten.

Beachten Sie: Das Verschachteln von Definitionslisten ist ebenfalls möglich. Dadurch können Sie baumartige Strukturen im Text abbilden. Netscape verwendet beispielsweise beim Aufbau seiner Lesezeichendatei verschachtelte Definitionslisten, um die baumartig strukturierbaren Lesezeichen zu verwalten. »Innere« Listen müssen dabei innerhalb des dd-Elements notiert werden. Die Abfolge von dt- und dd-Elementen innerhalb einer dl-Liste ist nicht streng geregelt. Es dürfen auch mehrere dt- oder dd-Elemente hintereinander folgen.

5.4.4 [HTML 2.0] [HTML 1.0] [⚠] [🗎 1.0] [N 1.0] Verzeichnis- oder Menüliste definieren

Verzeichnis- und Menülisten werden in der Praxis kaum verwendet und sind auch mittlerweile als *deprecated* gekennzeichnet, sollen also künftig aus dem HTML-Standard entfallen. Sie werden von den heutigen Browsern entweder nicht mehr oder nicht anders dargestellt als gewöhnliche Aufzählungslisten. Ein Beispiel:

```
<!DOCTYPE HTML PUBLIC
  "-//W3C//DTD HTML 4.01 Transitional//EN"
  "http://www.w3.org/TR/html4/loose.dtd">
<html>
<head>
<title>Text des Titels</title>
</head>
<body>
<h1>Verzeichnisse und Men&uuml;s</h1>
```

```
<dir>
<li>/usr/home/</li>
<li>/usr/home/web/</li>
<li>/usr/home/web/data/</li>
</dir>

<menu>
<li>Datei</li>
<li>Bearbeiten</li>
<li>Ansicht</li>
</menu>

</body>
</html>
```

Eine Verzeichnisliste leiten Sie mit `<dir>` ein und beenden Sie durch `</dir>` (*dir = directory = Verzeichnis*). `<menu>` leitet eine Menü-Liste ein, `</menu>` beendet die Menü-Liste. Mit `<li>` beginnt in beiden Listentypen ein neuer Punkt innerhalb der Liste (*li = list item = Listeneintrag*). Das End-Tag `</li>` am Ende eines Listeneintrags ist nicht zwingend erforderlich, aber zu empfehlen.

Beachten Sie: Verzeichnis- und Menülisten dürfen – im Gegensatz zu Aufzählungslisten – keine absatzerzeugenden Elemente zwischen `<li>` und `</li>` enthalten. Sie sind nur für zeilenartige Listen gedacht.

5.4.5 HTML 3.2 HTML 1.0 ⚠ 2.0 N 1.1 HTML-Eigenschaften für Listen

Es gibt eine Reihe von Attributen, die das Erscheinungsbild von Listen beeinflussen. So lassen sich beispielsweise nummerierte Listen auch alphabetisch und römisch nummerieren, und für Aufzählungslisten lässt sich der Typ des Bullet-Zeichens festlegen. Doch all diese HTML-Attribute sind mittlerweile als *deprecated* gekennzeichnet und sollen künftig aus dem HTML-Standard entfallen. Stattdessen sollten Sie Listen mit CSS formatieren (siehe unten). Ein Beispiel:

```
<!DOCTYPE HTML PUBLIC "-//W3C//DTD HTML 4.01 Transitional//EN"
        "http://www.w3.org/TR/html4/loose.dtd">
<html>
<head>
<title>HTML-Eigenschaften von Listen</title>
</head>
<body>
<h1>Listen mit HTML-Attributen</h1>

<h2>Aufz&auml;hlungsliste</h2>

<ul type="square">
<li>Probieren geht &uuml;ber Studieren</li>
<li>Liebe geht &uuml;ber Triebe</li>
<li>Tante f&auml;llt &uuml;ber Kante</li>
</ul>
```

```
<h2>Nummerierte Liste</h2>

<ol type="I">
<li value="10">bei Anette vorbeischauen</li>
<li>bei Bianca vorbeischauen</li>
<li>bei Christine vorbeischauen</li>
</ol>

<h2>Definitionsliste</h2>

<dl compact>
<dt>AA</dt>
<dd>Auto Answer (Modem)</dd>
<dt>AAE</dt>
<dd>Allgemeine Anschalte-Erlaubnis</dd>
<dt>AARP</dt>
<dd>Appletalk Address Resolution Protocol</dd>
</dl>

</body>
</html>
```

Listen mit HTML-Attributen

Aufzählungsliste

- Probieren geht über Studieren
- Liebe geht über Triebe
- Tante fällt über Kante

Nummerierte Liste

  X.   bei Anette vorbeischauen
 XI.   bei Bianca vorbeischauen
XII.   bei Christine vorbeischauen

Definitionsliste

AA   Auto Answer (Modem)
AAE Allgemeine Anschalte-Erlaubnis
AARP
     Appletalk Address Resolution Protocol

Fertig   Arbeitsplatz

5.12: Mit zusätzlichen Attributen modifizieren Sie die Listendarstellung.

Für Aufzählungslisten können Sie den Bullet-Typ bestimmen:

- Mit `<ul type="circle">` bestimmen Sie ein rundes Bullet (*circle = Kreis*).

- Mit `<ul type="square">` bestimmen Sie ein eckiges Bullet (*square = Rechteck*).

- Mit `<ul type="disc">` bestimmen Sie ein Dateisymbol als Bullet (*disc = Datenträger wie Disketten oder Festplatten*).

Für nummerierte Listen können Sie die Art der Nummerierung bestimmen:

- Mit `<ol type="I">` werden die Listeneinträge mit I., II., III., IV. usw. nummeriert.

- Mit `<ol type="i">` werden die Listeneinträge mit i., ii., iii., iv. usw. nummeriert.

- Mit `<ol type="A">` werden die Listeneinträge mit A., B., C. usw. nummeriert.

- Mit `<ol type="a">` werden die Listeneinträge mit a., b., c. usw. nummeriert.

Mit `start=` innerhalb des einleitenden Tags von `<ol>` können Sie einen beliebigen Startwert setzen, z.B. `<ol start="7">`. Die Nummerierung beginnt dann bei 7.

Mit `value=` innerhalb des Tags von `<li>` in einer nummerierten Liste können Sie den Startwert beliebig neu setzen, z.B. auf `<li value="15">`. Die Nummerierung fährt dann bei 15 fort.

Mit dem Attribut `compact` innerhalb des einleitenden Tags einer beliebigen Liste können Sie die kompaktere Darstellung bestimmen. Dies wurde allerdings von den Browsern noch nie oder nur vorübergehend mal interpretiert.

5.4.6 ![HTML 4.0] ![XHTML 1.0] ![3.0] ![N 4.0] Listen formatieren mit CSS

Wie eine Liste genau dargestellt wird, darauf haben Sie mit HTML keinen Einfluss. Die Browser benutzen Default-Formatierungen, um Listen darzustellen. Mit CSS Stylesheets können Sie ganze Listen und ihre Listenpunkte jedoch nach Wunsch formatieren. Bei Verwendung von CSS Stylesheets lesen Sie zunächst in Kapitel 15, wie man CSS-Formate definieren kann. Anschließend sind Sie in der Lage, CSS-Eigenschaften anzuwenden. Maßgeblich sind im hier beschriebenen Zusammenhang folgende CSS-Eigenschaften: Listenformatierung, Schriftformatierung, Ausrichtung und Absatzkontrolle, Außenrand und Abstand. Ein Beispiel:

```
<!DOCTYPE HTML PUBLIC "-//W3C//DTD HTML 4.01 Strict//EN"
  "http://www.w3.org/TR/html4/strict.dtd">
<html>
<head>
<title>Text des Titels</title>
</head>
<body>
<h1>Listen mit CSS</h1>

<h2>Aufz&auml;hlungsliste</h2>

<ul style="list-style-type:disk; color:red; font-weight:bold;">
<li>Probieren geht &uuml;ber Studieren</li>
<li>Liebe geht &uuml;ber Triebe</li>
```

```
<li>Tante f&auml;llt &uuml;ber Kante</li>
</ul>

<h2>Nummerierte Liste</h2>

<ol style="list-style-type:upper-roman; font-weight:bold;">
<li style="color:blue">bei Anette vorbeischauen</li>
<li style="color:maroon">bei Bianca vorbeischauen</li>
<li style="color:olive">bei Christine vorbeischauen</li>
</ol>

<h2>Definitionsliste</h2>

<dl style="font-size:0.7em; font-family:Verdana,Arial,sans-serif">
<dt>AA</dt>
<dd>Auto Answer (Modem)</dd>
<dt>AAE</dt>
<dd>Allgemeine Anschalte-Erlaubnis</dd>
<dt>AARP</dt>
<dd>Appletalk Address Resolution Protocol</dd>
</dl>

</body>
</html>
```

Im Beispiel wird für eine Aufzählungsliste (`<ul>...</ul>`) bestimmt, dass sie ein Disk-Symbol als Bullet-Zeichen erhält, fett und in roter Farbe erscheint. Für eine nummerierte Liste (`<ul>...</ul>`) wird bestimmt, dass sie in römischen großen Ziffern zählt und dass ihre Einträge fett dargestellt werden. Ihre einzelnen Listenpunkte werden zudem in unterschiedlichen Farben dargestellt. Für eine Definitionsliste (`<dl>...</dl>`) wird eine kleinere Schriftgröße als normal und eine bestimmte Schriftart bestimmt.

Beachten Sie: Netscape 4.x hat noch einige Probleme mit CSS und zeigt das obige Beispiel nicht ganz so an wie gewünscht

Weitere Informationen

In der HTML-Referenz im Anhang finden Sie Angaben darüber, wo die verschiedenen Listentypen vorkommen dürfen, welche anderen Elemente sie enthalten dürfen, welche Attribute sie haben können und was bei den einzelnen Attributen zu beachten ist.

5.5   Zitate und Adressen

5.5.1   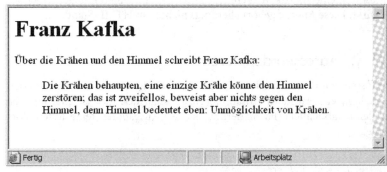 Zitate definieren

Sie können Zitate von Fremdautoren in einem eigenen, anders formatierten (zumeist einge-rückten) Absatz hervorheben. Es handelt sich dabei jedoch um eine logische, inhaltliche Aus-zeichnung. Wie diese Absätze genau formatiert werden, bestimmt letztlich der Web-Browser. Die Vorgabe ist jedoch, solche Absätze auffällig und vom übrigen Text unterscheidbar anzuzeigen. Ein Beispiel:

```
<!DOCTYPE HTML PUBLIC "-//W3C//DTD HTML 4.01 Strict//EN"
  "http://www.w3.org/TR/html4/strict.dtd">
<html>
<head>
<title>Text des Titels</title>
</head>
<body>
<h1>Franz Kafka</h1>

<p>Über die Kr&auml;hen und den Himmel schreibt Franz Kafka:</p>

<blockquote>
Die Kr&auml;hen behaupten, eine einzige Kr&auml;he
k&ouml;nne den Himmel zerst&ouml;ren; das ist zweifellos, beweist aber nichts gegen
den Himmel, denn Himmel bedeutet eben: Unm&ouml;glichkeit von Kr&auml;hen.
</blockquote>

</body>
</html>
```

Franz Kafka

Über die Krähen und den Himmel schreibt Franz Kafka:

> Die Krähen behaupten, eine einzige Krähe könne den Himmel zerstören; das ist zweifellos, beweist aber nichts gegen den Himmel, denn Himmel bedeutet eben: Unmöglichkeit von Krähen.

Fertig   Arbeitsplatz

5.13: Typischerweise stellen Browser ein Zitat mit eingerückten Rändern dar.

`<blockquote>` leitet einen eigenen Absatz für Zitate ein (*blockquote = geblocktes Zitat*). `</blockquote>` beendet den Absatz.

Beachten Sie: Das blockquote-Element wird gerne verwendet, um Einrückungen zu realisieren. Da es sich jedoch um eine logische Textauszeichnung handelt, die keine bestimmte Art der Formatierung vorschreibt, ist der Einrück-Effekt nicht garantiert.

5.5.2 `HTML 4.0` `XHTML 1.0` Zitate mit URI-Quellenangabe

Wenn ein Zitat im Internet verfügbar ist, können Sie den URI, also die Internet-Adresse der Quelle angeben. Ein Beispiel:

```
<!DOCTYPE HTML PUBLIC "-//W3C//DTD HTML 4.01 Strict//EN"
  "http://www.w3.org/TR/html4/strict.dtd">
<html>
<head>
<title>Text des Titels</title>
</head>
<body>
<h1>Die Energie des Verstehens</h1>

<p>Geben Sie nicht auf, denn Sie haben sie:</p>
<blockquote cite="http://selfhtml.teamone.de/">
Die Energie des Verstehens
</blockquote>

</body>
</html>
```

Mit dem Attribut cite= im einleitenden <blockquote>-Tag können Sie den URI der zitierten Quelle angeben (*cite = Zitat*).

Beachten Sie: Netscape 4.x und der MS Internet Explorer 4.x visualisieren diese Angabe nicht. Netscape 4.x kennt stattdessen eine Angabe namens type="cite", die einen farbigen Querbalken am linken Rand bewirkt. Diese Angabe gehört allerdings nicht zum HTML-Standard.

5.5.3 `HTML 2.0` `XHTML 1.0` `1.0` `N 1.0` Adressen definieren

Sie können Internet-Adressen von Personen oder Dateien in einem eigenen, anders formatierten (zumeist kursiv dargestellten, eingerückten) Absatz hervorheben. Auch dies ist eine logische Textauszeichnung, für deren tatsächliche Formatierung bei der Ausgabe es keine festen Vorschriften gibt. Ein Beispiel:

```
<!DOCTYPE HTML PUBLIC "-//W3C//DTD HTML 4.01 Strict//EN"
      "http://www.w3.org/TR/html4/strict.dtd">
<html>
<head>
<title>Text des Titels</title>
</head>
<body>
<h1>Wenn Sie es genau wissen wollen</h1>
```

```
<p>Das HTML-Element f&uuml;r Adressen wird kaum verwendet.
Wenn Sie es genau wissen wollen, wenden Sie sich an:</p>

<address>Dave Raggett, dsr@w3.org</address>

<p>Dave Raggett geh&ouml;rt dem W3-Konsortium an
und gibt viele Publikationen rund um HTML auf dem W3-Server heraus.</p>

</body>
</html>
```

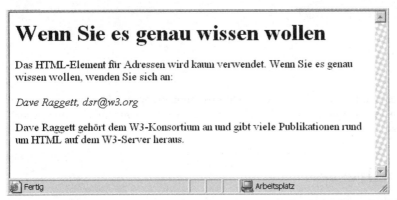

5.14:   Adressen formatieren Browser üblicherweise als kursiven Absatz.

`<address>` leitet einen eigenen Absatz für Internet-Adressen ein. `</address>` beendet den Absatz.

Beachten Sie: Das `<address>`-Element darf keine anderen blockerzeugenden Elemente wie z.B. Überschriften, Textabsätze, Listen, Zitate oder Adressen enthalten. Das `<address>`-Element ist auch in Verbindung mit E-Mail-Verweisen sinnvoll.

5.5.4   ⬛ ⬛ ⬛ ⬛ Zitate und Adressen formatieren mit CSS

Wie Zitate und Adressen genau dargestellt werden, darauf haben Sie mit HTML keinen Einfluss. Die Browser benutzen Default-Formatierungen. Mit CSS Stylesheets können Sie solche Elemente jedoch nach Wunsch formatieren. Bei Verwendung von CSS Stylesheets lesen Sie zunächst in Kapitel 15, wie man CSS-Formate definieren kann. Anschließend sind Sie in der Lage, CSS-Eigenschaften anzuwenden. Maßgeblich sind im hier beschriebenen Zusammenhang z.B. folgende CSS-Eigenschaften: Schriftformatierung, Außenrand und Abstand, Innenabstand, Rahmen, Hintergrundfarben und -bilder.

Ein Beispiel:

```
<!DOCTYPE HTML PUBLIC "-//W3C//DTD HTML 4.01 Strict//EN"
  "http://www.w3.org/TR/html4/strict.dtd">
<html>
<head>
<title>Text des Titels</title>
```

```
</head>
<body>
<h1>Zitat und Adresse</h1>

<blockquote style="padding:10px; border:thin solid blue;">
Klarheit ist wenn man so will nur die
anschaulichere Variante der Wahrheit.
</blockquote>

<address style="color:blue;">
Stefan M&uuml;nz, selfhtml@teamone.de
</address>

</body>
</html>
```

Das `blockquote`-Element im Beispiel erhält einen dünnen durchgezogenen blauen Rahmen und der Text darin einen Innenabstand von 10 Pixeln zum Rahmen. Das `address`-Element erhält eine blaue Schriftfarbe.

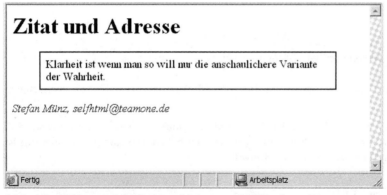

Zitat und Adresse

> Klarheit ist wenn man so will nur die anschaulichere Variante der Wahrheit.

Stefan Münz, selfhtml@teamone.de

Fertig   Arbeitsplatz

5.15: Mit CSS lassen sich Zitate und Adressen vielfältig formatieren.

Weitere Informationen

In der HTML-Referenz im Anhang finden Sie Angaben darüber, wo Zitate und Adressen vorkommen dürfen, welche anderen Elemente sie enthalten dürfen, welche Attribute sie haben können und was bei den einzelnen Attributen zu beachten ist.

5.6   Präformatierter Text (wie im Editor eingegeben)

5.6.1   `HTML 2.0` `X HTML 1.0` `1.0` `N 1.0` Textabschnitt mit präformatiertem Text definieren

Beispielsweise für Programmlistings ist es wichtig, dass sie in dicktengleicher Schrift dargestellt werden und dass Einrückungen so wiedergegeben werden, wie sie beim Editieren eingegeben wurden. Zu diesem Zweck bietet HTML die Möglichkeit der »präformatierten Textabschnitte« an. Auch wenn Sie tabellarische Daten darstellen müssen und auf Tabellen verzichten wollen, können Sie präformatierten Text benutzen. Und dann ist präformatierter Text auch noch dazu geeignet, um andere Elemente, beispielsweise Grafiken, auszurichten. Ein Beispiel:

```
<!DOCTYPE HTML PUBLIC "-//W3C//DTD HTML 4.01 Strict//EN"
      "http://www.w3.org/TR/html4/strict.dtd">
<html>
<head>
<title>Text des Titels</title>
</head>
<body>
<h1>Ostern mit Pascal</h1>

<pre>
  FUNCTION Osterberechnung(year : INTEGER) : INTEGER;
  VAR a, b, c, d, e, f, g, h, i, k, l, m : INTEGER;
  BEGIN
    a  :=  year MOD 19;
    b  :=  year DIV 100;
    c  :=  year MOD 100;
    d  :=  b DIV 4;
    e  :=  b MOD 4;
    f  :=  ( b + 8 ) DIV 25;
    g  :=  ( b  f + 1 ) DIV 3;
    h  :=  ( 19 * a + b  d  g + 15 ) MOD 30;
    i  :=  c DIV 4;
    k  :=  c MOD 4;
    l  :=  ( 32 + 2 * e + 2 * i  h  k ) MOD 7;
    m  :=  ( a + 11 * h + 22 * l ) DIV 451;
    Easter :=  h + l  7 * m + 22;
  END{FUNC};
</pre>

</body>
</html>
```

Ostern mit Pascal

```
FUNCTION Osterberechnung(year : INTEGER) : INTEGER;
VAR  a, b, c, d, e, f, g, h, i, k, l, m : INTEGER;
BEGIN
    a  :=  year MOD 19;
    b  :=  year DIV 100;
    c  :=  year MOD 100;
    d  :=  b DIV 4;
    e  :=  b MOD 4;
    f  :=  ( b + 8 ) DIV 25;
    g  :=  ( b  f + 1 ) DIV 3;
    h  :=  ( 19 * a + b  d  g + 15 ) MOD 30;
    i  :=  c DIV 4;
    k  :=  c MOD 4;
    l  :=  ( 32 + 2 * e + 2 * i  h  k ) MOD 7;
    m  :=  ( a + 11 * h + 22 * l ) DIV 451;
    Easter :=  h + l  7 * m + 22;
END{FUNC};
```

Fertig   Arbeitsplatz

5.16: Präformatierter Text erscheint im Browser mit allen Umbrüchen.

<pre> leitet einen Textabschnitt mit präformatiertem Text ein (*pre = preformatted = vorformatiert*). </pre> beendet den Abschnitt. Alles, was dazwischen steht, wird so angezeigt, wie es eingegeben wurde, und zwar in dicktengleicher Schrift.

Beachten Sie: Innerhalb von <pre> und </pre> gelten wie in anderen Textabschnitten die Aussagen zu Zeichenvorrat, Sonderzeichen und HTML-eigene Zeichen. HTML-Elemente innerhalb von <pre> und </pre> werden interpretiert. Das hat den Vorteil, dass Sie innerhalb von präformatiertem Text beispielsweise an beliebigen Stellen Grafiken einbinden können.

5.6.2   HTML 4.0   HTML 1.0   ⚠ Breite eines Bereichs mit präformatiertem Text

Sie können eine Breite für einen Abschnitt mit präformatiertem Text erzwingen. »Breite« bedeutet dabei: die maximale Anzahl von Zeichen in einer Zeile. Ein Beispiel:

```
<!DOCTYPE HTML PUBLIC "-//W3C//DTD HTML 4.01 Transitional//EN"
        "http://www.w3.org/TR/html4/loose.dtd">
<html>
<head>
<title>Text des Titels</title>
</head>
<body>
<h1>MIDI-Dateien</h1>
<pre width="80">
YBREEZE   MID        17.845  15.06.97     6:01 ybreeze.mid
YGLADTR   MID        34.552  15.06.97     6:01 ygladtr.mid
YHASTE    MID        27.834  15.06.97     6:01 yhaste.mid
YRAG      MID        18.540  15.06.97     6:01 yrag.mid
```

```
YRITMO    MID         29.056  15.06.97   6:01 yritmo.mid
          5 Datei(en)                127.827 Bytes
</pre>
</body>
</html>
```

Mit dem Attribut `width=` im einleitenden `<pre>`-Tag geben Sie eine maximale Breite für die Zeilen des Bereichs vor. Im obigen Beispiel kann keine Zeile mehr als 80 Zeichen haben. Bei längeren Zeilen kann der Browser entweder eine kleinere Schrift wählen, um die Breite einzuhalten, oder er umbricht überlange Zeilen.

Beachten Sie: Die Angabe zur Breite eines präformatierten Bereichs wird weder von Netscape 4.x noch vom MS Internet Explorer 4.x interpretiert und ist mittlerweile auch als *deprecated* gekennzeichnet, soll also künftig aus dem HTML-Standard entfallen.

5.6.3 🎌 N̲ Ältere HTML-Elemente für präformatierten Text

Der Vollständigkeit halber sollten einige ältere Elemente erwähnt werden, die allesamt nicht mehr zum HTML-Standard gehören.

- `<xmp>`...`</xmp>` (*xmp = example = Beispiel*) war einmal als logische Auszeichnung für Quellcode-Beispiele gedacht.

- `<plaintext>`...`</plaintext>` (*plaintext = nackter Text*) war zum Darstellen von reinem Text gedacht, etwa zum Zitieren aus einer unformatierten Textdatei.

- `<listing>`...`</listing>` (*listing = zeilenorientierter Quelltext*) war für Quelltext von Programmen gedacht.

Beachten Sie: Alle drei Elemente finden in der Praxis praktisch keine Verwendung mehr. Wenn Sie keine besonderen Gründe haben, sollten Sie `<pre>` ... `</pre>` zur Darstellung von präformatiertem Text verwenden. Der Unterschied zwischen `<xmp>`...`</xmp>` und `<listing>`...`</listing>` liegt in der Schriftweite. `<xmp>`...`</xmp>` bewirkt eine weitere Schrift (ausgehend von 80 Zeichen/Zeile beim Ausdruck), `<listing>`...`</listing>` eine engere Schrift (ausgehend von 132 Zeichen/Zeile beim Ausdruck). `<listing>`...`</listing>` wird von Netscape etwa auch anders dargestellt als `<pre>`...`</pre>`. Netscape akzeptiert zu `<plaintext>` kein abschließendes Tag `</plaintext>`, während andere Browser das End-Tag interpretieren. Netscape stellt alles in dicktengleicher Schrift dar, was Sie bis zum nächsten Block-Element (z.B. Überschrift, Textabsatz, Liste usw.) an Text eingeben.

5.6.4 HTML 4.0 X HTML 1.0 🎌 3.0 N̲ 4.0 Präformatierten Text formatieren mit CSS

In welcher Schriftart und Schriftgröße präformatierter Text genau dargestellt werden, darauf haben Sie mit HTML keinen Einfluss. Die Browser benutzen Default-Formatierungen. Mit CSS Stylesheets können Sie ein solches Element jedoch nach Wunsch formatieren. Bei Verwendung von CSS Stylesheets lesen Sie zunächst in Kapitel 15 nach, wie man CSS-Formate definieren kann. Anschließend sind Sie in der Lage, CSS-Eigenschaften anzuwenden. Maßgeblich sind im hier beschriebenen Zusammenhang z.B. folgende CSS-Eigenschaften: Schriftformatierung, Aus-

richtung und Absatzkontrolle, Außenrand und Abstand, Innenabstand, Rahmen, Hintergrundfarben und -bilder. Ein Beispiel:

```
<!DOCTYPE HTML PUBLIC "-//W3C//DTD HTML 4.01 Strict//EN"
       "http://www.w3.org/TR/html4/strict.dtd">
<html>
<head>
<title>Text des Titels</title>
</head>
<body>
<h1>Software-Entwicklung</h1>

<pre style="background-color:#000099; color:#FFFF00; font-family:Fixedsys,Courier;
padding:10px;">
#include &lt;nonsense.h&gt;
#include &lt;lies.h&gt;
#include &lt;spyware.h&gt; /* Microsoft Network Connectivity library */
#include &lt;process.h&gt; /* For the court of law */
<!-- usw. -->
</pre>

</body>
</html>
```

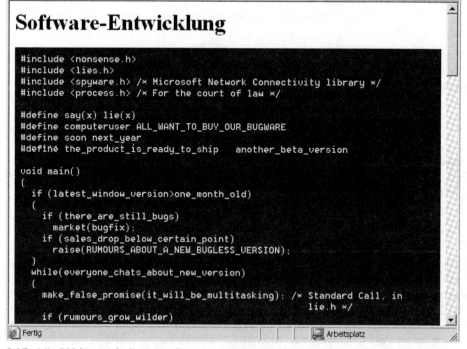

5.17: Mit CSS lässt sich die Darstellung von präformatiertem Text umfassend beeinflussen.

Das pre-Element im Beispiel erhält einen blauen Hintergrund, gelbe Schriftfarbe, und als Schriftart wird »Fixedsys« gewünscht, oder, falls nicht verfügbar, eine Courier-Schrift. Damit der Text nicht so am Rand klebt, wird außerdem ein Innenabstand von 10 Pixeln definiert.

Weitere Informationen

In der HTML-Referenz im Anhang finden Sie Angaben darüber, wo präformatierter Text vorkommen darf, welche anderen Elemente er enthalten darf, welche Attribute das pre-Element haben kann und was bei den einzelnen Attributen zu beachten ist.

5.7   Logische Auszeichnungen im Text

In HTML gibt es logische und physische Elemente zur Auszeichnung von Text. Logische Textauszeichnungen haben Bedeutungen wie »betont« oder »emphatisch«. Bei logischen Elementen entscheidet der Web-Browser, wie ein solcher Text hervorgehoben wird (z.B. fett, kursiv oder andersfarbig). In Verbindung mit CSS Stylesheets können Sie logische Textauszeichnungen allerdings nach Wunsch formatieren.

Im Unterschied zu Elementen wie Überschriften, Textabsätzen, Listen usw., die ja auch der logischen Strukturierung von Text dienen, sind die hier beschriebenen Elemente jedoch so genannte Inline-Elemente, während Überschriften, Textabsätze, Listen usw. als Block-Elemente bezeichnet werden. Inline-Elemente erzeugen keinen Absatz (genauer: keine neue Zeile) im Textfluss.

5.7.1   HTML-Elemente für logische Auszeichnung im Text

Es stehen verschiedene HTML-Elemente zur Verfügung, um Text logisch auszuzeichnen. Ein Beispiel:

```
<!DOCTYPE HTML PUBLIC "-//W3C//DTD HTML 4.01 Strict//EN"
  "http://www.w3.org/TR/html4/strict.dtd">
<html>
<head>
<title>Text des Titels</title>
</head>
<body>
<h1>Alles logisch</h1>

<p>Die Kreter sagen, da&szlig;
<strong>alle Kreter l&uuml;gen</strong>.
Das stimmt aber nicht, weil alle Kreter l&uuml;gen.</p>

</body>
</html>
```

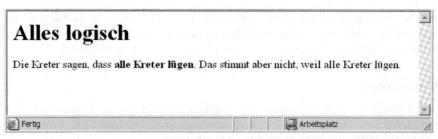

5.18: Mit der logischen Textauszeichnung heben Sie zum Beispiel Wörter in einem Satz besonders hervor.

Inline-Elemente für Auszeichnungen im Text müssen – zumindest in der HTML-Variante »Strict« – innerhalb anderer Block-Elemente vorkommen. Im obigen Beispiel ist ein Textabsatz notiert und innerhalb davon eine logische Textauszeichnung. Am Anfang des Textbereichs, der ausgezeichnet werden soll, wird ein einleitendes Tag (im Beispiel das Tag `<strong>`) eingefügt. Am Ende des gewünschten Textbereichs wird ein entsprechendes Abschluss-Tag eingefügt (im Beispiel `</strong>`).

Folgende Elemente dieser Art stehen zur Verfügung:

Element (Notation)	Status	Bedeutung
`<em>...</em>`	HTML 2.0 X HTML 1.0 2.0 N 1.0	Zeichnet einen Text aus mit der Bedeutung »emphatisch«.
`<strong>...</strong>`	HTML 2.0 X HTML 1.0 1.0 N 1.0	Zeichnet einen Text aus mit der Bedeutung »stark betont«.
`<code>...</code>`	HTML 2.0 X HTML 1.0 1.0 N 1.0	Zeichnet einen Text aus mit der Bedeutung »dies ist Quelltext«
`<samp>...</samp>`	HTML 2.0 X HTML 1.0 2.0 N 1.0	Zeichnet einen Text aus mit der Bedeutung »Dies ist ein Beispiel«
`<kbd>...</kbd>`	HTML 2.0 X HTML 1.0 2.0 N 1.0	Zeichnet einen Text aus mit der Bedeutung »dies stellt eine Tastatureingabe dar«
`<var>...</var>`	HTML 2.0 X HTML 1.0 1.0 N 1.0	Zeichnet einen Text aus mit der Bedeutung »dies ist eine Variable oder ein variabler Name«
`<cite>...</cite>`	HTML 2.0 X HTML 1.0 2.0 N 1.0	Zeichnet einen Text aus mit der Bedeutung »dies ist ein Zitat von einer anderen Quelle«
`<dfn>...</dfn>`	HTML 3.2 X HTML 1.0 2.0 N 6.0	Zeichnet einen Text aus mit der Bedeutung »dies ist eine Definition«.
`<acronym>...</acronym>`	HTML 4.0 X HTML 1.0 4.0 N 6.0	Zeichnet einen Text aus mit der Bedeutung »dies ist eine Abkürzung« (z.B. »z.B.«)
`<abbr>...</abbr>`	HTML 4.0 X HTML 1.0 N 6.0	Zeichnet einen Text aus mit der Bedeutung »dies ist eine abgekürzte Schreibweise« (z.B. »WWW«)
`<q cite="Quelle">...</q>`	HTML 4.0 X HTML 1.0 4.0 N 6.0	Zeichnet einen Text aus mit der Bedeutung »dies ist ein Zitat mit Quellenangabe«

5.7.2 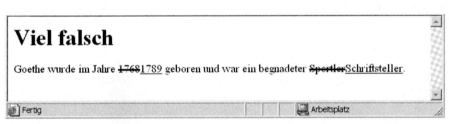 Änderungsmarkierungen im Dokument

Wenn Sie Dokumente in HTML bearbeiten, bei denen es wichtig ist, Änderungen zu protokollieren, dann können Sie logische Textauszeichnungen für gelöschte und eingefügte Textpassagen verwenden. Ein Beispiel:

```
<!DOCTYPE HTML PUBLIC "-//W3C//DTD HTML 4.01 Strict//EN"
  "http://www.w3.org/TR/html4/strict.dtd">
<html>
<head>
<title>Text des Titels</title>
</head>
<body>
<h1>Viel falsch</h1>

<p>Goethe wurde im Jahre <del>1768</del><ins>1789</ins>
geboren und war ein begnadeter <del>Sportler</del><ins>Schriftsteller</ins>.</p>

</body>
</html>
```

5.19: Änderungen im Text markieren Sie, damit sie später nachvollziehbar sind.

Mit <del>...</del> zeichnen Sie Text aus, der nicht mehr gültig ist (*del = delete = löschen*). Mit <ins>...</ins> können Sie Text auszeichnen, der neu dazugekommen ist (*ins = insert = einfügen*). Zur exakteren Auszeichnung sind noch zwei Attribute in beiden einleitenden Tags erlaubt:

- Mit dem Attribut datetime= im einleitenden Tag von <ins> oder <del> können Sie den Zeitpunkt der Änderung festhalten. Eine Angabe wie <ins datetime="2001-06-25T10:59+01:00"> bedeutet: »eingefügt am 25.6.2001 um 10 Uhr 59« nach Zeitzone UTC-Zeit plus 1 Stunde. Die Uhrzeit/Zeitzonenangabe können Sie auch weglassen, etwa so: <ins datetime="2001-06-25">. UTC bedeutet »Coordinated Universal Time«.

- Mit dem Attribut cite= können Sie einen URI angeben, der als der Grund für die Änderung gelten kann – beispielsweise ein verbindliches Dokument, auf dem Ihr Dokument beruht und das mittlerweile geändert wurde. Eine Angabe wie <ins cite="http://www.w3.org/TR/1999/REC-html401-19991224"> bedeutet: Dieser Text wurde aufgrund der HTML-Spezifikation 4.01 vom 24.12.1999 eingefügt (der angegebene URI ist die Adresse, an der die HTML-Spezifikation zu finden ist).

Beachten Sie: Die beiden Elemente ins und del haben eine Sonderstellung, was ihr Vorkommen betrifft. Diese beiden Elemente dürfen entweder innerhalb von Block-Elementen vorkommen – dann fungieren sie selber als Inline-Elemente. Oder sie werden außerhalb von Block-Elementen notiert – dann fungieren sie selber als Block-Elemente und können mehrere andere Block-Elemente und deren gesamten Inhalt einschließen.

5.7.3 ⬛ HTML 4.0 / X HTML 1.0 / 5.x / N 6.0 Textrichtung ändern

Wenn Sie HTML in Verbindung mit Sprachen benutzen, die eine andere Textrichtung als von links nach rechts haben, kann es zu Konflikten bei der Textrichtung kommen, vor allem wenn Sie zwei Sprachen mit unterschiedlicher Textrichtung im Text gemischt verwenden. Wenn Sie Unicodes in HTML notieren, wird dabei normalerweise automatisch auch die Textrichtung der Sprache berücksichtigt. Wenn Sie etwa die Unicodes für ein arabisches Wort von links nach rechts notieren, sollte die Software die Zeichenkette dennoch so auflösen, dass die Darstellung von rechts nach links erfolgt, weil das die Textrichtung im Arabischen ist. Sollte das aus irgendwelchen Gründen nicht funktionieren, können Sie mit Hilfe eines HTML-Elements nachhelfen.

Ein Beispiel:

```
<!DOCTYPE HTML PUBLIC "-//W3C//DTD HTML 4.01 Strict//EN"
        "http://www.w3.org/TR/html4/strict.dtd">
<html>
<head>
<title>Text des Titels</title>
</head>
<body>
<h1>Umgekehrt</h1>

<p>Hier wird das Wort &quot;umgekehrt&quot; einfach <bdo dir="rtl">umgekehrt</bdo>.

</body>
</html>
```

5.20:   Je nach den verwendeten Schriftzeichen macht es mehr oder weniger Sinn, die Schreibrichtung umzukehren.

Mit <bdo dir="rtl"> leiten Sie einen Text ein, der von rechts nach links dargestellt wird, und mit <bdo dir="ltr"> einen Text, der von links nach rechts dargestellt wird. </bdo> beendet den Text mit der anderen Schreibrichtung (*bdo = bidirectional overwrite = Überschreiben der automatischen Bidirektionalität*). Mit dem Attribut dir= erzwingen Sie die Textrichtung (*rtl = right to left = rechts nach links*).

Das Attribut `dir=` gehört zu den Universalattributen und darf in allen einleitenden HTML-Tags stehen, in denen Text vorkommen kann. Das `bdo`-Element ist für solche Fälle gedacht, in denen `dir=` in anderen HTML-Elementen zu Problemen führt, beispielsweise bei verschachtelten Tags mit widersprüchlichen Anweisungen zur Textrichtung.

5.7.4 ⬛ Logische Elemente für Textauszeichnung mit CSS formatieren

Wie logische Elemente zur Textauszeichnung genau dargestellt werden, darauf haben Sie mit HTML keinen Einfluss. Die Browser benutzen Default-Formatierungen. Mit CSS Stylesheets können Sie solche Elemente jedoch nach Wunsch formatieren. Bei Verwendung von CSS Stylesheets lesen Sie zunächst in Kapitel 15 nach, wie man CSS-Formate definieren kann. Anschließend sind Sie in der Lage, CSS-Eigenschaften anzuwenden. Maßgeblich sind im hier beschriebenen Zusammenhang z.B. folgende CSS-Eigenschaften: Schriftformatierung, Hintergrundfarben und -bilder. Ein Beispiel:

```
<!DOCTYPE HTML PUBLIC "-//W3C//DTD HTML 4.01 Strict//EN"
  "http://www.w3.org/TR/html4/strict.dtd">
<html>
<head>
<title>Text des Titels</title>
</head>
<body>
<h1>Viele viele bunte Logi's</h1>

<p>
Text mit dem <em style="color:blue">em-Element</em><br>
Text mit dem <strong style="color:red">strong-Element</strong><br>
Text mit dem <code style="color:purple">code-Element</code><br>
<!-- usw. -->
</p>

</body>
</html>
```

Die verschiedenen logischen Elemente im Beispiel erhalten unterschiedliche Schriftfarben. Formatieren können die Browser allerdings nur Elemente, die sie kennen.

5.8 Physische Auszeichnungen im Text

In HTML gibt es physische und logische Elemente zur Auszeichnung von Text. Physische Textauszeichnungen haben Bedeutungen wie »fett« oder »kursiv«, stellen also direkte Angaben zur gewünschten Schriftformatierung dar. Bei physischen Elementen sollte der Web-Browser eine Möglichkeit finden, den so ausgezeichneten Text entsprechend darzustellen. Ebenso wie die logischen Elemente zur Auszeichnung von Text gehören die hier beschriebenen Elemente zu den Inline-Elementen.

5.8.1   HTML-Elemente für physische Auszeichnung im Text

Es stehen verschiedene HTML-Elemente zur Verfügung, um Text physisch auszuzeichnen. Inline-Elemente für Auszeichnungen im Text müssen – zumindest in der HTML-Variante »Strict« – innerhalb anderer Block-Elemente vorkommen. Im nachfolgenden Beispiel ist ein Textabsatz notiert und innerhalb davon stehen mehrere physische Textauszeichnungen. Am Anfang des Textbereichs, der ausgezeichnet werden soll, wird ein einleitendes Tag (im Beispiel die Tag <b> und <i>) eingefügt. Am Ende des gewünschten Textbereichs wird ein entsprechendes Abschluss-Tag eingefügt (z.B. </b> bzw. </i>).

Ein Beispiel:

```
<!DOCTYPE HTML PUBLIC "-//W3C//DTD HTML 4.01 Strict//EN"
      "http://www.w3.org/TR/html4/strict.dtd">
<html>
<head>
<title>Text des Titels</title>
</head>
<body>
<h1>Fett und schief</h1>

<p>Das Schwein ist <b>fett</b> und der Turm von Pisa ist <i>schief</i>.<br>
Und was ist <b><i>fett und schief</i></b>?</p>

</body>
</html>
```

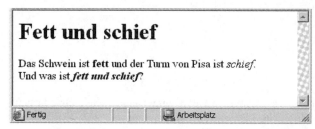

5.21: Physische Textauszeichnungen lassen sich auch kombinieren.

Folgende Elemente dieser Art stehen zur Verfügung:

Element (Notation)	Status	Bedeutung
`<b>...</b>`	HTML 2.0 · X HTML 1.0 · 2.0 · N 1.0	Zeichnet einen Text als fett aus.
`<i>...</i>`	HTML 2.0 · X HTML 1.0 · 1.0 · N 1.0	Zeichnet einen Text als kursiv aus.
`<tt>...</tt>`	HTML 2.0 · X HTML 1.0 · 1.0 · N 1.0	Zeichnet einen Text als dicktengleich formatiert aus (*tt = Teletyper = Fernschreiber*).
`<u>...</u>`	HTML 2.0 · X HTML 1.0 · ⚠ · 3.0 · N 2.0	Zeichnet einen Text als unterstrichen aus.
`<strike>...</strike>`	HTML 2.0 · X HTML 1.0 · ⚠ · 2.0 · N 3.0	Zeichnet einen Text als durchgestrichen aus.
`<s>...</s>`	HTML 4.0 · X HTML 1.0 · ⚠ · 4.0 · N 3.0	Zeichnet einen Text als durchgestrichen aus.
`<big>...</big>`	HTML 3.2 · X HTML 1.0 · 3.0 · N 2.0	Zeichnet einen Text größer als normal aus.
`<small>...</small>`	HTML 3.2 · X HTML 1.0 · 3.0 · N 2.0	Zeichnet einen Text kleiner als normal aus.
`<sup>...</sup>`	HTML 3.2 · X HTML 1.0 · 3.0 · N 2.0	Zeichnet einen Text als hochgestellt aus.
`<sub>...</sub>`	HTML 3.2 · X HTML 1.0 · 3.0 · N 2.0	Zeichnet einen Text als tiefgestellt aus.

Beachten Sie: Sie können auch – wie im obigen Beispiel – Elemente dieser Art verschachteln. Dadurch sollten sich die Effekte addieren. Ein Text, der also beispielsweise als fett und innerhalb davon als kursiv ausgezeichnet wird, sollte fettkursiv dargestellt werden.

5.8.2 HTML 4.0 · X HTML 1.0 · 3.0 · N 4.0 Physische Elemente für Textauszeichnung zusätzlich mit CSS formatieren

Mit CSS Stylesheets können Sie auch physische Elemente nach weiteren Wünschen formatieren. Maßgeblich sind im hier beschriebenen Zusammenhang z.B. folgende CSS-Eigenschaften: Schriftformatierung, Hintergrundfarben und -bilder. Ein Beispiel:

```
<!DOCTYPE HTML PUBLIC "-//W3C//DTD HTML 4.01 Strict//EN"
  "http://www.w3.org/TR/html4/strict.dtd">
<html>
<head>
<title>Text des Titels</title>
</head>
<body>
<h1>Fett und schief mit Stil</h1>

<p>Das Schwein ist <b style="background-color:#FFCCCC">fett</b> und der Turm
von Pisa ist <i style="font-weight:bold; background-color:#FFFF00">schief</i>.</p>

</body>
</html>
```

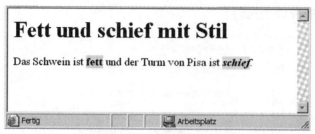

Fett und schief mit Stil

Das Schwein ist **fett** und der Turm von Pisa ist *schief*.

5.22: Mit CSS erweitern Sie die Darstellung von Text um vielfältige Optionen wie etwa eine farbliche Hinterlegung.

Die beiden Elemente für fette und kursive Schriftauszeichnung erhalten im Beispiel zusätzlich unterschiedliche Hintergrundfarben. Das i-Element wird außerdem fett ausgezeichnet – mit Hilfe von CSS.

5.9   Allgemeine Elemente für Textbereiche

5.9.1   HTML 3.2   X HTML 1.0   3.0   N 3.0   Allgemeines Block-Element

Sie können mehrere Elemente wie Text, Grafiken, Tabellen usw. in einen gemeinsamen Bereich einschließen. Dieses allgemeine Element bewirkt nichts weiter, als dass es in einer neuen Zeile des Fließtextes beginnt. Ansonsten hat es keine Eigenschaften. Es ist dazu gedacht, um mit Hilfe von CSS formatiert zu werden. Ein Beispiel:

```
<!DOCTYPE HTML PUBLIC
  "-//W3C//DTD HTML 4.01 Transitional//EN"
  "http://www.w3.org/TR/html4/loose.dtd">
<html>
<head>
<title>Text des Titels</title>
</head>
<body>

<div align="center">
<h1>Alles zentriert</h1>
<ul>
<li>alles zentriert</li>
<li>alles?</li>
<li>alles!</li>
</ul>
</div>

<div align="right">
<h1>Alles rechts am Rand</h1>
<ul>
```

```
<li>alles rechts am Rand</li>
<li>alles?</li>
<li>alles!</li>
</ul>
</div>

</body>
</html>
```

Mit `<div>` leiten Sie ein allgemeines Blockelement ein, in das Sie mehrere andere Block-Elemente einschließen können (*div = division = Bereich*). Alles, was zwischen diesem Tag und dem abschließenden `</div>` steht, wird als Teil des Bereichs interpretiert.

Einen solchen Bereich und alle seine enthaltenen Elemente können Sie mit dem Attribut `align=` im einleitenden `<div>`-Tag ausrichten. Mit `align="center"` richten Sie den Bereich mit allen seinen Elementen zentriert aus (*align = Ausrichtung, center = zentriert*), mit `align="right"` rechtsbündig (*right = rechts*). Mit `align="justify"` werden innere Elemente wie freistehender Text, Textabsätze oder Überschriften als Blocksatz ausgerichtet. Mit `align="left"` erzwingen Sie die linksbündige Ausrichtung von Elementen (Voreinstellung).

Beachten Sie: Das `div`-Element wird weiterhin zum HTML-Standard gehören. Das Attribut `align=` ist jedoch als *deprecated* eingestuft und soll künftig entfallen. Stattdessen sollten Sie mit CSS Stylesheets arbeiten.

5.9.2 HTML 3.2 X HTML 1.0 3.0 N 3.0 Älteres Block-Element für zentrierte Bereiche

Sie können mehrere Absätze, bestehend aus ganz verschiedenen Elementen wie Text, Grafiken, Tabellen usw., gemeinsam zentriert ausrichten. Dieses Element ist jedoch als *deprecated* eingestuft. Es ist mittlerweile eigentlich überflüssig und sollte nur noch in begründeten Ausnahmefällen (z.B. Abwärtskompatibilität zu Netscape 1.1) benutzt werden. Ein Beispiel:

```
<!DOCTYPE HTML PUBLIC
  "-//W3C//DTD HTML 4.01 Transitional//EN"
  "http://www.w3.org/TR/html4/loose.dtd">
<html>
<head>
<title>Text des Titels</title>
</head>
<body>

<center>
<h1>Zentrierter Kunsttext</h1>
<pre>
<big>.:*A*:._..:*S*:._..:*C*:._..:*I*:._..:*I*:._..:*~*:._..:*A*:._..:*R*:._..:*T*:.</big>
</pre>
</center>

</body>
</html>
```

Mit <center> leiten Sie einen Bereich ein, in dem alles, was folgt, zentriert ausgerichtet wird (*center = zentriert*). Das können z.B. Überschriften, Text, Grafiken oder Tabellen sein. Mit dem abschießenden Tag </center> beenden Sie die Zentrieranweisung.

5.9.3 ┌HTML┐┌X┐┌獼┐┌N┐ Allgemeines Inline-Element
       └4.0┘└HTML┘└4.0┘└4.0┘
              └1.0┘

Analog zum div-Element, das andere Block-Elemente enthalten kann, gibt es ein Element, das Text und andere Inline-Elemente enthalten kann, selbst aber keinerlei Eigenschaften hat und nichts bewirkt. Es ist dazu gedacht, um mit Hilfe von CSS formatiert zu werden. Ein Beispiel:

```
<!DOCTYPE HTML PUBLIC "-//W3C//DTD HTML 4.01 Strict//EN"
  "http://www.w3.org/TR/html4/strict.dtd">
<html>
<head>
<title>Text des Titels</title>
</head>
<body>

<h1 style="font-size:500%">
<span style="color:blue">A</span>
<span style="color:red">B</span>
<span style="color:green">C</span>
</h1>

</body>
</html>
```

<span> leitet einen allgemeinen Inline-Bereich ein. </span> beendet diesen Bereich. Das Beispiel zeigt eine Überschrift 1. Ordnung, die selbst bereits mit CSS formatiert ist und dadurch auf 500% Schriftgröße gebracht wird. Innerhalb der Überschrift sind die drei Buchstaben ABC notiert. Jeder davon ist in ein span-Element eingeschlossen, und bei jedem span-Element wird mit Hilfe von CSS eine andere Schriftfarbe zugewiesen.

Beachten Sie: In der »Strict«-Variante dürfen Inline-Elemente nur innerhalb von Block-Elementen notiert werden. Im obigen Beispiel ist das der Fall, da die span-Elemente innerhalb eines Überschriftenelements vorkommen.

5.9.4 ┌HTML┐┌X┐┌獼┐┌N┐ Allgemeine Elemente formatieren mit CSS
       └4.0┘└HTML┘└3.0┘└4.0┘
              └1.0┘

Allgemeine Elemente für Textbereiche erwachen durch Formatierung erst zum Leben. Mit CSS Stylesheets können Sie solche Elemente jedoch nach Wunsch formatieren. Maßgeblich sind im hier beschriebenen Zusammenhang z.B. folgende CSS-Eigenschaften: Schriftformatierung, Ausrichtung und Absatzkontrolle, Außenrand und Abstand, Innenabstand, Rahmen, Hintergrundfarben und -bilder, Positionierung und Anzeige von Elementen. Ein Beispiel:

```
<!DOCTYPE HTML PUBLIC "-//W3C//DTD HTML 4.01 Strict//EN"
  "http://www.w3.org/TR/html4/strict.dtd">
<html>
```

```
<head>
<title>Text des Titels</title>
</head>
<body>

<div style="text-align:center; padding:20px; border:thin solid red; margin:25px">
<h1>Alles zentriert</h1>
<ul>
<li>alles zentriert</li>
<li>alles?</li>
<li><span style="font-weight:bold; color:red">alles!</span></li>
</ul>
</div>

<div style="text-align:right; padding:20px; border:thin solid blue; margin:25px">
<h1>Alles rechts am Rand</h1>
<ul>
<li>alles rechts am Rand</li>
<li>alles?</li>
<li><span style="font-weight:bold; color:blue">alles!</span></li>
</ul>
</div>

</body>
</html>
```

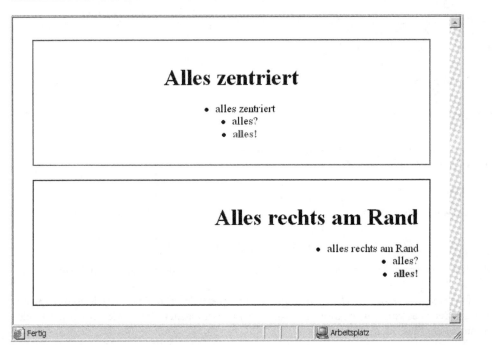

5.23:   Über CSS ziehen Sie zum Beispiel Rahmen um einen Bereich oder ändern die Ausrichtung.

Das Beispiel bewirkt eine ähnliche Ausgabe wie das im Abschnitt *Allgemeines Block-Element*, diesmal jedoch mit CSS Stylesheets formatiert und damit auch geeignet für die HTML-Variante »Strict«. Beide div-Bereiche erhalten einen dünnen durchgezogenen Rahmen, der erste rot, der zweite blau. Ein Innenabstand von 20 Pixeln sorgt dafür, dass der Text nicht am Rahmen klebt, und ein Außenabstand von 25 Pixeln stellt sicher, dass links, rechts über und unter den Rahmen Platz entsteht. Der letzte Listenpunkt in beiden Aufzählungslisten wird jeweils mit dem leeren Inline-Element span ausgezeichnet und erhält jeweils eine fette Schrift und eine Schriftfarbe zugewiesen.

5.10 Trennlinien

5.10.1 HTML 2.0 X HTML 1.0 2.0 N 1.0 Trennlinien definieren

Trennlinien dienen der optischen Abgrenzung von nicht unmittelbar zusammengehörigen Textabschnitten oder allgemein zur Auflockerung. Eine Trennlinie erzeugt einen eigenen Absatz. Ein Beispiel:

```
<!DOCTYPE HTML PUBLIC "-//W3C//DTD HTML 4.01 Strict//EN"
        "http://www.w3.org/TR/html4/strict.dtd">
<html>
<head>
<title>Text des Titels</title>
</head>
<body>

<p>Hier ist ein Abschnitt zu Ende.</p>
<hr>
<p>Und hier beginnt etwas Neues.</p>

</body>
</html>
```

Hier ist ein Abschnitt zu Ende.

––

Und hier beginnt etwas Neues.

Fertig   Arbeitsplatz

5.24: Mit Trennlinien gliedern Sie Texte und andere Elemente in überschaubare Einheiten

<hr> fügt eine Trennlinie ein (*hr = horizontal rule = Querlinie*). Dabei ist es egal, ob das Tag am Ende der Zeile des vorherigen Absatzes steht oder in einer eigenen Zeile (wie im Beispiel), oder am Anfang des folgenden Absatzes.

Beachten Sie: Wenn Sie XHTML-konform arbeiten, müssen Sie das hr-Element als inhaltsleer kennzeichnen. Dazu notieren Sie das allein stehende Tag in der Form ⟨hr /⟩. Weitere Informationen dazu im Kapitel 14.1.11 zu *XHTML und HTML*.

5.10.2 [HTML 3.2] [⚠] [X HTML 1.0] [N 1.1] [3.0] Trennlinien mit HTML gestalten

Mit Hilfe diverser HTML-Atrribute im ⟨hr⟩-Tag können Sie eine Trennlinie auffälliger gestalten. Diese Attribute sind allerdings allesamt als *deprecated* eingestuft und sollen künftig aus dem HTML-Standard entfallen. Empfohlen wird die Gestaltung von Trennlinien mit CSS. Ein Beispiel:

```
<!DOCTYPE HTML PUBLIC
  "-//W3C//DTD HTML 4.01 Transitional//EN"
  "http://www.w3.org/TR/html4/loose.dtd">
<html>
<head>
<title>Text des Titels</title>
</head>
<body>

<p>Hier ist ein Abschnitt zu Ende.</p>
<hr noshade width="300" size="3" align="left">
<p>Hier beginnt etwas Neues.</p>

</body>
</html>
```

Durch das Attribut noshade erreichen Sie, dass der Browser die Trennlinie massiv und durchgezogen, also nicht schattiert anzeigt (*noshade = unschattiert*). Wenn Sie XHTML-konform arbeiten, müssen Sie das Attribut in der Form noshade="noshade" notieren, da XML-basierte Sprachen keine Attribute ohne Wertzuweisung erlauben.

Durch das Attribut width= (*width = Breite*) erreichen Sie, dass der Browser die Trennlinie so breit anzeigt wie angegeben. Sie können eine Zahl oder einen Prozentwert angeben. Mit einer Zahl, z.B. 300, erzwingen Sie, dass die Trennline so viel Pixel breit dargestellt wird wie angegeben. Mit einem Prozentwert erreichen Sie, dass die Trennlinie maximal so viel Breite des Anzeigefensters einnimmt wie angegeben. Für eine prozentuale Angabe notieren Sie hinter der Zahl einfach ein Prozentzeichen (%).

Durch das Attribut size= (*size = Größe*) können Sie die Höhe (Dicke) der Trennlinie bestimmen. Die Voreinstellung beträgt 2 Punkt. Mit dem Wert 1 erzwingen Sie also eine besonders dünne Trennlinie, mit Werten über 2 können Sie dickere als die normalen Trennlinien erzeugen.

Mit align="left" erreichen Sie, dass die Trennlinie linksbündig ausgerichtet wird (*align = Ausrichtung, left = links*). Mit align="right" wird die Trennlinie rechtsbündig ausgerichtet (*right = rechts*) und mit align="center" zentriert (Voreinstellung). Das Ausrichten von Trennlinien ist allerdings nur in Verbindung mit dem Attribut width= sinnvoll, da die Trennlinie sonst stets über die gesamte verfügbare Breite geht.

Der MS Internet Explorer interpretiert darüber hinaus noch das Attribut color=. Erlaubt ist dabei eine HTML-übliche Farbangabe. Dieses Attribut hat jedoch nie zum HTML-Standard gehört.

5.10.3 [HTML 4.0] [X HTML 1.0] [5.0] Trennlinien mit CSS gestalten

Das <hr>-Tag können Sie auch mit CSS gestalten. Das ist strikt HTML-konform und Sie haben noch deutlich mehr Gestaltungsmöglichkeiten als mit HTML-Attributen. Leider interpretiert jedoch der Netscape-Browser CSS-Eigenschaften in Verbindung mit Trennlinien noch nicht (Stand: Version 6.1), und auch der Internet Explorer noch nicht so lange. Die Verwendung ist also mit Vorsicht zu genießen. Maßgeblich sind im hier beschriebenen Zusammenhang z.B. folgende CSS-Eigenschaften: Ausrichtung und Absatzkontrolle, Außenrand und Abstand, Rahmen, Positionierung und Anzeige von Elementen. Ein Beispiel:

```
<!DOCTYPE HTML PUBLIC "-//W3C//DTD HTML 4.01 Strict//EN"
    "http://www.w3.org/TR/html4/strict.dtd">
<html>
<head>
<title>Text des Titels</title>
</head>
<body>

<p>Hier ist ein Abschnitt zu Ende.</p>
<hr noshade style="width:300px; color:yellow; height:5px; text-align:left;
border:1px solid blue;">
<p>Hier beginnt etwas Neues.</p>

</body>
</html>
```

5.25: Mit CSS lassen sich Trennlinien weitgehend beeinflussen – allerdings ist der Effekt nur in den neusten Browser-Versionen sichtbar.

Das hr-Element erhält im Beispiel eine Breite von 300 Pixeln, eine Höhe von 5 Pixeln, wird linksbündig ausgerichtet, wird in gelber Farbe dargestellt und erhält noch einen dünnen blauen Rahmen drum herum.

5.11 Ältere Elemente zur Schriftformatierung

5.11.1 `HTML 3.2` `HTML 4.0` `X HTML 1.0` ⚠ 🗒 `N 1.1` Schriftart, Schriftgöße und Schriftfarbe

Die hier beschriebenen HTML-Elemente sind als *deprecated* eingestuft, das heißt, sie sollen in Zukunft aus dem HTML-Standard entfernt werden. Da es sich bei diesen Elementen um die schlimmste »Verunreinigung« von HTML als reiner Struktursprache handelt, die bisher passiert ist, gibt es richtige Kampfschriften und Hetzkampagnen gegen die weitere Verwendung dieser Elemente im Web. Diese Elemente stellten eine Notlösung in jener Zeit dar, als HTML noch keine Formatiersprache wie CSS zur Seite stand.

Im Hinblick auf die Rückwärtskompatibilität zu Netscape 3.x kann der Gebrauch der hier beschriebenen Elemente noch nicht grundsätzlich verdammt werden. Aber bevor Sie auf Style-Angaben verzichten, verzichten Sie mittlerweile lieber auf die hier beschriebenen Elemente und benutzen Sie die CSS-Entsprechungen. Ein Beispiel:

```
<!DOCTYPE HTML PUBLIC
  "-//W3C//DTD HTML 4.01 Transitional//EN"
  "http://www.w3.org/TR/html4/loose.dtd">
<html>
<head>
<title>Text des Titels</title>
</head>
<body>

<p>
<font size="7">Ziemlich riesiger Text</font><br>
<font size="1">Ziemlich winziger Text</font><br>
<font size="+1">Text etwas gr&ouml;&szlig;er als normal</font><br>
<font size="-2">Text deutlich kleiner als normal</font>
</p>

<p>
<font color="#FF0000">Knallroter Text</font><br>
<font color="#00C000">Gr&uuml;ner Text</font><br>
<font color="#0000FF">Blauer Text</font>
</p>

<p>
<font face="Avalon,Wide Latin">Das ist Text in Schriftart Avalon,
oder, falls Avalon nicht darstellbar, in Wide Latin</font>
</p>

<basefont size="2" color="#CC00CC" face="Verdana">

<h2>Da komme was wolle</h2>
<p>
Alles kleiner als normal, lila und in Schriftart Verdana
```

```
</p>

</body>
</html>
```

5.26: Mit den ausgemusterten Tags zur Schriftformatierung lässt sich eine Menge erreichen.

`<font>`...`</font>` definieren Sie einen Bereich für Schriftformatierung. Das Element darf selber nur Inline-Elemente enthalten, keine Block-Elemente. Wenn Sie also beispielsweise Textabsätze damit auszeichnen wollen, müssen Sie das `font`-Element jedes Mal innerhalb von `<p>`...`</p>` notieren. Die Browser sehen es zwar nicht so eng, wenn Sie es schlampiger verwenden, aber dann ist es nicht mehr HTML-konform. Durch Attribute im einleitenden `<font>`-Tag können Sie Schrift formatieren.

- `size=` bestimmt die Schriftgröße (*font size* = *Schriftgröße*). Sie können den Wert in Zahlen zwischen 1 und 7 angeben, oder relativ im Verhältnis zur Normalschriftgröße mit +Zahl bzw. Zahl. Die Normalschriftgröße ist 3. Mit `</font>` beenden Sie den Abschnitt mit anderer Schriftgröße. Bei den Angaben zu `<font size=...>` handelt es sich um relative Werte. Wenn der Anwender eine 12-Punkt-Schrift eingestellt hat, hat beispielsweise `<font size=5>` eine andere Wirkung, als wenn der Anwender eine 9-Punkt-Schrift eingestellt hat. Die Schriftgröße, die Sie mit `<font size=...>` bestimmen können, ist auch relativ zu der Schriftgröße des Absatztyps.

- `<font color=...>` bestimmt die Schriftfarbe (*font color* = *Schriftfarbe*). Erlaubt ist eine HTML-übliche Farbangabe.

- `<font face=...>` bestimmt die Schriftart (*font face* = *Schriftart*). Als Wert können Sie die Namen einer oder mehrerer Schriftarten zuweisen. Wenn Sie mehrere Schriftarten angeben, trennen Sie die Schriftartnamen durch Kommata. Bei mehreren angegebenen Schriftarten versucht der WWW-Browser zuerst, den Text in der ersten angegebenen Schriftart darzustellen (im Beispiel in `Avalon`). Wenn diese Schrift beim Anwender nicht installiert ist, wird versucht, die zweite angegebene Schrift (im Beispiel `Wide Latin`) zu nehmen. Wenn keine der angegebenen Schriftarten beim Anwender darstellbar ist, bleibt die Angabe wirkungslos, d.h. der Text wird in der vom Anwender eingestellten Schrift angezeigt. Verwenden Sie exakte Schriftartnamen. Unter MS-Windows können Sie eingestellte Schriftarten und ihre genauen Namen beispielsweise über die Systemsteuerung ermitteln.

* Das zweite Element zur Schriftformatierung ist das basefont-Element. Es ist ein allein stehendes Tag und bewirkt, dass die darin definierten Formatierungen für alle weiteren Elemente in der Datei gelten, solange, bis ein neues basefont-Element notiert ist oder bis zum Ende des Dokuments. Attribute und Werte sind die gleichen wie beim font-Element.

Beachten Sie: Das font-Element ist HTML 3.2, basefont dagegen HTML 4.0. Im einleitenden <font>-Tag können Sie ebenso wie im <basefont>-Tag mehrere Attribute notieren, also size=, color= und face= mischen. Netscape 4.x interpretiert <basefont color=> und <basefont face=> nicht. Wenn Sie XHTML-konform arbeiten, müssen Sie das basefont-Element als inhaltsleer kennzeichnen. Dazu notieren Sie das allein stehende Tag in der Form <basefont size="2" />. Weitere Informationen dazu im Kapitel 14.1.11 über *XHTML und HTML*.

5.11.2 HTML 4.0 HTML 1.0 N 4.0 3.0 CSS-Entsprechungen

Mit CSS Stylesheets können Sie alle Block- und Inline-Elemente nach Wunsch formatieren. Maßgeblich sind im hier beschriebenen Zusammenhang die CSS-Eigenschaften zur Schriftformatierung. Ein Beispiel:

```
<!DOCTYPE HTML PUBLIC "-//W3C//DTD HTML 4.01 Strict//EN"
  "http://www.w3.org/TR/html4/strict.dtd">
<html>
<head>
<title>Schriftart, Schriftg&ouml;&szlig;e und Schriftfarbe - CSS-
Entsprechungen</title>
</head>
<body>

<p>
<span style="font-size:250%">Ziemlich riesiger Text</span><br>
<span style="font-size:50%">Ziemlich winziger Text</span><br>
<span style="font-size:1.2em">Text etwas gr&ouml;&szlig;er als normal</span><br>
<span style="font-size:0.8em">Text deutlich kleiner als normal</span>
</p>


<p>
<span style="color:#FF0000">Knallroter Text</span><br>
<span style="color:#00C000">Gr&uuml;ner Text</span><br>
<span style="color:#0000FF">Blauer Text</span>
</p>


<p>
<span style="font-family:Avalon,Wide Latin">Das ist Text in Schriftart Avalon,
oder, falls Avalon nicht darstellbar, in Wide Latin</span>
```

```
</p>

<div style="font-size:70%; color:#CC00CC; font-family:Verdana">
<h2>Da komme was wolle</h2>
<p>
Alles kleiner als normal, lila und in Schriftart Verdana
</p>
</div>

</body>
</html>
```

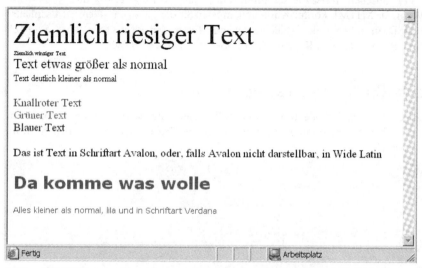

5.27:   Mit CSS lassen sich weitgehend die gleichen Effekte (und noch viel mehr) wie mit den ausgemusterten Tags erreichen.

Das Beispiel bewirkt in etwa die gleiche Ausgabe wie das Beispiel zuvor, jedoch ohne die Elemente font und basefont. Für die CSS-Schriftformatierungen innerhalb der Textabsätze wird das allgemeine Inline-Element span eingesetzt. Anstelle des allein stehenden <basefont>-Tags wird der restliche Abschnitt in ein allgemeines Block-Element div eingeschlossen, das die CSS-Formatierungen zugewiesen bekommt.

5.12   Ältere Browser-proprietäre Elemente

5.12.1   Lauftext – Marquee (Microsoft)

Sie können erreichen, dass ein Text mitten im übrigen Text automatisch horizontal scrollt, so wie in dem von Windows bekannten Bildschirmschoner »Marquee«. Diese Angaben gehören nicht zum HTML-Standard und werden nur vom Internet Explorer interpretiert. Ein Beispiel:

```
<html>
<head>
<title>Text des Titels</title>
</head>
<body>

<marquee scrollamount="50" scrolldelay="5">
<b>Dieser Text wird ziemlich schnell bewegt</b>
</marquee>
<marquee behavior="alternate">
<b>Dieser Text wird hin und her bewegt</b>
</marquee>
</body>
</html>
```

Mit <marquee> leiten Sie den zu scrollenden Inhalt ein. Dahinter folgt der Inhalt, der gescrollt werden soll. Am Ende notieren Sie ein abschließendes </marquee>.

- Mit direction="right" im einleitenden Tag erzwingen Sie die Laufrichtung von links nach rechts (*direction = Richtung, right = rechts*). Mit direction="left" stellen Sie die Laufrichtung auf rechts nach links (Voreinstellung).

- Durch das Attribut scrollamount= bestimmen Sie die Pixelanzahl zwischen den Scroll-Zuständen. Mit scrolldelay= legen Sie die Verzögerung zwischen zwei Scroll-Zuständen in Millisekunden fest (*amount = Zustand, delay = Verzögerung*).

- Mit behavior="alternate" erzwingen Sie den Wechsel-Effekt (*behavior = Verhalten, alternate = wechselnd*).

- Durch das Atrribut bgcolor= erzwingen Sie, dass der gescrollte Text in einem andersfarbigen Rahmen erscheint (*bgcolor = background color = Hintergrundfarbe*). Für die Farbauswahl gelten die Regeln zum Definieren von Farben in HTML.

- Mit align="top" erreichen Sie, dass der umgebende Text obenbündig zu dem Marquee-Text ausgerichtet wird. Mit align="middle" wird der umgebende Text mittig ausgerichtet, mit align="bottom" untenbündig (*align = Ausrichtung, top = oben, middle = mittig, bottom = unten*).

- Durch height= bestimmen Sie die Höhe des Marquee-Bereichs (*height = Höhe*). Diese Angabe ist vor allem interessant, wenn Sie für den Marquee-Bereich eine eigene Hintergrundfarbe bestimmen. Mit der Höhe des Marquee-Bereichs legen Sie dann die Höhe des andersfarbigen Kastens fest, in dem der Marquee-Text gescrollt wird. Die Angabe erfolgt entweder absolut in Pixeln oder in Prozent relativ zur Höhe des Anzeigefensters.

- Mit hspace= bestimmen Sie den Abstand zwischen Marquee-Text und dem Text davor bzw. dahinter (*hspace = horizontal space = horizontaler Abstand*). Dieses Attribut ist nur von Bedeutung, wenn Sie den Marquee-Bereich mitten im Text definieren. Der Wert erfolgt in Pixeln. Der angegebene Abstand gilt sowohl für den Text davor als auch für den Text dahinter.

Beachten Sie: Viele Leute wollen ja unbedingt so einen Lauftext auf ihrer Seite haben und sind ganz traurig, dass andere Browser das marquee-Element nicht kennen. Es gibt mehrere Alternativen zum `marquee`-Element. Eine davon ist, mit Hilfe von Dynamischem HTML einen Lauf-text-Effekt zu programmieren (Kapitel 21). Eine andere ist, so etwas mit Java oder Flash zu tun. Auf der Buch-CD finden Sie ein Beispiel mit einem Java-Applet.

5.12.2 ⃞ Mehrspaltiger Textfluss (Netscape)

Netscape unterstützt in den Versionen 3.x und 4.x (nicht mehr in 6.x!) eine Methode, mehrspaltigen Fließtext im Zeitungsstil in HTML zu realisieren. Dieses Feature gehört jedoch nicht zum HTML-Standard. Ein Beispiel:

```
<html>
<head>
<title>Text des Titels</title>
</head>
<body>

<multicol cols="3" gutter="10">
<p>Lesen des folgenden Textes ... usw.</p>
</multicol>

</body>
</html>
```

5.28: Das Tag für mehrspaltigen Text funktioniert nur bei Netscape 3.x und 4.x.

Mit `<multicol>` leiten Sie einen mehrspaltigen Abschnitt ein (*multicol = multiple columns = mehrere Spalten*). Zwingend erforderlich ist das Attribut `cols=`, mit dem Sie die Anzahl der gewünschten Spalten festlegen. Daran anschließend können beliebige andere Elemente folgen. Mit `</multicol>` wird der mehrspaltige Abschnitt beendet.

Alles, was zwischen dem einleitenden Tag `<multicol>` und dem abschließenden `</multicol>` steht, wird automatisch so verteilt, dass es sich optimal über die angegebene Anzahl Spalten erstreckt. Bei Bildern, Java-Applets usw. kann es allerdings zu unschönen Anzeigen kommen. Denn anders als bei Tabellen richtet sich die Breite einer Spalte nicht nach dem breitesten Inhalt, sondern nach der rechnerischen Spaltenbreite. Das kann dazu führen, dass Grafiken, die breiter sind als die Spalte, in die Nachbarspalte hineinreichen und sich mit dem dort stehenden Inhalt überlappen.

Durch das Attribut `width=` können Sie die Gesamtbreite der Spalten beeinflussen. Sie können eine Zahl oder einen Prozentwert angeben. Mit einer Zahl, z.B. 500, erzwingen Sie, dass alle Spalten zusammengenommen so viel Pixel breit sind wie angegeben. Mit einem Prozentwert erreichen Sie, dass alle Spalten zusammengenommen maximal so viel Breite des Anzeigefensters einnehmen wie angegeben. Für eine prozentuale Angabe notieren Sie hinter der Zahl einfach ein Prozentzeichen.

Mit dem Attribut `gutter=` können Sie den Abstand zwischen den Spalten vergrößern oder verkleinern. Die Voreinstellung ist ein Abstand von 10 Pixeln. Mit einem höheren Wert erreichen Sie einen größeren Spaltenabstand, mit einem niedrigeren Wert einen geringeren Spaltenabstand.

Beachten Sie: Eine Alternative zu diesem HTML-Element gibt es derzeit nicht. In CSS war mehrspaltiger Textfluss einmal vorgesehen, wurde dann jedoch wieder verworfen. Mehrere Spalten nebeneinander können Sie durch Tabellen ohne sichtbaren Rahmen erzwingen (Kapitel 8.6). Dabei bricht jedoch der Text nicht automatisch zwischen den Spalten um.

5.12.3 [N 3.0] Raumschaffer (Netscape)

Ein HTML-Element, das von Netscape 3.x und 4.x (nicht mehr 6.x!) interpretiert wird, erlaubt es, horizontale und vertikale Leerräume zu schaffen. Dadurch lassen sich beispielsweise Absatzabstände vergrößern. Ein Beispiel:

```
<html>
<head>
<title>Text des Titels</title>
</head>
<body>

<p>Wer nichts wagt, kann nichts verlieren.</p>
<spacer type="vertical" size="50">
<p>Wer sich nicht sicher ist, kann sich nicht irren.</p>

</body>
</html>
```

Mit `<spacer>` leiten Sie einen Zwischenraum ein (*spacer = Raumschaffer*). Notieren Sie das Tag genau an der Stelle, wo Sie den Zwischenraum wünschen. Mit `type="vertical"` geben Sie an, dass es ein vertikaler Zwischenraum sein soll, wie es für Absatzabstände erforderlich ist. Mit type="horizontal" können Sie auch horizontale Abstände erzeugen. Mit dem Attribut size= bestimmen Sie die Größe des Abstands. Die Angabe erfolgt in Pixeln (*size=Größe*).

Durch type="block" (*block = Rechteck*), width= (*width=Breite*) und height= (*height=Höhe*) definieren Sie einen rechteckigen Leerraum. Mit width= bestimmen Sie die Breite des Rechtecks, mit height= die Höhe. Beide Angaben erfolgen in Pixeln. Wenn Text um das Rechteck fließen soll, sollten Sie die Ausrichtung festlegen. Mit der Angabe align="left" fließt der folgende Text rechts um das links ausgerichtete Rechteck, mit der Angabe align="right" fließt er links um das rechts ausgerichtete Rechteck.

Beachten Sie: Für das, was dieses Element leistet, benutzt man heute CSS Stylesheets. Maßgeblich sind die CSS-Eigenschaften für Außenrand und Abstand.

5.12.4 ⃞ Blinkender Text (Netscape)

Netscape führte in seinen Frühzeiten die Möglichkeit ein, Text blinken zu lassen. Alles was zwischen <blink> und </blink> steht, blinkt im Netscape-Browser, aber auch nur dort. Ein Beispiel:

```
<html>
<head>
<title>Text des Titels</title>
</head>
<body>
<h1><blink>Warnung!</blink></h1>
</body>
</html>
```

Beachten Sie: Blinkenden Text können Sie ganz offiziell mit der CSS-Eigenschaft text-decoration erzeugen. Auch die entsprechende Wertzuweisung für blinkenden Text wird jedoch nur von Netscape interpretiert. Für eine Lösung, die mit beiden Browsern funktioniert, müssen Sie mit Dynamischem HTML (Kapitel 21) programmieren.

6 Verweise

6.1 Verweise definieren und gestalten

6.1.1 Allgemeines zu Verweisen

Verweise sind ein entscheidender Bestandteil jedes Hypertext-Projekts und der »intelligente Mehrwert« des World Wide Web. Mit Hilfe von Verweisen strukturieren Sie Ihr Projekt. Wenn Sie beispielsweise eine HTML-Datei mit einer Projekt-Einstiegsseite und verschiedene HTML-Dateien für Themenseiten planen, brauchen Sie in der Einstiegsseite Verweise zu allen Themenseiten und in jeder Themenseite einen Rücksprungverweis zur Einstiegsseite. Erst dadurch wird aus der losen Dateisammlung ein zusammenhängendes Web-Projekt, eine Homepage. In komplexeren Projekten wie dem vorliegenden Dokument finden Sie auch Verweise mit bestimmter Bedeutung – Verweise zu übergeordneten oder untergeordneten Ebenen, Verweise zum Blättern, Verweise zum Wechseln zwischen Beschreibungen und Anzeigebeispielen, Querverweise, Verweise zu anderen Web-Adressen usw.

Alle Verweise in HTML haben den gleichen Aufbau. Das vereinfacht die Syntax, hat aber auch Nachteile: Es gibt nämlich keine Verweise für bestimmte Aufgaben. Mittlerweile gibt es zwar auch Attribute für solche Zwecke, aber in der Praxis ist es Ihnen überlassen, wie Sie zum Beispiel Verweise so gestalten, dass dem Anwender klar wird, ob es sich um einen Rückverweis zur Einstiegsseite, um einen Querverweis zu einem assoziativ verwandten Thema oder etwa um einen Verweis zu einer ganz anderen Web-Adresse handelt.

- Wichtig ist in allen Fällen ein aussagekräftiger Verweistext.
  Schlecht ist: <u>zurück</u> (wohin eigentlich?)
  Besser ist: <u>zurück zur Einstiegsseite</u> (ah ja!)

- Verweise lenken die Aufmerksamkeit des Anwenders sofort auf sich. Wenn Sie Verweise mitten im Text notieren, sollten Sie als Verweistext inhaltlich beschreibende Wörter anbieten, keine Wörter ohne Inhalt.
  Schlecht ist: Für weitere Information klicken Sie <u>hier</u> (worum geht es »hier« eigentlich?)
  Gut ist: <u>Weitere Information</u> können Sie ebenfalls aufrufen (ah ja!)

- Bei komplexeren Projekten sollten Sie sich überlegen, wie Sie dem Anwender die Vielzahl der Verweise mit unterschiedlicher Bedeutung intuitiv zugänglich machen. Ein sinnvoller Weg ist, den Verweisen kleine Symbolgrafiken voranzustellen, so wie es in der HTML-Version dieses Buches auf der Buch-CD auch der Fall ist (siehe auch *Grafiken einbinden*, Kapitel 7). Durch aussagekräftige Symbole können Sie dem Anwender sofort signalisieren, um welche Art von Verweis es sich handelt. Die Symbolgrafiken sollten jedoch in der Höhe nicht größer sein als normaler Fließtext – normalerweise etwa 10-12 Pixel. Auch Grafiken als Verweise (Kapitel 7.3) tragen häufig zu einer besseren Verweiskennzeichnung bei.

- Zu wenige Verweise erschweren das Navigieren in einem Projekt und zeugen von wenig Kreativität beim Anbieter des Projekts. Zu viele Verweise verwirren den Anwender und können ein »Lost-in-Hyperspace-Gefühl« erzeugen – auch das wirft kein gutes Licht auf den Projektanbieter. Setzen Sie deshalb alle Verweise, die zum bequemen Navigieren nötig sind, und denken Sie auch an Querverweise sowie an sinnvolle Verweise zu anderen WWW-Adressen. Übertreiben Sie die Querverweistechnik aber nicht.

6.1.2 HTML 2.0 HTML 1.0 1.0 N 1.0 Beispiele für Verweise

Alle Verweise in HTML haben einen einheitlichen Aufbau, egal ob sie zu einem Verweisziel in der gleichen Datei, zu einer anderen Datei im eigenen Projekt, zu einer beliebigen WWW-Adresse oder zu einer beliebigen Datei eines anderen Dateityps im Internet oder lokal auf dem eigenen Rechner führen. Ein Beispiel:

```
<!DOCTYPE HTML PUBLIC "-//W3C//DTD HTML 4.01 Strict//EN"
        "http://www.w3.org/TR/html4/strict.dtd">
<html>
<head>
<title>Text des Titels</title>
</head>
<body>

<h1>Eine kleine Verweissammlung</h1>

<p>
<a href="http://www.tagesschau.de/">
  ARD Tagesschau
</a>
Nachrichten<br>
<a href="http://www.heise.de/newsticker/">
  Heise Newsticker
</a>
Computer-Nachrichten<br>
<a href="http://de.news.yahoo.com/">
  Yahoo Nachrichtenticker
</a>
Nachrichten<br>
<a href="http://www.oneworld.org/news/today/">
  OneWorld News
</a> Nachrichten (en)
</p>
<p>
<a href="/">Wohin der wohl f&uuml;hren mag?</a><br>
<a href="./">Und der hier?</a>
</p>

</body>
</html>
```

6.1: Verweise führen den Besucher einer Web-Seite zu anderen »Orten« im WWW.

Für Verweise in HTML gibt es das a-Element (*a = anchor = Anker*). Damit jedoch ein Verweis aus diesem Element wird, ist das Attribut href= erforderlich (*href = hyper reference = Hyper(text)-Referenz*). Als Wert an das href-Attribut weisen Sie das gewünschte Verweisziel zu. Als Inhalt des a-Elements, also zwischen <a> und </a>, notieren Sie den Text, der dem Anwender als Verweis angeboten wird (bei den meisten Web-Browsern andersfarbig, meist unterstrichen).

Im obigen Beispiel führen die ersten vier Verweise zu anderen Web-Angeboten. Die letzten beiden Verweise führen zu »lokalen« Zielen. Um die Syntax möglicher Verweisziele zu verstehen, müssen Sie sich mit dem Referenzieren in HTML (Kapitel 3.7) vertraut machen.

Beachten Sie: Als Inhalt des a-Elements, also bei Verweisen der Verweistext, ist nicht nur reiner Text erlaubt. Sie können im Verweistext auch andere Inline-Elemente notieren. Unter anderem können Sie anstelle von Text auch eine Grafik referenzieren und auf diese Weise Grafiken als Verweise fungieren lassen, was in der Praxis des Web-Designs recht häufig vorkommt.

6.1.3 Verweise optisch gestalten mit CSS

Wenn Sie nichts anderes angeben, erhalten Verweise bei der Darstellung die im Browser voreingestellten Farben, z.B. blau für Verweise zu noch nicht besuchten Seiten, und violett für Verweise zu bereits besuchten Seiten. Um dateiweit eigene Verweisfarben zu bestimmen, können Sie die Attribute verwenden, die im Abschnitt Farben für Text und Verweise (Kapitel 4.2.1) beschrieben werden. Darüber hinaus gibt es aber die Möglichkeit, Verweise mit Hilfe von CSS individueller zu gestalten. Unter anderem ist es auch möglich, die meist voreingestellte Unterstreichung des Verweistextes zu unterdrücken. Ein Beispiel:

```
<!DOCTYPE HTML PUBLIC "-//W3C//DTD HTML 4.01 Strict//EN"
      "http://www.w3.org/TR/html4/strict.dtd">
<html>
<head>
<style type="text/css">
<!--
a:link { text-decoration:none; font-weight:bold; color:#E00000; }
a:visited { text-decoration:none; font-weight:bold; color:#800000; }
a:hover { text-decoration:none; font-weight:bold; background-color:#FFFF00; }
```

```
 a:active { text-decoration:none; font-weight:bold; background-color:#CCFFFF; }
-->
</style>
<title>Text des Titels</title>
</head>
<body>

<h1>Eine kleine Verweissammlung</h1>

<p>
<a href="http://www.tagesschau.de/">
 ARD Tagesschau
</a> Nachrichten<br>
<a href="http://www.heise.de/newsticker/">
 Heise Newsticker
</a> Computer-Nachrichten<br>
<a href="http://de.news.yahoo.com/">
 Yahoo Nachrichtenticker
</a> Nachrichten<br>
<a href="http://www.oneworld.org/news/today/">
 OneWorld News
</a> Nachrichten (en)
</p>
<p>
<a href="/" style="color:green">
 Wohin der wohl f&uuml;hren mag?
</a><br>
<a href="./" style="color:green">Und der hier?</a>
</p>

</body>
</html>
```

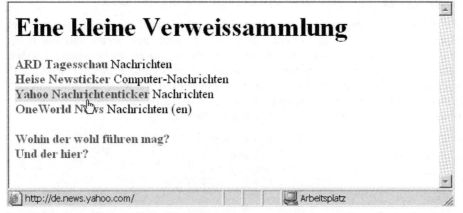

6.2: Die Links aus dem vorhergehenden Beispiel, diesmal mal mit Hilfe von CSS formatiert.

Das Beispiel arbeitet konsequent mit CSS Stylesheets. Dazu ist im Dateikopf der HTML-Datei ein eigener zentraler Bereich zum Definieren von CSS-Formaten notiert (`<style>`...`</style>`). Näheres dazu finden Sie im CSS-Kapitel im Abschnitt *Zentrale Formate definieren* (Kapitel 15.3). Der vielfache Wunsch von Web-Designern, die Unterstreichung des Verweistextes zu unterdrücken, wird durch die CSS-Angabe `text-decoration:none` erzielt (`text-decoration: underline` würde übrigens die Voreinstellung, also unterstrichenen Verweistext bewirken). Weitere im Beispiel verwendete Formatdefinitionen sind `font-weight:bold;` (fette Schrift) sowie Angaben zur Farbe (`color:`) und zur Hintergrundfarbe (`background-color:`). Die entsprechenden CSS-Eigenschaften werden in den Abschnitten über Schriftformatierung und Hintergrundfarben und -bilder beschrieben.

Was im obigen Beispiel auffällt, ist, dass für insgesamt vier »Verweistypen« CSS-Formate definiert werden. Mit `a:link` sind Verweise zu noch nicht besuchten Seiten gemeint, mit `a:visited` Verweise zu bereits besuchten Seiten, mit `a:hover` Verweise, während der Anwender mit der Maus über den Verweistext fährt, und mit `a:active` Verweise, wenn sie angeklickt werden oder sind. Weitere Einzelheiten dazu werden im Abschnitt *Pseudoformate für Verweise* (Kapitel 15.3.8) beschrieben.

Die beiden letzten Verweise im obigen Beispiel werden individuell formatiert. Sie übernehmen die zentral definierten CSS-Formate, erhalten aber zusätzlich eine eigene Verweistextfarbe zugewiesen. Dazu wird im einleitenden `<a>`-Tag das Attribut `style=` notiert.

6.1.4 HTML 4.0 · XHTML 1.0 · 3.0 · N 2.0 Zielfenster für Verweise bestimmen

Per Voreinstellung werden alle Verweise im aktuellen Fenster geöffnet – es sei denn, Sie haben in den Kopfdaten der HTML-Datei eine Zielfensterbasis angegeben und dort etwas anderes bestimmt. Bei einzelnen Verweisen können Sie jedenfalls unabhängig davon entscheiden, ob ein Verweisziel im aktuellen Browser-Fenster ausgegeben, oder ob ein neues Fenster dafür geöffnet werden soll. Bei Verweisen zu fremden Web-Angeboten kann es beispielsweise sinnvoll sein, das Verweisziel in einem neuen Fenster zu öffnen. So braucht der Anwender das eigene Web-Angebot nicht verlassen, sondern bekommt das andere Angebot einfach in einem neuen Fenster angezeigt. Die Seite Ihres Angebots mit dem Verweis bleibt in einem Fenster im Hintergrund erhalten.

Ein Beispiel:

```
<!DOCTYPE HTML PUBLIC
  "-//W3C//DTD HTML 4.01 Transitional//EN"
  "http://www.w3.org/TR/html4/loose.dtd">
<html>
<head>
<title>Text des Titels</title>
</head>
<body>

<h1>SELFHTML aktuell</h1>
<p>
immer wieder neu: <a href="http://selfaktuell.teamone.de/" target="_blank">SELFHTML
aktuell</a>
</p>
```

```
</body>
</html>
```

Mit dem Attribut `target=` im einleitenden `<a>`-Tag können Sie ein Zielfenster für den Verweis festlegen. Wenn Sie den Verweis in einem neuen Fenster öffnen wollen, weisen Sie bei `target` den Wert `_blank` zu (mit dem Unterstrich am Anfang!).

Weitere mögliche Wertzuweisungen an `target=` sind:

- `_self`, um den Verweis im aktuellen Fenster zu öffnen,
- `_parent`, um bei verschachtelten Framesets das aktuelle Frameset zu sprengen,
- `_top`, um bei verschachtelten Framesets alle Framesets zu sprengen,
- sowie ein beliebiger Fenstername, der in einem Frameset definiert ist.

Genauere Einzelheiten zu den Angaben im Zusammenhang mit Frames finden Sie im Abschnitt *Verweise zu anderen Frames und zum Sprengen von Framesets* (Kapitel 9.3).

Beachten Sie: Das `target`-Attribut ist zwar nicht als *deprecated* gekennzeichnet, doch um es einzusetzen, müssen Sie die HTML-Variante »Transitional« verwenden. Der Grund ist, dass dieses Attribut vorwiegend für Verweise bei Verwendung von Frames gedacht ist und Frames eine eigene HTML-Variante haben, die von der Einstufung her der Variante »Transitional« entspricht (auf gut Deutsch: nicht der »reinen Lehre« entspricht). Anstelle von `target="_blank"` können Sie auch `target="Halligalli"` oder sonst irgendeinen Unsinn notieren. Wenn es kein Fenster mit diesem Namen gibt, öffnen die Web-Browser das Verweisziel in einem neuen Browser-Fenster.

6.2   Projektinterne Verweise

6.2.1 `HTML 2.0` `X HTML 1.0` `1.0` `N 1.0` Verweise zu Dateien oder Quellen im Projekt

Ein Web-Projekt besteht typischerweise aus mehreren bis vielen Einzelseiten, die miteinander verlinkt sind. Einleitende Bemerkungen dazu finden Sie im Abschnitt *Informationsverteilung und Dateiorganisation* (Kapitel 3.9). Um Verweise auf andere Projektdateien zu definieren, empfiehlt es sich, relative Angaben zum Verweisziel zu machen. Das Projekt bleibt dadurch flexibler, und die Verweise funktionieren auch in anderen Umgebungen (z.B. solange Sie das Projekt lokal auf Ihrem PC erstellen und austesten wollen, oder wenn Sie es mal auf CD-ROM präsentieren möchten).

Beispiel Teil 1 – *index.htm*:

```
<!DOCTYPE HTML PUBLIC "-//W3C//DTD HTML 4.01 Strict//EN"
  "http://www.w3.org/TR/html4/strict.dtd">
<html>
<head>
<title>Text des Titels</title>
</head>
<body>
```

```
<h1>Homepage</h1>
<p>Dies ist eine ganz einfache Homepage mit einem <a href="zweiteseite.htm">Verweis
zu einer anderen Seite des Projekts</a>. Eine <a
href="../../tabellen/anzeige/layout.htm">aufwendigere Homepage mit projekt-internen
Verweisen</a> k&ouml;nnen Sie aber ebenfalls aufrufen.</p>
</body>
</html>
```

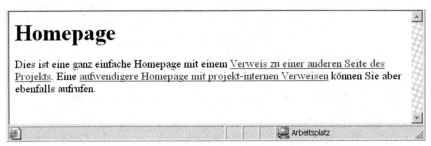

6.3: So sieht die Beispielseite aus: Die Verweise führen auf zwei weitere Web-Seiten.

Beispiel Teil 2 – *zweiteseite.htm*:

```
<!DOCTYPE HTML PUBLIC "-//W3C//DTD HTML 4.01 Strict//EN"
  "http://www.w3.org/TR/html4/strict.dtd">
<html>
<head>
<title>Text des Titels</title>
</head>
<body>

<div style="width:100%; border:thin solid gray; padding:5px">
<a href="index.htm">Homepage</a>
</div>

<h1>Zweite Seite</h1>
<p>Ja, hurra, geschafft!</p>

</body>
</html>
```

Das Beispiel zeigt zwei kleinere HTML-Dateien. Die erste – mit Namen *index.htm* – enthält einen Verweis zur zweiten Datei. Der Dateiname der zweiten Datei lautet *zweiteseite.htm*. Beide Dateien sind im gleichen Verzeichnis abgelegt. Deshalb genügt bei `href=` die Angabe des Dateinamens ohne weitere Zusätze. Im Beispiel der Datei *index.htm* wird aber auch noch gezeigt, wie Verweise zu Dateien in anderen Verzeichnissen definiert werden. Die genaue Syntax solcher relativen Angaben wird im Abschnitt *Mit relativen Pfadangaben relativ zum Basis-URI referenzieren* (Kapitel 3.7.3) beschrieben.

Die zweite Datei im Beispiel (*zweiteseite.htm*) enthält einen typischen »Rückverweis« auf die erste Seite, also auf die »Einstiegsseite«. Ein Rückverweis ist kein spezieller Verweis, sondern einfach wieder ein Verweis auf die gewünschte Datei. Da beide Dateien im gleichen Verzeichnis liegen, genügt auch in diesem Fall wieder die Angabe des Dateinamens, also `href="index.htm"`.

Beachten Sie: Der »Rückverweis« in der zweiten Datei wird im obigen Beispiel mit Hilfe eines allgemeinen Bereichs, dem ein paar CSS-Formate zugewiesen sind, optisch etwas aufgewertet. Er steht am Anfang des sichtbaren Dateikörpers und durch den Rahmen, den er dank CSS erhält, wirkt der Bereich wie eine Navigationsleiste. Es ist sehr empfehlenswert, solche typischen Navigationsverweise immer an der gleichen Stelle einer Seite zu notieren und optisch so zu gestalten, dass der Navigationszweck ersichtlich ist. HTML bietet keine speziellen Verweise oder gestalterischen Möglichkeiten für Navigationsleisten und Navigationsverweise an. Navigationsleisten müssen Sie mit den zur Verfügung stehenden Bordmitteln selbst kreieren. (Genaugenommen ist diese Aussage falsch: HTML bietet sehr wohl so etwas an, nämlich mit der Möglichkeit, logische Beziehungen wie in Kapitel 4.1.12 beschrieben zu definieren. Leider wird dies jedoch von den Browsern bis heute nicht unterstützt.)

6.2.2 ⬛⬛⬛⬛ Anker definieren und Verweise zu Ankern

Sie können innerhalb einer HTML-Datei Anker definieren. Dann können Sie Verweise zu solchen Ankern setzen, um einen Sprung genau an die Ankerstelle innerhalb der Datei zu veranlassen. Der Verweis kann in der gleichen Datei stehen. Dann wird einfach ein Sprung innerhalb der angezeigten Seite ausgeführt. Der Verweis kann aber auch in einer anderen Datei stehen. Dann wird die Zieldatei geladen, und der Browser springt, sobald er die Stelle mit dem Anker geladen hat, an die entsprechende Stelle innerhalb der Datei. Ein Beispiel:

```
<!DOCTYPE HTML PUBLIC "-//W3C//DTD HTML 4.01 Strict//EN"
  "http://www.w3.org/TR/html4/strict.dtd">
<html>
<head>
<title>Text des Titels</title>
</head>
<body>

<h1><a name="anfang">Lange Seite</a></h1>

<p><a href="#kap02">Kapitel 2</a></p>
<hr><hr><hr><hr><hr><hr><hr><hr><hr><hr><hr><hr><hr>
<!-- usw. lauter Trennlinien, um Raum zu schaffen -->

<h2><a name="kap02">Kapitel 2</a></h2>

<p><a href="#anfang">Seitenanfang</a> oder
<a href="../projektintern.htm#anker">
  Anker definieren und Verweise zu Ankern
</a></p>

<hr><hr><hr><hr><hr><hr><hr><hr><hr><hr><hr><hr><hr>
<!-- usw. lauter Trennlinien, um Raum zu schaffen -->

</body>
</html>
```

Ein Anker wird genau wie ein Verweis mit Hilfe des a-Elements erzeugt. Der Unterschied besteht darin, dass kein Attribut `href=` notiert wird, sondern stattdessen ein Attribut `name=`.

Ein kompletter Anker sieht also so aus:

```
<a name="Ankername">...</a>
```

Den Ankernamen können Sie frei vergeben. Vergeben Sie keine zu langen Namen. Namen dürfen keine Leerzeichen und keine deutschen Umlaute enthalten. Das erste Zeichen muss ein Buchstabe sein. Danach sind auch Ziffern erlaubt. Benutzen Sie als Sonderzeichen im Namen höchstens den Unterstrich (_), den Bindestrich (-), den Doppelpunkt (:) oder den Punkt (.).

Was Sie zwischen `<a name="Ankername">` und `</a>` als Inhalt notieren, ist das Sprungziel für Verweise, die zu diesem Anker führen. Es ist durchaus erlaubt, einen leeren Anker zu notieren, also `<a name="Ankername"></a>`. Einige ältere Browser führen Verweise zu leeren Ankern jedoch nicht aus, weshalb es besser ist, den Anker immer um einen konkreten Inhalt zu setzen. Beachten Sie dabei aber, dass das a-Element selber ein Inline-Element ist und keine Block-Elemente als Inhalt haben darf. Wenn Sie also beispielsweise eine Überschrift als Anker definieren wollen, was ja durchaus typisch ist, dann notieren Sie die Elementverschachtelung immer in dieser Form:

```
<h2><a name="Ankername">Text der Überschrift</a></h2>
```

Um innerhalb einer Datei einen Verweis zu einem in der Datei vorhandenen Anker zu notieren, gilt folgendes Schema:

```
<a href="#Ankername">Verweistext</a>
```

Das Verweisziel beginnt also mit einem Gatterzeichen #, unmittelbar gefolgt vom Ankernamen. Wenn der Verweis zu einem Anker in einer anderen Datei führen soll, wird zuerst die Datei adressiert. Hinter dem Dateinamen folgt das Gatterzeichen # und dahinter der Ankername.

Beachten Sie: Obwohl HTML nicht zwischen Groß- und Kleinschreibung unterscheidet, ist es in jedem Fall empfehlenswert, Ankernamen bei Ankern und Verweisen dorthin genau gleich zu schreiben. Einige Browser führen den Verweis nämlich nicht aus, wenn der Ankername beim Anker und beim Verweis dorthin unterschiedliche Groß-/Kleinschreibung verwendet. Wenn Sie **XHTML-konform** arbeiten wollen, müssen Sie in jedem Fall auf einheitliche Groß-/Kleinschreibung achten, da XHTML im Gegensatz zu HTML Groß-/Kleinschreibung streng unterscheidet. Bei Verweisen innerhalb einer Datei erzeugt der Web-Browser, wenn die Datei in einer http-Umgebung angezeigt wird, keinen neuen Server-Zugriff, sofern er die Datei so vollständig in den Arbeitsspeicher geladen hat, dass er den Sprung ausführen kann.

Einige Browser, z.B. der Internet Explorer, kennen auch »intern reservierte« Ankernamen wie top. Wenn Sie also einen Verweis `<a href="#top">...</a>` notieren und kein Anker dieses Namens in der Datei existiert, springt der Browser beim Ausführen des Verweises an den Anfang der Seite. Manche Browser haben Schwierigkeiten, zu Ankern zu springen, die innerhalb einer Tabelle notiert sind.

Es ist durchaus möglich, a-Elemente zu notieren, die sowohl ein href- als auch ein name-Attribut haben! Absichtlich selbstbezügliche Verweise können Sie beispielsweise so erzeugen:

```
<a name="hier" href="#hier">immer sch&ouml;n hierbleiben!</a>
```

6.3   Projektexterne Verweise

6.3.1   Allgemeines zu projektexternen Verweisen

Aus technischer Sicht stellen projektexterne Verweise kein großes Problem dar. Im Abschnitt *Referenzieren in HTML* (3.7) wird beschrieben, welche Möglichkeiten zur Referenzierung bestehen. Diese Möglichkeiten sind beim href-Attribut des <a>-Tags erlaubt. Dennoch sollten Sie einiges mehr über projektexterne Verweise wissen:

- Im Normalfall dürfen Sie ungefragt Verweise auf fremde Web-Angebote setzen. Sie brauchen also keine E-Mail an den Anbieter mit Bitte um Genehmigung zu schreiben, wenn Sie auf sein Angebot einen Link setzen wollen. Jeder Anbieter, der mit seinem Web-Projekt online geht, muss sich im Klaren darüber sein, dass er Teil eines weltweiten Hypertext-Systems ist, in dem er nicht allein ist. Wenn er das nicht akzeptieren kann, ist er im Web fehl am Platz und hat das falsche Medium gewählt. Die Grundregeln des Web werden von den Ideen des Web bestimmt, nicht von den hermetischen Zwangsvorstellungen einiger Zuspätgekommener.

- Es gibt jedoch Ausnahmen von der Regel. Wenn Sie beispielsweise selbst ein sehr stark frequentiertes Web-Angebot haben und auf dessen Einstiegsseite einen Verweis auf die Homepage eines kleinen, unbekannten Anbieters setzen, dann sollten Sie ihn vorher fragen. Der Grund: Durch die vielen zu erwartenden Besucher, die über Ihren Verweis auf das fremde Angebot finden, wird dort plötzlich sehr viel **Traffic** (Besucherverkehr und Datenübertragung) erzeugt. Viele Anbieter haben bei ihrem Provider eine Volumenbegrenzung, und wenn diese überschritten wird, entstehen den Anbietern unkalkulierbare Kosten. Auch könnte es sein, dass der fremde Server nicht sehr belastungsfähig ist und durch die vielen plötzlichen Besucher zusammenbricht.

- Eine andere Ausnahme ist, wenn Sie den Verweis in einem negativen Kontext setzen. Wenn Sie also auf einen Anbieter verweisen, nur weil sie ihn auf Ihren eigenen Seiten heftig kritisieren, dann ist es sicherer, sich dort eine Bestätigung einzuholen, dass ein solcher Verweis gebilligt wird. Juristisch sicher ist eine solche Bestätigung aber nur, wenn sie mit Unterschrift in dokumentenechter Form von einer dafür zuständigen Person geleistet wird.

- Eine Sache, gegen die man sich im Sinne der Zivilcourage wehren sollte, ist der Versuch von Anbietern, juristisch gegen so genannte **Deeplinks** (Verweise in die Tiefe eines fremden Angebots) vorzugehen. Weltweiter Hypertext im Web bedeutet, dass auf vorhandene URIs verwiesen werden darf. Schließlich kann sich auch jeder Anwender auf jeden URI ein Lesezeichen (Bookmark, Favoriten) in seinem Browser setzen. Das kann auch eine Datei tief in einem fremden Web-Angebot sein. Es gibt von Anbieterseite aus technische Möglichkeiten, Deeplinks auf eine allgemeinere Seite umzulenken. Wenn er also nicht will, dass Deeplinks auf sein Angebot gesetzt werden, dann soll er von diesen technischen Möglichkeiten Gebrauch machen.

Weitere Informationen und Bemerkungen zu Diskussionen, die Sie zu diesen Themenkomplexen kennen sollten, finden Sie im Abschnitt *Rechtliche Aspekte von Web-Projekten* (Kapitel 25.6).

6.3.2   HTML 2.0 XHTML 1.0 ⚅ 1.0 N 1.0 Beispiele für projektexterne Verweise

Die einzige Bedingung, die beim Anwender erfüllt sein muss, damit er projektexterne Verweise ausführen kann, ist eine bestehende Internet-Verbindung. Ein Beispiel:

```
<!DOCTYPE HTML PUBLIC "-//W3C//DTD HTML 4.01 Strict//EN"
  "http://www.w3.org/TR/html4/strict.dtd">
<html>
<head>
<title>Text des Titels</title>
</head>
<body>

<h1>Besuchen Sie doch mal...</h1>

<p>
<a href="http://www.teamone.de/training/">
  ein paar Kurse &uuml;ber die hier vermittelten Inhalte
</a><br>
<a href="http://www.atomic-eggs.com/selfspezial/guests/advguest.cgi?view">
  das <i>SELFSpezial</i>-G&auml;stebuch
</a><br>
<a href="http://babelfish.altavista.com/">
  den Babelfish
</a><br>
<a href="ftp://ftp.uni-augsburg.de/">
  den FTP-Server der Universit&auml;t Augsburg
</a><br>
<a href="gopher://ftp.std.com/1">
  die ganze Welt auf einem Gopher-Server
</a><br>
<a href="telnet://locis.loc.gov/">
  die &ouml;ffentliche Telnet-Anwendung der Library of Congress
</a><br>
<a href="news:de.comm.infosystems.www.authoring.misc">
  die deutschsprachige Newsgroup f&uuml;r HTML/CSS
</a>
</p>

</body>
</html>
```

Web-Adressen beginnen mit `http://`, manchmal auch mit `https://` (Letzteres sind Server, bei denen die Datenübertragung von und zum Browser verschlüsselt stattfindet, z.B. bei Internet-Banking).

Andere Internet-Protokolle können Sie ebenfalls adressieren, beispielsweise FTP-Adressen mit `ftp://`, Adressen auf Gopher-Servern mit `gopher://` oder Telnet-Adressen mit `telnet://`. Auch Newsgroups im Usenet können Sie adressieren, nämlich mit `news:` (ohne die beiden sonst charakteristischen Schrägstriche).

Bei anderen als `http`-Adressen kommt es darauf an, wie Web-Browser damit umgeht. Die modernen Browser beherrschen meistens FTP und Gopher und stellen entsprechende Adressen in ihrem Anzeigefenster dar. Bei Protokollen, die der Browser nicht unterstützt, versucht er, auf dem Rechner des Anwenders ein Programm auszuführen, das für das entsprechende Internet-Protokoll zuständig ist. Bei Telnet wird beispielsweise ein auf dem Rechner installierter Telnet-

Client aufgerufen, und bei Verweisen auf Newsgroups ein Newsreader oder das Newsreader-Modul eines Mailprogramms. Bei Newsgroups muss jedoch ein News-Server im Newsreader des Anwenders eingerichtet sein, der die adressierte Newsgroup anbietet. Auch E-Mail-Verweise sind möglich (Kapitel 6.4).

Beachten Sie: Viele Adressen bestehen nur aus dem Namen einer »WWW-Domain«, etwa `http://www.teamone.de/`. Trotzdem führt der Verweis auf eine konkrete HTML-Datei. Das liegt daran, dass es bei vielen Web-Servern einen so genannten Default-Dateinamen gibt – meistens *index.htm, index.html* oder *welcome.htm* bzw. *welcome.html*. Das Projekt muss natürlich auch eine entsprechende Datei besitzen. Im Verweis braucht die HTML-Datei aber nicht mit angegeben zu werden.

Viele solcher Adressen werden immer wieder ohne abschließenden Schrägstrich angegeben, etwa `http://www.teamone.de`. Es ist jedoch sauberer, wenn Sie noch den Schrägstrich dahinter setzen. Nur so kann der Web-Browser bereits am Verweis erkennen, dass es sich um ein Verzeichnis handelt, in dem eine Default-Datei steht, deren Namen der Web-Server zur Verfügung stellt. Es ist deshalb besser zu notieren: `http://www.teamone.de/`.

Noch wichtiger ist es, bei Unterverzeichnissen einen abschließenden Schrägstrich zu notieren. Zwar klappt es auch, wenn Sie eine Adresse wie `http://www.teamone.de/training` notieren. Doch dann findet unnötig viel Kommunikation zwischen Browser und Server statt, denn intern fordert der Browser vom Server im Beispiel erst mal eine Datei namens `training`, was den Server zunächst zu einer Fehlermeldung veranlasst, da diese Datei nicht existiert. Erst im zweiten Schritt wird erkannt, dass es sich um den Namen eines Verzeichnisses handelt. Notieren Sie deshalb **immer** Angaben wie `http://www.teamone.de/training/`, also mit abschließendem Schrägstrich.

Es gibt neben den angesprochenen Internet-Protokollen auch noch andere, etwas `wais` oder `irc`. Ferner gibt es das »Un-Protokoll« `file`, über das sich lokale Rechner und Netzwerkadressen absolut adressieren lassen, mit Angaben wie `<a href="file://localhost/">...</a>`. Dies wird von moderneren Browsern jedoch aus Sicherheitsgründen nicht mehr oder nur noch eingeschränkt unterstützt und ist auch nicht besonders sinnvoll, da es heute wirklich kein Problem mehr ist, für lokale Zwecke einen Web-Server lokal einzurichten.

6.4   E-Mail-Verweise

6.4.1   HTML 2.0   X HTML 1.0   4.0   N 2.0   Verweis zu E-Mail-Adresse definieren

Sie können auf jede beliebige E-Mail-Adresse im Internet-Format einen Verweis setzen. Eine Internet-gerechte E-Mail-Adresse erkennen Sie an dem Zeichen @ in der Mitte der Adresse. Wenn der Anwender auf den Verweis klickt, kann er eine E-Mail an den betreffenden Empfänger absetzen. Normalerweise benutzen Anbieter von WWW-Seiten diese Möglichkeit, um Besuchern die Möglichkeit zu bieten, eine E-Mail an die eigene Adresse senden, zum Beispiel wegen Feedback zum Angebot. Sie können aber auch Verweise zu anderen E-Mail-Adressen anbieten.

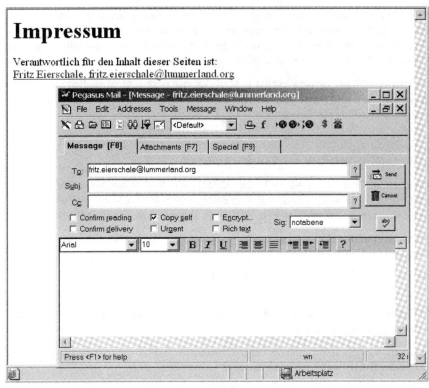

Impressum

Verantwortlich für den Inhalt dieser Seiten ist:
Fritz Eierschale, fritz.eierschale@lummerland.org

6.4:   Ein Klick auf den Mailto-Link öffnet das verknüpfte E-Mail-Programm (hier Pegasus Mail)
mit einer neuen Nachricht.

Ein Beispiel:

```
<!DOCTYPE HTML PUBLIC "-//W3C//DTD HTML 4.01 Strict//EN"
  "http://www.w3.org/TR/html4/strict.dtd">
<html>
<head>
<title>E-Mail-Verweise definieren</title>
</head>
<body>

<h1>Impressum</h1>

<p>Verantwortlich f&uuml;r den Inhalt dieser Seiten ist:<br>
<a href="mailto:fritz.eierschale@lummerland.org">Fritz Eierschale,
fritz.eierschale@lummerland.org</a>
</p>

</body>
</html>
```

Verweise auf E-Mail-Adressen funktionieren nach dem gleichen Schema wie alle anderen Verweise. Beim href-Attribut des einleitenden <a>-Tags wird das Verweisziel angegeben. Verweisziele vom Typ »E-Mail« beginnen immer mit `mailto:` (**ohne** `//` dahinter!). Der Verweis ist bei Anwendern nur ausführbar, wenn der Web-Browser das Erstellen und Absenden von E-Mails unterstützt (z.B. Netscape) oder wenn bei solchen Verweisen automatisch ein E-Mail-Programm gestartet wird (dies ist z.B. beim MS Internet Explorer der Fall).

Beachten Sie: Es ist sinnvoll, im Verweistext die E-Mail-Adresse noch einmal explizit zu nennen, so wie im obigen Beispiel, damit Anwender, bei denen der E-Mail-Verweis nicht ausführbar ist, auf Wunsch separat eine E-Mail senden können.

6.4.2 [📖 4.0] [N 2.0] Optionen bei E-Mail-Verweisen

Die hier beschriebenen Optionen sind nicht im HTML-Standard verankert, widersprechen diesem aber auch nicht unbedingt, solange die Kodierungsregeln für URIs eingehalten werden. Da sie von vielen Browsern interpretiert werden, sollen sie hier erwähnt werden. Sie können:

- E-Mail-Verweise an mehrere Empfänger senden, wahlweise `cc` (sichtbare Kopienempfänger) oder `bcc` (unsichtbare Kopienempfänger),

- anstelle einer einfachen Mail-Adresse ein vollständiges Empfängerschema angeben von der Art: `Fritz Eierschale <fritz.eierschale@lummerland.org>`

- ein Subject vordefinieren, sodass beim Öffnen des E-Mail-Editors das Betreff-Feld bereits mit einem Text Ihrer Wahl ausgefüllt ist,

- einen Body-Inhalt vordefinieren, sodass beim Öffnen des E-Mail-Editors bereits Text im Nachrichtentext der E-Mail steht, z.B. eine Anrede,

- alle Optionen kombinieren.

Es besteht jedoch keinerlei Garantie, dass alle Möglichkeiten in allen Browsern und allen Kombinationen mit E-Mail-Programmen funktionieren. Ein Beispiel:

```
<!DOCTYPE HTML PUBLIC "-//W3C//DTD HTML 4.01 Strict//EN"
  "http://www.w3.org/TR/html4/strict.dtd">
<html>
<head>
<title>Text des Titels</title>
</head>
<body>

<h1>Tolle Mails</h1>

<p>Mail an einen Hauptempf&auml;nger und einen sichtbaren Kopienempf&auml;nger:<br>
<a href="mailto:eierschale@irgend.wo?cc=heidi.bratze@vergiss.es">Mail mit
Kopie</a></p>
<p>Mail an einen Hauptempf&auml;nger und einen unsichtbaren
Kopienempf&auml;nger:<br>
<a href="mailto:eierschale@irgend.wo?bcc=heidi.bratze@vergiss.es">Mail mit
Geheimkopie</a></p>
<p>Mail mit vordefiniertem Subject (Betreff):<br>
<a href="mailto:eierschale@irgend.wo?subject=eine Mail%20von%20deinen%20Web-
Seiten">Mail mit Betreff</a></p>
```

```
<p>Mail mit vordefiniertem Body (Nachrichtentext):<br>
<a
href="mailto:eierschale@irgend.wo?body=Hallo%20Fritz,%0D%0A%0D%0Aich%20wollte%20nur
%20sagen,%20da%DF ">Mail mit Body</a></p>
<p>Mail mit kombinierten Optionen:<br>
<a
href="mailto:eierschale@irgend.wo?cc=heidi.bratze@vergiss.es&amp;subject=Hallo%20Fr
itz,%20hallo%20Heidi">cc und Subject</a></p>
<p>Mail an zwei Hauptempf&auml;nger:<br>
<a href="mailto:eierschale@irgend.wo,%20heidi.bratze@vergiss.es">Mail an
zwei</a></p>
<p>Mail mit vollst&auml;ndigem Adressierungsschema:<br>
<a href="mailto:Fritz%20Eierschale%20&lt;eierschale@irgend.wo&gt;">Mail mit
Adressierungsschema</a></p>

</body>
</html>
```

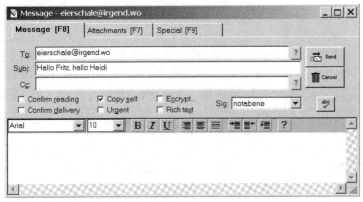

6.5: Dieses Beispiel gibt Empfängeradresse und den Betreff der E-Mail vor.

Die Optionen werden in dem Wert notiert, der dem `href`-Attribut zugewiesen wird. Es gibt also keine speziellen HTML-Attribute für diese Optionen, und deshalb ist die Handhabung auch etwas umständlich. Zuerst wird wie üblich der Empfänger notiert. In den obigen Beispielen (mit Ausnahme des letzten) geschieht das jeweils durch `mailto:eierschale@irgend.wo`. Dahinter wird ein Fragezeichen ? notiert. Das ist in der URI-Syntax das übliche Zeichen, um Parameter an eine aufgerufene Adresse zu übergeben. Hinter dem Fragezeichen folgen die Parameter. Jede Option ist so ein Parameter und besteht aus einem Namen, einem Gleichheitszeichen und einem zugewiesenen Wert. Als Optionsnamen sind erlaubt:

- `cc` (sichtbarer Kopienempfänger),
- `bcc` (unsichtbarer Kopienempfänger),
- `subject` (Betreff) und
- `body` (Nachrichtentext).

Ein Konstrukt wie `cc=heidi.bratze@vergiss.es` ist also ein vollständiger Parameter und bedeutet: »sichtbare Kopie an heidi.bratze@vergiss.es«.

Bei den Wertzuweisungen an die Parameter können Zeichen vorkommen, die nicht zu einer gültigen URI gehören. Damit die URI gültig bleibt (andernfalls wäre das Dokument auch kein gültiges HTML mehr), müssen diverse Zeichen maskiert werden. Die Maskierung besteht darin, ein Prozentzeichen % zu notieren, gefolgt vom hexadezimal ausgedrückten Zeichenwert des gewünschten Zeichens.

Die folgende Tabelle listet Zeichen auf, die maskiert werden müssen, weil sie innerhalb von URIs nicht vorkommen dürfen oder eine bestimmte Bedeutung haben. Links steht das Zeichen, rechts die Zeichenkette, mit der Sie das Zeichen maskieren müssen:

Zeichen	Zeichenkette für Maskierung
[neue Zeile]	%0A
[Wagenrücklauf]	%0D
[Leerzeichen]	%20
!	%21
#	%23
%	%25
*	%2A
/	%2F
?	%3F

Ferner müssen Sie alle Zeichen maskieren, die oberhalb des ASCII-Zeichensatzes liegen, also z.B. deutsche Umlaute und scharfes S. Die folgende Tabelle listet die wichtigsten Zeichen und ihre Maskierung auf:

Zeichen	Zeichenkette für Maskierung	Zeichen	Zeichenkette für Maskierung
Ä	%C4	ä	%E4
Ö	%D6	ö	%F6
Ü	%DC	ü	%FC
ß	%DF		

Zur Ermittlung weiterer Zeichen können Sie beispielsweise in der Zeichentabelle des Zeichensatzes ISO-8859-1 den Dezimalwert des gewünschten Zeichens ermitteln, von dieser Dezimalzahl dann mit dem Dezimal/Hexadezimal-Umrechner (auf der Buch-CD in selfHTML) den Hexadezimalwert ermitteln und noch ein Prozentzeichen davor notieren.

Wenn Sie mehrere Optionen kombinieren wollen, müssen Sie die Optionen durch ein kaufmännisches Und (&) voneinander trennen. Nun darf ein solches Zeichen in HTML – auch nicht bei einer Wertzuweisung an ein Attribut – nicht unmaskiert vorkommen. Deshalb sollten Sie es wie in HTML üblich mit & maskieren. Leider gibt es einige ältere Browser (z.B. Netscape 3.x), die damit nicht klarkommen.

Die folgende Zeichenkette:

```
cc=heidi.bratze@vergiss.es&amp;subject=Hallo%20Fritz,%20hallo%20Heidi
```

kombiniert im obigen Beispiel also die Optionen für `cc` und `subject`. Um weitere Optionen hinzufügen, notieren Sie ein weiteres `&amp;` und dahinter eine weitere Option, bestehend aus Optionsname, Gleichheitszeichen und zugewiesenem Wert.

Das letzte der obigen Beispiele zeigt, wie Sie ein vollständiges Adressierungsschema gemäß RFC822 als `mailto`-Adresse angeben. Ein solches Schema, wie Sie es vermutlich aus Ihrer E-Mail-Korrespondenz kennen, lautet beispielsweise:

```
Fritz Eierschale <eierschale@irgend.wo>
```

In einem E-Mail-Verweis muss die Zuweisung an das `href`-Attribut jedoch so aussehen:

```
mailto:Fritz%20Eierschale%20&lt;eierschale@irgend.wo&gt;
```

Auch in diesem Fall müssen Sie also alle weiter oben erwähnten Zeichen maskieren. Außerdem müssen Sie die beiden Zeichen < und > mit ihren HTML-gerechten Maskierungen `&lt;` bzw. `&gt;` umschreiben.

6.5 Download-Verweise und Verweise auf beliebige Dateien

6.5.1 Download-Verweise

Es gibt keine spezifische Notation in HTML, um Dateien beim Anklicken zum Downloaden anzubieten. Es gibt lediglich Dateitypen, die (fast) jeder Web-Browser so interpretiert, dass er dem Anwender anbietet, die Datei downzuloaden. Das bekannteste Dateiformat dafür ist heute das ZIP-Format (**.zip*). ZIP-Dateien sind Archivdateien, die mehrere andere Dateien enthalten können, sogar ganze Verzeichnisstrukturen. Die enthaltenen Dateien werden außerdem komprimiert. Der Anwender muss die ZIP-Datei nach dem Download mit einem geeigneten Programm entpacken (»Unzip«-Programm). Ein Beispiel:

```
<!DOCTYPE HTML PUBLIC "-//W3C//DTD HTML 4.01 Strict//EN"
  "http://www.w3.org/TR/html4/strict.dtd">
<html>
<head>
<title>Text des Titels</title>
</head>
<body>

<h1>Download-Ecke</h1>

<p><a href="wavetext.zip"><b>WaveText</b></a><br>
Ein Java-Applet f&uuml;r Textanimationen (wavetext.zip, 2.106 Bytes)</p>

</body>
</html>
```

Verweise auf typische Download-Dateien wie ZIP-Dateien unterscheiden sich nicht von anderen Verweisen. Das Verweisziel ist die Datei, die zum Download angeboten wird. Wenn die Datei zum eigenen Projekt gehört, gelten die gleichen Regeln wie bei projektinternen Verweisen, bei entfernten Dateien die Regeln von projektexternen Verweisen (Kapitel 6.2 und 6.3).

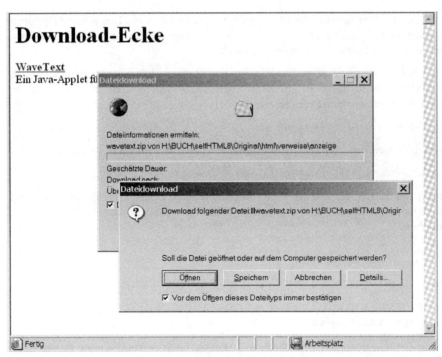

6.6:   Nach dem Anklicken eines Download-Links fragt der Internet Explorer 6.0, was mit der Datei passieren soll.

Beachten Sie: Wenn Sie Dateien anbieten, die nur für bestimmte Rechnerumgebungen gedacht sind, können Sie natürlich auch Formate verwenden, die speziell für diese Umgebungen gedacht sind. Für DOS/Windows-Umgebungen können das beispielsweise selbstentpackende EXE-Archive sein, oder für Macintosh HQX-Archive. Wenn der Web-Browser mit der Dateiendung nichts anfangen kann, sollte er den Anwender im Dialog entscheiden lassen, was er mit der Datei tun möchte – dabei sollte auch die Download-Möglichkeit angeboten werden.

6.5.2 Verweise zu beliebigen Dateien

Sie können auf jede beliebige Datei einen Verweis setzen. Es kann sich um Audio-Dateien, Tabellenkalkulationsdateien, CAD-Dateien, Video-Dateien, Grafikdateien, Textverarbeitungs-dateien, Programmdateien, Datenbankdateien handeln – was Sie wollen. Sie können auch jede beliebige Datei in Ihr eigenes Web-Projekt mit auf den Internet-Server laden und einen Verweis darauf setzen. Aus Sicht von HTML ist das kein Problem. Das Problem besteht darin, was der Web-Browser des Anwenders mit den Dateien anfangen kann bzw. wie er ihren Inhalt korrekt anzeigen oder abspielen lassen kann. Ein Beispiel:

```
<!DOCTYPE HTML PUBLIC "-//W3C//DTD HTML 4.01 Strict//EN"
        "http://www.w3.org/TR/html4/strict.dtd">
<html>
<head>
<title>Text des Titels</title>
```

```
</head>
<body>

<h1>Stuff</h1>

<p><a href="buch.url"><b>buch.url</b></a><br>
Eine Favoritendatei, wie der Internet Explorer sie anlegt</p>
<p><a href="fritz.vcf"><b>fritz.vcf</b></a><br>
Eine Visitenkartendatei (Adressenaustauschformat)</p>
<p><a href="einsundeins.xls"><b>einsundeins.xls</b></a><br>
Eine Excel-Datei</p>

</body>
</html>
```

Verweise auf beliebige Dateien unterscheiden sich nicht von anderen Verweisen. Das Verweisziel ist die gewünschte Datei. Wenn die Datei zum eigenen Projekt gehört, gelten die gleichen Regeln wie bei projektinternen Verweisen, bei entfernten Dateien die Regeln von projektexternen Verweisen.

Beachten Sie: Dateitypen wie reine Textdateien (**.txt*) kann der Web-Browser selbst anzeigen. Moderne Web-Browser haben eine Plug-In-Schnittstelle. Wenn der Anwender ein Plug-In zur Darstellung des Dateityps besitzt, kann der Browser die Datei mit Hilfe des Plug-Ins selbst anzeigen bzw. abspielen. Wenn der Anwender ein Programm besitzt, das den Dateityp verarbeiten kann, und dem Web-Browser ist die Verknüpfung zwischen Dateien mit der Endung des Verweisziels und einem Programm bekannt, das solche Dateien verarbeitet, dann kann der Browser das Programm starten. Wenn das Betriebssystem, der Web-Browser und das andere Programm den dynamischen Datenaustausch zwischen Programmen erlauben, kann das Anzeigefenster des Fremdprogramms in das Browser-Fenster eingebettet werden. Es gibt jedoch keine Möglichkeit, solche Dinge in irgendeiner Weise als Web-Autor zu beeinflussen. Wenn der Browser mit dem Dateityp gar nichts anfangen kann, sollte er dem Anwender einen Dialog anbieten, um zu entscheiden, was mit der Datei geschehen soll. Der Anwender sollte die Datei z.B. downloaden können (siehe Bild 6.6).

6.5.3 [HTML 4.0] Mime-Type des Verweisziels angeben

Um dem Browser die Aufgabe zu erleichtern, zu erkennen, um welche Art von Datei es sich handelt, können Sie den Mime-Type der Datei angeben, auf die Sie verweisen. Ein Beispiel:

```
<!DOCTYPE HTML PUBLIC "-//W3C//DTD HTML 4.01 Strict//EN"
  "http://www.w3.org/TR/html4/strict.dtd">
<html>
<head>
<title>Text des Titels</title>
</head>
<body>

<h1>Stuff mit Typ</h1>

<p><a href="einsundeins.xls" type="application/msexcel"><b>einsundeins.xls</b></a><br>
```

```
Eine Excel-Datei</p>

</body>
</html>
```

Mit dem zusätzlichen Attribut `type=` können Sie den Mime-Type der Zieldatei bestimmen, im obigen Beispiel `application/msexcel` für Excel-Dateien.

6.6   Typisierte Verweise

6.6.1 HTML X Logische Beziehung zum Verweisziel angeben

Ein Feature, das Hypertext-Enthusiasten an HTML bislang vermisst haben, ist seit HTML 4.0 Bestandteil der Sprache. Sie können bei einem Verweis angeben, in welcher logischen Beziehung er zu seinem Verweisziel steht. Dazu gibt es eine Reihe vorgegebener Beziehungstypen. Ein Browser könnte beispielsweise beim Überfahren des Verweises mit der Maus ein kleines Icon anzeigen, welches das Verweisziel symbolisiert. Doch weder Netscape noch der Internet Explorer bieten etwas Derartiges bislang an. Ein Beispiel:

```
<!DOCTYPE HTML PUBLIC "-//W3C//DTD HTML 4.01 Strict//EN"
  "http://www.w3.org/TR/html4/strict.dtd">
<html>
<head>
<title>Text des Titels</title>
</head>
<body>

<div style="width:100%; background-color:#EEEEEE; padding:5px">
<a href="../../../index.htm" rev="contents">Inhalt</a> |
<a href="../tastatur.htm" rel="next">weiter</a> |
<a href="../dateitypen.htm" rel="prev">zur&uuml;ck</a> |
<a href="../index.htm" rev="chapter">zum Kapitelanfang</a>
</div>
<h1>Viel Information</h1>
<p>Hoffentlich nicht zu viel...</p>

</body>
</html>
```

Mit dem Attribut `rel=` bestimmen Sie eine logische Vorwärtsbeziehung zum Verweisziel, mit `rev=` eine logische Rückwärtsbeziehung (*rel = relation = Bezug, rev = reverse = Umkehr*). Beide Angaben sind nur in Verbindung mit dem Attribut `href=` sinnvoll – dort geben Sie wie üblich das eigentliche Verweisziel an. Im obigen Beispiel werden diese Attribute auf Verweise einer typischen Navigationsleiste angewendet. Die Navigationsleiste im Beispiel wird mit Hilfe von CSS Stylesheets gestaltet. Folgende logische Bezüge können Sie angeben:

Schreibweise	Bedeutung
rel="contents"	Verweis zum Inhaltsverzeichnis (contents = Inhaltsverzeichnis)
rev="contents"	Rückverweis zum Inhaltsverzeichnis
rel="chapter"	Verweis zum Kapitel (chapter = Kapitel)
rev="chapter"	Rückverweis zum Kapitel
rel="section"	Verweis zum Abschnitt (*section = Abschnitt*)
rev="section"	Rückverweis zum Abschnitt
rel="subsection"	Verweis zum Unterabschnitt (*subsection = Unterabschnitt*)
rev="subsection"	Rückverweis zum Unterabschnitt
rel="index"	Verweis zum Stichwortverzeichnis
rev="index"	Rückverweis zum Stichwortverzeichnis
rel="glossary"	Verweis zum Glossar
rev="glossary"	Rückverweis zum Glossar
rel="appendix"	Verweis zum Anhang (*appendix = Anhang*)
rev="appendix"	Rückverweis zum Anhang
rel="copyright"	Verweis zur Copyright-Angabe
rev="copyright"	Rückverweis zur Copyright-Angabe
rel="next"	Verweis zur nächsten Datei in der »Guided tour« (*next = nächste Seite*)
rev="next"	Rückverweis zur nächsten Datei
rel="prev"	Verweis zur vorherigen Datei in der »Guided tour« (*prev = previous = vorherige Seite*)
rev="prev"	Rückverweis zur vorherigen Datei
rel="start"	Verweis zur ersten Datei in der »Guided tour« (*start = erste Seite*)
rev="start"	Rückverweis zur ersten Datei
rel="help"	Verweis zum Hilfekontext (*help = Hilfe*)
rev="help"	Rückverweis zum Hilfekontext
rel="bookmark"	Verweis zu einem allgemeinen Orientierungspunkt (*bookmark = Lesezeichen*)
rev="bookmark"	Rückverweis zu einem allgemeinen Orientierungspunkt
rel="alternate"	Verweis zu einer Datei mit dem gleichen Inhalt wie der aktuellen, jedoch in einer anderen Dokumentversion (*alternate = alternierend*).
rev="alternate"	Rückverweis zu einer Datei mit dem gleichen Inhalt wie der aktuellen, jedoch in einer anderen Dokumentversion

6.6.2 HTML 4.0 XHTML 1.0 Sprache und Zeichensatz des Verweisziels angeben

Sie können auch angeben, in welcher Landessprache das Verweisziel geschrieben ist und welchen Zeichensatz die Zieldatei benutzt. Die Angabe zur Landessprache kann für den Anwender ein nützlicher Hinweis sein. Die Angabe zum Zeichensatz ist interessant, um den Browser schon mal innerlich auf die Internationalisierungshürden vorzubereiten, die ihn beim Verweisziel erwarten. Ein Beispiel:

```
<!DOCTYPE HTML PUBLIC "-//W3C//DTD HTML 4.01 Strict//EN"
  "http://www.w3.org/TR/html4/strict.dtd">
<html>
<head>
<title>Text des Titels</title>
```

```
</head>
<body>

<h1>Aus der weiten Welt</h1>

<p><a href="http://www.asharqalawsat.com/" hreflang="ar" charset="ISO-8859-
6">Asharq Al-Awsat</a><br>
Saudi-Arabische Zeitung in arabischer Sprache</p>

</body>
</html>
```

Mit dem Attribut hreflang= können Sie die Sprache angeben (*hreflang = hyper reference language = Verweiszielsprache*), und zwar in Form eines Sprachenkürzels (Anhang A.3). Im obigen Beispiel wird ar für »arabisch« angegeben.

Mit charset= können Sie den Zeichensatz angeben, der auf der Zieladresse verwendet wird (*charset = Zeichensatz*). Erlaubt sind Zeichensatzangaben, wie sie auf der Web-Adresse **http://www.iana.org/assignments/character-sets** angegeben sind. Mehr zu diesem Thema finden Sie innerhalb dieser Dokumentation bei Zeichensätzen (ISO-8859-Familie und andere) im Anhang. Im obigen Beispiel wird ISO-8859-6 angegeben – das ist der ISO-Zeichensatz für arabische Schrift.

Beachten Sie: Ob und wie ein Browser solche Angaben für den Anwender sichtbar macht, ist nicht festgelegt. Ein Browser könnte beispielsweise beim Überfahren des Verweises mit der Maus ein kleines Flaggen-Icon anzeigen, das die Landessprache symbolisiert. Bei der Angabe zum Zeichensatz könnte der Browser beim Anklicken des Verweises beispielsweise eine Warnung ausgeben, dass der Zeichensatz auf dem Anwender nicht verfügbar ist, und ihn in einem Dialog fragen, ob er den Verweis wirklich ausführen will. Weder Netscape noch MS Internet Explorer bieten etwas Derartiges bislang an.

6.7   Tabulator-Reihenfolge und Tastaturkürzel

6.7.1 HTML X HTML N Tabulator-Reihenfolge für Verweise

Modernere Browser erlauben es, mit Hilfe der Tabulator-Taste an der Tastatur nacheinander die Verweise einer HTML-Datei anzuspringen (mit der Return-Taste ist der Verweis dann ausführbar). Normalerweise werden die Verweise dabei in der Reihenfolge angesprungen, in der sie in der Datei definiert sind. Sie können in HTML jedoch eine andere Reihenfolge festlegen, zum Beispiel, um beim Anspringen von Verweisen zuerst Projektverweise und erst dann Verweise zu anderen WWW-Seiten anzubieten. Ein Beispiel:

```
<!DOCTYPE HTML PUBLIC "-//W3C//DTD HTML 4.01 Strict//EN"
  "http://www.w3.org/TR/html4/strict.dtd">
<html>
<head>
<title>Text des Titels</title>
</head>
<body>
```

```
<h1>Steppen Sie mal mit [Tab] durch</h1>

<p>
<a href="http://german.imdb.com/" tabindex="4">
  Movie Database
</a><br>
<a href="http://www.chart-lyrics.com/" tabindex="2">
  Chart Lyrics
</a><br>
<a href="http://www.meinestadt.de/" tabindex="1">
  Meine Stadt
</a><br>
<a href="http://www.paperball.de/" tabindex="3">
  Paperball
</a>
</p>

</body>
</html>
```

Mit dem Attribut `tabindex=` im einleitenden Verweis-Tag können Sie Angaben zur Tabulator-reihenfolge machen. Notieren Sie die Angabe in allen Verweisen und vergeben Sie bei jeder Angabe eine Zahl. Beim Anspringen der Verweise mit der Tabulator-Taste wird zuerst der Verweis mit der niedrigsten Tabindex-Nummer angesprungen, dann der mit der zweitniedrigsten usw. und als Letztes der Verweis mit der höchsten Tabindex-Nummer. Im obigen Beispiel wird also zuerst der dritte Verweis angesprungen, dann der zweite, dann der vierte und zuletzt der erste. Es sind Zahlen zwischen 0 und 32767 erlaubt.

Beachten Sie: Die Tabindizes beziehen sich stets auf die gesamte angezeigte Datei. Dabei werden auch Formulare, Verweisbereiche in verweissensitiven Grafiken und Objekte mit einbezogen. Wenn Sie außer normalen Verweisen auch solche Elemente in Ihrer Datei haben, sollten Sie die Tabulator-Reihenfolge für alle Elemente gemeinsam festlegen. Siehe auch *Tabulator-Reihenfolge bei Formularen* in Kapitel 10.9.1.

6.7.2   [HTML 4.0] [X HTML 1.0] [5.0] [N 6.0] Tastaturkürzel für Verweise

Sie können dem Anwender anbieten, mit einem Tastendruck zu einem bestimmten Verweis zu springen. Der Verweis wird damit angesprungen – ausgeführt werden kann er anschließend durch Betätigen der Return-Taste. Ein Beispiel:

```
<!DOCTYPE HTML PUBLIC "-//W3C//DTD HTML 4.01 Strict//EN"
     "http://www.w3.org/TR/html4/strict.dtd">
<html>
<head>
<title>Text des Titels</title>
</head>
<body>

<h1>Greifen Sie in die Tasten!</h1>
```

```
<p>
<a href="http://www.teamone.de/" accesskey="t">
  TeamOne
</a> [Alt]+[t]<br>
<a href="http://www.polylog.org/" accesskey="p">
  Polylog
</a> [Alt]+[p]<br>
<a href="http://www.willy-online.de/" accesskey="w">
  Willy online
</a> [Alt]+[w]
</p>

</body>
</html>
```

6.7:   Wenn Sie Links Tastaturkürzel zuweisen, sollten Sie diese deutlich auf der Web-Seite notieren.

Mit dem Attribut accesskey= im einleitenden Verweis-Tag können Sie ein Zeichen auf der Tastatur bestimmen, das der Anwender drücken kann, um den Verweis direkt anzuspringen (*accesskey = Zugriffstaste*). Bei den meisten Browsern ist es so geregelt, dass Sie bei accesskey= einen Buchstaben angeben können, der dann mit [Alt] und der Taste für den Buchstaben direkt anwählbar ist.

Beachten Sie: Benutzen Sie Tasten, die auf jeder Tastatur zu finden sind. Funktionstasten etwa, wie es sie auf MF-II-Tastaturen für MS Windows gibt, können Sie mit dieser Angabe gar nicht ansprechen. Weisen Sie den Anwender im Text auf die Möglichkeit des Tastaturzugriffs hin. Benutzen Sie dann auch einheitliche Tastaturkürzel, beispielsweise auf jeder Seite ein h für den Rückverweis zur Homepage.

7 Grafiken

7.1 Grafiken einbinden

7.1.1 Allgemeines zu Grafiken

Um Grafiken in Ihre Web-Seiten einzubinden, referenzieren Sie die Grafikdateien an ge-wünschten Stellen im HTML-Quelltext. Geeignete Dateiformate für webgerechte Grafiken sind vor allem GIF und JPEG, allmählich aber auch PNG (Einzelheiten zu diesen Formaten siehe *Grafikformate für Web-Seiten*, Kapitel 24.1).

Wenn Sie HTML-Dateien fürs Web erstellen, sollten Sie darauf achten, dass die darin referen-zierten Grafiken nicht zu groß sind, denn aufwändige Grafiken verursachen lange Ladezeiten und Missmut beim Anwender. Reduzieren Sie in Ihren Grafiken gegebenenfalls die Anzahl der Farben, verringern Sie die Bildgröße und stopfen Sie nicht zu viele Grafikreferenzen in eine einzige HTML-Datei. In jedem Fall sollten Sie Breite und Höhe des Bildes mit angeben.

Grafiken sind aus HTML-Sicht Inline-Elemente. In der »Strict«-Variante von HTML müssen solche Elemente innerhalb von Block-Elementen vorkommen, etwa in einem Textabsatz oder einem allgemeinen Bereich oder auch einer Tabellenzelle. Unter grafischen Benutzeroberflächen wie MS-Windows, Macintosh, KDE und anderen können Web-Browser die referenzierten Grafi-ken direkt im Anzeigefenster anzeigen. Web-Browser für textorientierte Oberflächen (z.B. DOS-Textmodus, Unix-Textmodus) müssen ein separates Grafik-Betrachtungsprogramm aufrufen, um eine Grafik anzuzeigen.

Wenn Sie wichtige HTML-Dateien Ihres Web-Projekts, etwa die Einstiegsseite, vollständig gra-fisch gestalten, also fast keinen Text, dafür nur Grafikreferenzen verwenden, erschweren Sie automatischen Suchprogrammen, die von vielen Suchdiensten im Web eingesetzt werden, die Identifizierung des Inhalts Ihres Projekts. Im Zweifelsfall müssen Sie abwägen, was Ihnen wich-tiger ist: das grafische Erscheinungsbild oder die inhaltliche Identifizierbarkeit. Falls Sie wichtige HTML-Dateien Ihres Web-Projekts vorwiegend durch Grafikreferenzen gestalten, sollten Sie zumindest die Möglichkeit der Meta-Angaben zum Inhalt (Kapitel 4.1.2) nutzen.

7.1.2 [HTML 2.0] [XHTML 1.0] [🈁 1.0] [N 1.0] Grafikreferenz definieren

An einer gewünschten Stelle können Sie eine Grafik referenzieren. Referenzieren bedeutet, dass Sie den Dateinamen in einem Tag eintragen, damit der Browser weiß, welche Bilddatei er an-zeigen soll. Ein Beispiel:

```
<!DOCTYPE HTML PUBLIC "-//W3C//DTD HTML 4.01 Strict//EN"
  "http://www.w3.org/TR/html4/strict.dtd">
<html>
<head>
```

```
<title>Text des Titels</title>
</head>
<body>

<h1>Tanzmaus</h1>

<p><img src="tanzmaus.gif" alt="Tanzmaus"></p>

</body>
</html>
```

7.1: Das obige Beispiel referenziert eine Bilddatei und bindet sie damit in eine Web-Seite ein.

Für Grafikreferenzen gibt es in HTML das `<img>`-Tag (*img = image = Bild, src = source = Quelle*). Es handelt sich um ein Standalone-Tag ohne Elementinhalt und ohne End-Tag. Mit Hilfe von Attributen bestimmen Sie nähere Einzelheiten der Grafikreferenz. Zwei Attribute sind Pflicht und müssen immer angegeben werden:

- Mit dem Attribut `src=` bestimmen Sie die gewünschte Grafikdatei. Dabei gelten die Regeln zum Referenzieren in HTML (Kapitel 3.7). Wenn sich die Grafikdatei also beispielsweise im gleichen Verzeichnis wie die HTML-Datei befindet, in der die Grafikreferenz steht, dann genügt einfach die Angabe des Dateinamens der Grafik – so wie im obigen Beispiel. Das Referenzieren mit relativen oder absoluten Pfadangaben ist jedoch ebenso möglich, z.B.:
  ```
  <img src="verzeichnis/datei.gif" alt="Grafik">
  <img src="verzeichnis/unterverz/datei.gif" alt="Grafik">
  <img src="../datei.gif alt="Grafik"">
  <img src="../../../datei.gif" alt="Grafik">
  <img src="../woanders/datei.gif" alt="Grafik">
  ```
  Auch das Referenzieren von einem vollständigen URI ist möglich, z.B.:
  ```
  <img src="http://www.teamone.de/training/taggi01.gif" alt="Taggi">
  ```

- Beim Attribut `alt=` geben Sie einen Alternativtext an für den Fall, dass die Grafik nicht angezeigt werden kann. Es gibt viele Gründe, warum eine Grafik nicht angezeigt werden kann, z.B. weil der Anwender das Anzeigen von Grafiken in seinem Browser deaktiviert hat oder weil der Anwender das Laden der Seite abgebrochen hat, bevor die Grafik übertragen wurde. Der Alternativtext kann ein einzelnes Wort sein, aber auch eine Kurzbeschreibung, etwa so:
  ```
  <img src="luftbild.jpg alt="Luftaufnahme des Grundst&uuml;cks vom 27.05.2001
  aus ca. 300m H&ouml;he">
  ```
  Das alt-Attribut ist nach HTML-Standard Pflicht. Wenn Sie aus irgendwelchen Gründen keinen Alternativtext notieren wollen, z.B. weil es sich bei der Grafik um einen so genannten »blinden Pixel« handelt, dann notieren Sie `alt=""` – also eine leere Zeichenkette als Zuweisung.

Beachten Sie: Sie können also ohne weiteres Grafiken von fremden Adressen in Ihre Seiten einbinden. Fragen Sie in diesem Fall jedoch unbedingt den Anbieter der Grafik um Erlaubnis, denn das Einbinden von Grafiken ist – im Gegensatz zu Verweisen auf fremde Inhalte – ein Zueigenmachen von fremden Inhalten. Auch besteht keine Garantie, dass die Grafikreferenz jederzeit bis in alle Zukunft funktioniert, denn wenn der Fremdanbieter die Grafik bei sich entfernt oder umbenennt, wird auf Ihrer Seite nur noch ein so genanntes broken image angezeigt.

7.2:   Kann der Browser die Bilddatei nicht finden oder anzeigen, so erscheint statt dessen ein Fehlerbild (hier im Internet Explorer).

Achten Sie bei der Wertzuweisung an das `src`-Attribut unbedingt auf Groß-/Kleinschreibung von Dateinamen und Verzeichnisnamen. Die meisten Server-Rechner laufen mit Betriebssystemen, bei denen streng zwischen Groß- und Kleinschreibung unterschieden wird. Am einfachsten und sichersten ist es, wenn Sie alle Datei- und Verzeichnisnamen kleinschreiben – sowohl beim Vergeben der Namen als auch beim Referenzieren in der HTML-Datei.

Netscape interpretiert ein proprietäres Attribut `lowsrc=`, das Sie zusätzlich zum `src`-Attribut notieren können und bei dem Sie eine Grafikdatei angeben, die weniger Speicher benötigt als die bei `src=` referenzierte Grafik. Die `lowsrc`-Grafik lädt der Browser dann zuerst und kann sie schon anzeigen, während die andere Grafik noch geladen wird. Dieses Attribut erzeugt jedoch ungültiges HTML und hat sich in der Praxis auch als überflüssig erwiesen.

Wenn Sie **XHTML-konform** arbeiten, müssen Sie das `img`-Element als inhaltsleer kennzeichnen. Dazu notieren Sie das allein stehende Tag in der Form `<img... />`. Weitere Informationen dazu im Kapitel 14.1.11 über *XHTML und HTML*.

7.1.3 ⌜HTML 2.0⌝ ⌜X HTML 1.0⌝ ⌜🏠 1.0⌝ ⌜N 1.0⌝ Breite und Höhe von Grafiken

Wenn Sie Grafiken in HTML-Dateien einbinden, die Sie im Web anbieten wollen, sollten Sie stets die Breite und Höhe der Grafik mit angeben. Dadurch entnimmt der Web-Browser bereits der HTML-Datei, wie groß die Grafik ist, und muss nicht warten, bis er die entsprechende Header-Information der Grafikdatei ausgelesen hat. So kann er die gesamte Web-Seite bereits am Bildschirm aufbauen und bei noch nicht eingelesenen Grafiken erst mal eine entsprechend große Freifläche anzeigen. Wenn Sie Breite und Höhe nicht angeben, wartet der Browser dagegen mit der Anzeige der Web-Seite, bis er alle nötigen Größenangaben aus eingebundenen Grafikdateien eingelesen hat, oder er muss den Bildschirmaufbau korrigieren, was nicht sehr schön aussieht. Ein Beispiel:

```
<!DOCTYPE HTML PUBLIC "-//W3C//DTD HTML 4.01 Strict//EN"
  "http://www.w3.org/TR/html4/strict.dtd">
<html>
<head>
<title>Text des Titels</title>
</head>
<body>

<h1>Tanzb&auml;r</h1>

<p><img src="tanzbaer.gif"
  width="368" height="383" alt="Tanzb&auml;r"></p>

</body>
</html>
```

Mit dem Attribut width= [Pixel] geben Sie die Breite der Grafik an, und mit height= [Pixel] die Höhe (*width = Breite, height = Höhe*). Um die genaue Breite und Höhe einer Grafik zu ermitteln, brauchen Sie entweder ein Grafikprogramm, das diese Werte anzeigt, oder einen HTML-Editor, der beim Einbinden einer Grafik im Dialog auch gleich den Dateikopf der Grafik ausliest und die entsprechenden Angaben in das <img>-Tag automatisch einfügt.

Beachten Sie: Sie können auch Angaben zu Breite und Höhe einer Grafik machen, die absichtlich von den tatsächlichen Abmessungen der Grafik abweichen. Dadurch können Sie interessante Verzerrungseffekte erreichen, wie man sie von Cartoons kennt.

Neben Pixelangaben sind bei width= und height= auch Prozentangaben erlaubt. Solche Angaben beziehen sich auf den zur Verfügung stehenden Raum. Wenn sich die Grafik also beispielsweise in einem normalen Textabsatz befindet, bewirkt die Angabe width="100%", dass die Grafik über die gesamte Breite des Anzeigefensters (abzüglich der Seitenränder der angezeigten Web-Seite) dargestellt wird. Die Grafik wird dabei verzerrt. Sinnvoll ist eine Prozentangabe beispielsweise bei Grafiken, die eine Linie darstellen (vgl. *Bars*, Kapitel 24.2.3), um diese über die gesamte verfügbare Breite zu strecken. Wenn Sie eine Grafik haben, die Sie an anderer Stelle in kleinerer Form wiederholen möchten (zum Beispiel ein Logo, das auf der Einstiegsseite groß angezeigt werden soll und auf den Unterseiten kleiner), brauchen Sie keine zwei Grafiken. Es genügt, wenn Sie, um eine Grafik kleiner darzustellen, die Angaben zu Breite und Höhe proportional verkleinern. Wenn Ihr Logo beispielsweise die Außmaße 300 Pixel breit und 200 Pixel hoch hat, können Sie es halb so groß darstellen, indem Sie beim Einbinden der Grafik `width=150 height=100` angeben. Sinnvoll ist das aber nur, wenn die große Grafik bereits angezeigt wurde und sich im Cache-Speicher des WWW-Browsers befindet.

7.1.4 HTML 3.2 X HTML 1.0 ⚠ 🏛 2.0 N 1.1 Rahmen um Grafiken

Sie können festlegen, dass der Browser einen Rahmen um die Grafik zeichnet. Das entsprechende Attribut ist jedoch als *deprecated* gekennzeichnet und soll künftig aus dem HTML-Standard entfallen. Umrahmung ist auch mit Hilfe von CSS Stylesheets möglich, und dort mit viel mehr Möglichkeiten.

7.3: Über das Attribut `border=` weisen Sie einem Bild einen Rahmen zu.

Ein Beispiel:

```
<!DOCTYPE HTML PUBLIC
  "-//W3C//DTD HTML 4.01 Transitional//EN"
  "http://www.w3.org/TR/html4/loose.dtd">
<html>
<head>
<title>Text des Titels</title>
</head>
<body>

<h1>Baum am Abend</h1>

<p><img src="baum.jpg" width="320" height="400"
  border="4" alt="Abendbaum"></p>

</body>
</html>
```

Mit dem Attribut `border=` innerhalb der Grafikreferenz wird ein Rahmen um die Grafik definiert (*border = Rand*). Die Angabe erfolgt in Pixeln und bedeutet die Rahmendicke. Die Rahmenfarbe ist diejenige, die Text an der gleichen Stelle haben würde.

7.1.5 [HTML 3.2] [X HTML 1.0] [4.0] [N 3.0] Namen für Grafiken

Sie können festlegen, dass eine Grafik einen Namen erhält. Dies ist in Verbindung mit JavaScript sinnvoll. Der Name einer Grafik kann zum Beispiel beim JavaScript-Objekt `images` von Bedeutung sein (Kapitel 19.7). Ein Beispiel:

```
<p><img src="baum.jpg" width="320" height="400"
  name="Baumbild" alt="Abendbaum"></p>
```

Mit `name=` vergeben Sie einen Namen für die Grafik. Der Name sollte nicht zu lang sein und darf keine Leerzeichen, Sonderzeichen oder deutsche Umlaute enthalten. Das erste Zeichen muss ein Buchstabe sein. Danach sind auch Ziffern erlaubt. Benutzen Sie als Sonderzeichen im Namen höchstens den Unterstrich (_), den Bindestrich (-), den Doppelpunkt (:) oder den Punkt (.). Im Hinblick auf JavaScript darf der Name sogar nur Buchstaben, Ziffern und den Unterstrich (_) enthalten. Groß- und Kleinschreibung werden bei Sprachen wie JavaScript ebenfalls unterschieden.

7.1.6 [HTML 4.0] [X HTML 1.0] [N 6.0] Langbeschreibung für Grafiken

Wenn Ihnen die Möglichkeit, mit `alt=` einen gewöhnlichen Alternativtext für eine Grafik zu notieren, nicht genügt, können Sie seit HTML 4.0 auch zu einer anderen Stelle oder Datei verweisen, wo sich nähere Textinformation zu der Grafik befindet. Der Browser könnte beispielsweise nur dann einen Verweis zu dieser Stelle anbieten, wenn die Grafik nicht anzeigbar ist. Ein Beispiel:

```
<!DOCTYPE HTML PUBLIC "-//W3C//DTD HTML 4.01 Strict//EN"
  "http://www.w3.org/TR/html4/strict.dtd">
<html>
<head>
<title>Text des Titels</title>
</head>
<body>

<h1>Alte Zeiten</h1>

<p>
<img src="altezeiten.jpg" width="271" height="265"
  alt="alte Zeiten" longdesc="altezeiten.htm">
</p>

</body>
</html>
```

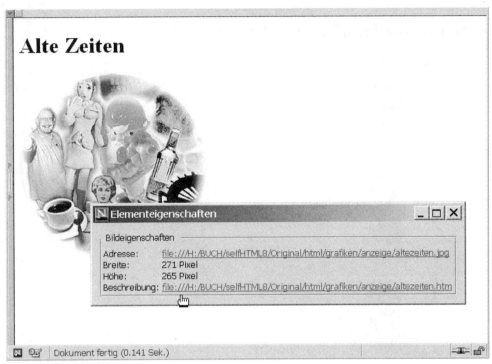

7.4: Der Verweis auf die lange Beschreibung ist bei Netscape ziemlich kompliziert zu erreichen.

Mit dem Attribut `longdesc=` können Sie auf eine Stelle verweisen, wo die Grafik in Textform näher beschrieben wird. Erlaubt ist ein URI, d.h. bei der Angabe gelten die Regeln zum Referenzieren in HTML.

Beachten Sie: Lediglich Netscape 6.0 unterstützt dieses Attribut bislang, und auch nur sehr versteckt: mit der rechten Maustaste über der Grafik klicken, aus dem Kontextmenü die Option *Eigenschaften* wählen, und in dem Dialog, der dann erscheint, auf die Adresse zu *Beschreibung* klicken.

7.2   Grafiken ausrichten

7.2.1   HTML 3.2 X HTML 1.0 ⚠ 📖 2.0 N 1.1   Grafik zum umgebenden Text ausrichten

Da das `img`-Element ein Inline-Element ist, können Grafiken mitten in einem Text platziert werden. Wenn nun aber die Grafik höher ist als die Zeilenhöhe, dann muss der Text der gleichen Zeile in irgendeiner Weise zur Grafik ausgerichtet werden. Wenn Sie nichts anderes angeben, wird der Text untenbündig zur Grafik ausgerichtet. Sie können jedoch mit Hilfe eines Attributs selbst bestimmen, wie der Text zur Grafik ausgerichtet werden soll. Dieses Attribut ist allerdings als *deprecated* gekennzeichnet und soll künftig aus dem HTML-Standard entfallen. Die gleiche Wirkung lässt sich nämlich auch mit CSS Stylesheets erzielen.

7.5: Der Text kann oben, mittig oder unten an einer Grafik ausgerichtet sein.

Ein Beispiel:

```
<!DOCTYPE HTML PUBLIC
  "-//W3C//DTD HTML 4.01 Transitional//EN"
  "http://www.w3.org/TR/html4/loose.dtd">
<html>
<head>
<title>Text des Titels</title>
</head>
<body>

<h1>Woran der Denker denkt</h1>

<p>Denkt der Denker
<img src="denker.gif" width="70" height="137" align="top" alt="Denker">
an das Oben?</p>
<hr>
<p>Denkt der Denker
<img src="denker.gif" width="70" height="137" align="middle" alt="Denker">
an die Mitte?</p>
<hr>
<p>Denkt der Denker
```

```
<img src="denker.gif" width="70" height="137" align="bottom" alt="Denker">
an das Unten?</p>

</body>
</html>
```

Das Beispiel enthält drei kurze, normalerweise in eine Zeile passende Textabsätze, bei denen jeweils die gleiche Grafik mitten im Text platziert ist. In allen drei Absätzen wird die darin notierte Grafik mit Hilfe von HTML zum Text davor und dahinter ausgerichtet.

Mit dem HTML-Attribut `align=` im `<img>`-Tag können Sie Text in der gleichen Zeile zur Grafik ausrichten (*align = Ausrichtung*):

- Mit `align="top"` wird der Text obenbündig zur Grafik ausgerichtet (*top = oben*).

- Mit `align="middle"` wird der Text mittig zur Grafik ausgerichtet (*middle = mittig*).

- Mit `align="bottom"` wird der Text untenbündig zur Grafik ausgerichtet (*bottom = unten*).

Beachten Sie: Die Browser interpretieren zum Teil noch weitere Angaben. Diese sind jedoch nicht im HTML-Standard verzeichnet und führen deshalb zu ungültigem HTML. Erwähnt seien sie trotzdem:

- Mit `align="texttop"` richten Sie den Text obenbündig zur Grafik aus, und zwar an der Oberkante des kleinsten Textes in der Zeile (*texttop = oben am Text*).

- Mit `align="absmiddle"` richten Sie den Text absolut mittig zur Grafik aus, auch bei unterschiedlichen Textgrößen (*absmiddle = absolute middle = in jedem Fall mittig*).

- Mit `align="absbottom"` richten Sie den Text untenbündig zur Grafik aus, und zwar an der Unterkante des kleinsten Textes in der Zeile (*absbottom = absolute bottom = in jedem Fall untenbündig*).

- Mit `align="baseline"` richten Sie den Text genauso aus wie mit der Standardangabe `align="bottom"`. Benutzen Sie deshalb besser die Standardangabe.

7.2.2 ⬛ ⬛ ⚠ ⬛ N Text um Grafik fließen lassen

Grafiken, die Sie mit dem `<img>`-Tag referenzieren, können Sie links oder rechts ausrichten. Der umgebende Text fließt dabei um die Grafik. Mit zwei weiteren Attributen können Sie Abstand zum umfließenden Text erzeugen, damit der Text nicht direkt an der Grafik »klebt«. Den automatischen Textumfluss können Sie auch abbrechen und die Textfortsetzung unterhalb der Grafik erzwingen. Alle dazu notwendigen Attribute sind allerdings als *deprecated* gekennzeichnet und sollen künftig aus dem HTML-Standard entfallen. Die gleiche Wirkung lässt sich nämlich auch mit CSS Stylesheets erzielen. Ein Beispiel:

```
<!DOCTYPE HTML PUBLIC
  "-//W3C//DTD HTML 4.01 Transitional//EN"
  "http://www.w3.org/TR/html4/loose.dtd">
<html>
<head>
<title>Text des Titels</title>
</head>
```

```
<body>

<h1><img src="text.gif" width="311" height="194"
  align="left" vspace="10" hspace="20" alt="Text?">
Ein Text
</h1>

<p>Manche Texte erschlie&szlig;en sich nur aus der n&ouml;tigen Distanz.
<!-- usw. -->
Aber das hier, das ist richtiger Text. Und er flie&szlig;t sogar, n&auml;mlich um
die
Grafik.<br clear="all"></p>

</body>
</html>
```

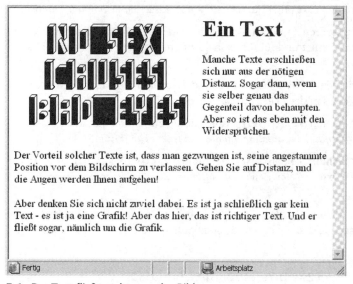

7.6: Der Text fließt rechts um das Bild.

Mit align="left" richten Sie eine Grafik linksbündig aus. Nachfolgend notierter Text fließt rechts um die Grafik. Mit align="right" können Sie die Grafik rechtsbündig ausrichten. Der nachfolgend notierte Text fließt dann links um die Grafik. Von »nachfolgend notiertem Text« wird hier nur der Einfachheit halber gesprochen. Es kann sich um beliebige Elemente handeln, also z.B. auch andere Grafiken, Tabellen, Multimedia-Referenzen usw. Um Abstand zwischen Grafik und umfließendem Text zu erzeugen, stehen die Attribute hspace= und vspace= zur Verfügung:

- Mit hspace= [Pixel] bestimmen Sie den Abstand zwischen Grafik und anderen Elementen links bzw. rechts davon (*hspace = horizontal space = horizontaler Abstand*).

- Mit vspace= [Pixel] bestimmen Sie den Abstand zwischen Grafik und anderen Elementen darüber bzw. darunter (*vspace = vertical space = vertikaler Abstand*).

Das Attribut hspace= betrifft immer den linken **und** den rechten Randabstand von der Grafik, vspace= immer den oberen **und** den unteren Randabstand. Wenn Sie also beispielsweise bei einer links ausgerichteten Grafik `hspace=` definieren, wird nicht nur rechts der Grafik zum nebenstehenden Text ein Abstand erzeugt, sondern auch links zum Rand des Anzeigefensters hin. Um dies zu verhindern, können Sie exakter arbeiten, indem Sie CSS Stylesheets verwenden. Sie können beide Attribute notieren oder auch nur eines davon. Um den automatischen Textumfluss zu unterbrechen und zu erzwingen, dass alles was folgt unterhalb der Grafik angezeigt wird, können Sie einen Zeilenumbruch (Kapitel 5.3) mit dem Attribut `clear=` notieren:

- Mit `<br clear="all">` erreichen Sie, dass der Textfluss ab der nächsten Zeile in jedem Fall unterhalb der Grafik fortgesetzt wird.

- Mit `<br clear="left">` erreichen Sie, dass der Textfluss ab der nächsten Zeile unterhalb einer linksbündig ausgerichteten Grafik fortgesetzt wird.

- Mit `<br clear="right">` erreichen Sie, dass der Textfluss ab der nächsten Zeile unterhalb einer rechtsbündig ausgerichteten Grafik fortgesetzt wird.

7.2.3 `HTML 3.2` `X HTML 1.0` `2.0` `N 1.1` Grafik und andere Inhalte mit Tabellen ausrichten

In der Praxis kommt es häufig vor, dass Sie Grafiken sauber nebeneinander oder untereinander platzieren und mit Text beschriften wollen. In solchen Fällen bietet sich das Arbeiten mit »blinden«, also unsichtbaren Tabellen an. Ein Beispiel:

```
<!DOCTYPE HTML PUBLIC
  "-//W3C//DTD HTML 4.01 Transitional//EN"
  "http://www.w3.org/TR/html4/loose.dtd">
<html>
<head>
<title>Text des Titels</title>
</head>
<body>

<div align="center">
<table border="0" cellpadding="4" width="600">
 <tr>
  <th><h3>Schadenfreude</h3></th>
  <th><h3>Erstaunen</h3></th>
  <th><h3>Skepsis</h3></th>
  <th><h3>Betretenheit</h3></th>
 </tr><tr>
  <td align="center"><img src="ausdruck_1.gif" width="100" height="100"
alt="Schadenfreude"></td>
  <td align="center"><img src="ausdruck_2.gif" width="100" height="100"
alt="Erstaunen"></td>
  <td align="center"><img src="ausdruck_3.gif" width="100" height="100"
alt="Skepsis"></td>
  <td align="center"><img src="ausdruck_4.gif" width="100" height="100"
alt="Betretenheit"></td>
 </tr><tr>
  <td align="center" valign="top">ist die sch&ouml;nste Freude, kann aber Feinde
schaffen</td>
```

```
 <td align="center" valign="top">gebar die Philosophie und wird von Rechthabern
immer wieder untersch&auml;tzt</td>
 <td align="center" valign="top">ist bisweilen angebracht, sollte aber nicht das
weitere Dazulernen behindern</td>
 <td align="center" valign="top">ist sehr unangenehm, w&auml;hrt aber nicht
ewig</td>
 </tr>
</table>
</div>

</body>
</html>
```

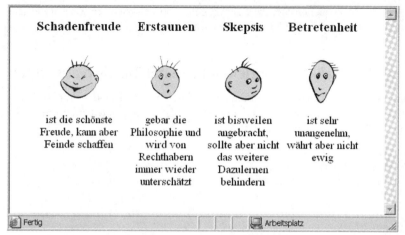

7.7: Eine »unsichtbare« Tabelle richtet Bilder und Text sauber neben- und untereinander aus.

Im Beispiel wird eine blinde Tabelle (`border="0"`) mit vier Spalten definiert. In der ersten Zeile stehen vier Überschriften, in der zweiten vier entsprechende Grafiken und in der dritten vier zugehörige Texte. Die Tabelle ist innerhalb eines allgemeinen Bereichs zentriert ausgerichtet (`<div align="center">...</div>`) und hat eine Breite von 600 Pixeln. Mit `cellpadding="4"` im einleitenden `<table>`-Tag wird sichergestellt, dass sich die Zelleninhalte nicht zu nahe kommen. Mit `align="center"` werden die Datenzellen zentriert ausgerichtet. Da die Beschriebungstexte unterschiedlich lang sein können, wird mit `valign="top"` in deren Datenzellen erreicht, dass sie alle obenbündig ausgerichtet werden.

7.2.4 Grafiken ausrichten mit CSS Stylesheets

CSS Stylesheets bieten Eigenschaften an, mit deren Hilfe die beiden Funktionen, Grafik zum umgebenden Text ausrichten und Text um Grafik fließen lassen, ebenso realisierbar sind wie mit HTML. Das »Fein-Tuning« ist mit Hilfe von CSS sogar deutlich genauer. Mit CSS müssen Sie arbeiten, wenn Sie die in diesem Abschnitt beschriebenen Effekte erzielen und dabei aber mit der HTML-Variante »Strict« arbeiten wollen. Maßgeblich sind im hier beschriebenen Zusammenhang folgende CSS-Eigenschaften: vertical-align (Vertikale Ausrichtung), float (Textumfluss), clear (Fortsetzung bei Textumfluss), Außenrand und Abstand.

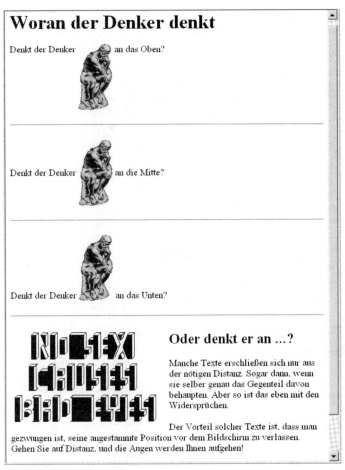

7.8: CSS Stylesheets machen die HTML-Attribute zur Ausrichtung von Grafiken überflüssig.

Ein Beispiel:

```
<!DOCTYPE HTML PUBLIC "-//W3C//DTD HTML 4.01 Strict//EN"
  "http://www.w3.org/TR/html4/strict.dtd">
<html>
<head>
<title>Text des Titels</title>
</head>
<body>

<h1>Woran der Denker denkt</h1>

<p>Denkt der Denker
<img src="denker.gif" width="70" height="137" style="vertical-align:text-top"
alt="Denker">
an das Oben?</p>
<hr>
```

```
<p>Denkt der Denker
<img src="denker.gif" width="70" height="137" style="vertical-align:middle"
alt="Denker">
an die Mitte?</p>
<hr>
<p>Denkt der Denker
<img src="denker.gif" width="70" height="137" style="vertical-align:text-bottom"
alt="Denker">
an das Unten?</p>
<hr>

<h2><img src="text.gif" width="311" height="194" style="float:left; margin-
right:20px;
margin-bottom:10px" alt="Text?">Oder denkt er an ...?</h2>

<p>Manche Texte erschlie&szlig;en sich nur aus der n&ouml;tigen Distanz.
<!-- usw. -->
Aber das hier, das ist richtiger Text. Und er flie&szlig;t sogar,
n&auml;mlich um die Grafik.<br style="clear:all"></p>

</body>
</html>
```

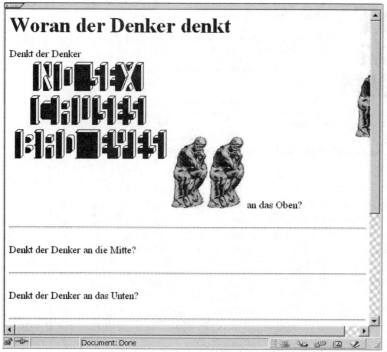

7.9: Netscape 4.x steht mit vielen CSS-Angaben auf Kriegsfuß.

Mit `style="vertical-align:text-top"` erreichen Sie in einem `<img>`-Tag das Gleiche wie mit `align="top"`, mit `style="vertical-align:middle"` das Gleiche wie mit `align= "middle"`, und mit `style="vertical-align:text-bottom"` das Gleiche wie mit `align= "bottom"`.

Mit `style="float:left; margin-right:20px; margin-bottom:10px"` wird erreicht, dass die Grafik links ausgerichtet wird und nachfolgender Text rechts um die Grafik fließt. Dabei wird zwischen Grafik und Text ein Abstand von 20 Pixeln gehalten (links von der Grafik wird dagegen, anders als beim HTML-Attribut `hspace=`, kein Abstand von 20 Pixeln erzeugt). Nach unten hin, also zum Text unterhalb wird ein Abstand von 10 Pixeln definiert.

Beachten Sie: Netscape 4.x zerwürfelt die Anzeige dieses Beispiels aufs Übelste. Das ist leider ein typisches Beispiel dafür, wie Netscape 4.x die Entwicklung hin zu standardkonformerem Arbeiten ausbremst.

7.3 Grafiken als Verweise

7.3.1 $\begin{smallmatrix}\text{HTML}\\2.0\end{smallmatrix}$ $\begin{smallmatrix}\text{X}\\\text{HTML}\\1.0\end{smallmatrix}$ $\begin{smallmatrix}\blacksquare\\1.0\end{smallmatrix}$ $\begin{smallmatrix}\text{N}\\1.0\end{smallmatrix}$ Grafiken anstelle von Verweistext definieren

Wenn Sie Verweise setzen, müssen Sie immer auch einen Verweistext definieren, also den Text, der dem Anwender als anklickbar dargestellt wird. Anstelle eines Verweistextes können Sie jedoch auch eine Grafikreferenz notieren. Dann ist die gesamte Grafik anklickbar, und beim Anklicken der Grafik wird der Verweis ausgeführt. Von dieser Möglichkeit wird in der Praxis sehr oft Gebrauch gemacht, bei Werbebannern zum Beispiel, aber auch bei grafischen Navigationsleisten. Ein Beispiel:

```
<!DOCTYPE HTML PUBLIC
  "-//W3C//DTD HTML 4.01 Transitional//EN"
  "http://www.w3.org/TR/html4/loose.dtd">
<html>
<head>
<title>Text des Titels</title>
</head>
<body>

<table border="0" cellpadding="0" cellspacing="0"><tr>
<td><a href="home.htm"><img src="button1.jpg" width="160" height="34" border="0"
alt="HOME"></a></td>
<td><a href="seite.htm"><img src="button2.jpg" width="160" height="34" border="0"
alt="ZUR&Uuml;CK"></a></td>
<td><a href="seite.htm"><img src="button3.jpg" width="160" height="34" border="0"
alt="WEITER"></a></td>
<td><a href="thema.htm"><img src="button4.jpg" width="160" height="34" border="0"
alt="THEMA"></a></td>
</tr></table>

<h1>Navigationsleisten</h1>

<p>Was w&auml;re das Web ohne sie!</p>
```

```
</body>
</html>
```

Das Beispiel zeigt eine horizontale Navigationsleiste. Die vier Buttons der Leiste liegen in Form der Grafiken *button1.jpg* bis *button4.jpg* vor. Alle Grafiken sind gleich groß und haben ein einheitliches Aussehen. Sie unterscheiden sich lediglich durch die Beschriftung. Damit die Buttons sauber nebeneinanderliegen und nicht umbrochen werden können, wird eine blinde Tabelle (border="0") dafür notiert. Mit cellpadding="0" und cellspacing="0" wird in der Tabelle dafür gesorgt, dass die Zellen nahtlos aneinanderliegen und keinen Innenabstand haben. So grenzen die darin enthaltenen Grafiken nahtlos aneinander und erzeugen den Effekt einer Leiste.

Definiert wird eine Zeile mit vier Zellen. In jeder der Zellen wird ein Verweis notiert. Zwischen <a href=""> und </a> wird jedoch kein Verweistext notiert, sondern die Grafikreferenz für je einen der Buttons. Auf diese Weise wird die jeweilige Grafik anklickbar und führt beim Anklicken zu dem Ziel, das bei href= notiert ist. Wichtig ist auch die Angabe border="0" in den Grafikreferenzen (siehe auch *Rahmen um Grafiken*, Kapitel 7.1.4). Würde diese Angabe fehlen, dann würde der Browser einen Rahmen um die Grafik anzeigen, und zwar in der Farbe für Verweise, um diese als Verweis zu kennzeichnen. Da die Buttons im Beispiel aber für den Anwender eindeutig als Grafiken mit Verweisfunktion identifizierbar sind, wird der Rahmen unterdrückt.

Wenn Sie mit border="0" den Rahmen um eine als Verweis dienende Grafik unterdrücken, kann der Anwender die Grafik nicht mehr unmittelbar als Verweis erkennen. Nur wenn er mit dem Mauszeiger über die Grafik fährt, kann er an dem Mauszeigersymbol erkennen, dass es sich um einen Verweis handelt. Deshalb sollten Sie den verweiskennzeichnenden Rahmen nur dann unterdrücken, wenn die Grafik auf den ersten Blick als Verweis erkennbar ist.

Wegen der Angabe border="0" benutzt das obige Beispiel die HTML-Variante »Transitional«, denn das border-Attribut ist im HTML-Standard als *deprecated* gekennzeichnet. Mit einem zentralen CSS-Format img {border:none} wäre dieses Problem allerdings elegant zu umgehen, und in allen <img>-Tags innerhalb von Verweisen könnte auf das border-Attribut verzichtet werden. Bei nicht CSS-fähigen Browsern würde dann aber doch der Rahmen angezeigt.

Nur zum Verständnis: Am obigen Anzeigebeispiel sind in Wirklichkeit vier Dateien beteiligt, die alle den gleichen Aufbau und immer an der gleichen Stelle die Navigationsleiste haben. Nur sind die anklickbaren Grafiken in jeder der Dateien mit unterschiedlichen Verweiszielen verknüpft. Damit zeigt das Beispiel, wie sich mit verschiedenen Dateien, die ein einheitliches Layout und die Navigationsleiste stets an der gleichen Stelle haben, ein in sich geschlossenes Web-Projekt realisieren lässt.

7.4   Verweissensitive Grafiken (Image Maps)

7.4.1   HTML 3.2 XHTML 1.0 2.0 N 2.0 Verweissensitive Grafiken definieren

Verweissensitive Grafiken sind Grafiken, in denen der Anwender mit der Maus auf ein Detail klicken kann. Daraufhin wird ein Verweis ausgeführt. Auf diese Weise kann der Anwender in einigen Fällen wesentlich intuitiver und schneller zu Information gelangen als durch lange verbale Verweislisten. Ein Beispiel:

```
<!DOCTYPE HTML PUBLIC "-//W3C//DTD HTML 4.01 Strict//EN"
  "http://www.w3.org/TR/html4/strict.dtd">
<html>
<head>
<title>Text des Titels</title>
</head>
<body>

<h1>Schnell zur Stadt oder Region Ihrer Wahl!</h1>

<map name="Landkarte">
<area shape="rect" coords="11,10,59,29" href="http://www.koblenz.de/"
alt="Koblenz">
<area shape="rect" coords="42,36,96,57" href="http://www.wiesbaden.de/"
alt="Wiesbaden">
<area shape="rect" coords="42,59,78,80" href="http://www.mainz.de/" alt="Mainz">
<area shape="rect" coords="100,26,152,58" href="http://www.frankfurt.de/"
alt="Frankfurt">
<area shape="rect" coords="27,113,93,134" href="http://www.mannheim.de/"
alt="Mannheim">
<area shape="rect" coords="100,138,163,159" href="http://www.heidelberg.de/"
alt="Heidelberg">
<area shape="rect" coords="207,77,266,101" href="http://www.wuerzburg.de/"
alt="W&uuml;rzburg">
<area shape="rect" coords="282,62,344,85" href="http://www.bamberg.de/"
alt="Bamberg">
<area shape="rect" coords="255,132,316,150" href="http://www.nuernberg.de/"
alt="N&uuml;rnberg">
<area shape="rect" coords="78,182,132,200" href="http://www.karlsruhe.de/"
alt="Karlsruhe">
<area shape="rect" coords="142,169,200,193" href="http://www.heilbronn.de/"
alt="Heilbronn">
<area shape="rect" coords="140,209,198,230" href="http://www.stuttgart.de/"
alt="Stuttgart">
<area shape="rect" coords="187,263,222,281" href="http://www.ulm.de/" alt="Ulm">
<area shape="rect" coords="249,278,304,297" href="http://www.augsburg.de/"
alt="Augsburg">
<area shape="poly" coords="48,311,105,248,96,210,75,205,38,234,8,310"
      href="http://www.baden-aktuell.de/" alt="Baden">
</map>

<p><img src="karte.gif" width="345" height="312" border="0" alt="Karte"
usemap="#Landkarte"></p>

</body>
</html>
```

Mit `<map name="[Name]">` leiten Sie die Definition der verweissensitiven Flächen einer Grafik ein. Beim `name`-Attribut vergeben Sie einen Namen für die verweissensitive Grafik. Dieser Name muss nichts mit dem Dateinamen der Grafik zu tun haben. Es handelt sich vielmehr um einen Ankernamen, der die gleiche Bedeutung hat wie der Name in einem Anker innerhalb einer HTML-Datei (Kapitel 6.2.2). Vergeben Sie keine zu langen Namen. Namen dürfen keine Leerzeichen und keine deutschen Umlaute enthalten. Das erste Zeichen muss ein Buchstabe sein. Danach sind auch Ziffern erlaubt. Benutzen Sie als Sonderzeichen im Namen höchstens den Unterstrich (_), den Bindestrich (-), den Doppelpunkt (:) oder den Punkt (.).

Das `map`-Element kann an einer beliebigen Stelle innerhalb des Körpers einer HTML-Datei (also zwischen `<body>` und `</body>`) stehen. Es erzeugt selbst keine Bildschirmausgabe. Es empfiehlt sich jedoch, das Element an einer markanten, gesonderten Stelle innerhalb der Datei zu notieren, z.B. am Anfang oder am Ende des Dateikörpers.

Zwischen dem einleitenden `<map...>` und dem abschließenden `</map>` definieren Sie die verweissensitiven Flächen. Mit `<area...>` definieren Sie einzelne verweissensitive Flächen einer bestimmten Grafik, die Sie an einer anderen Stelle einbinden. Mit `shape="rect"` bestimmen Sie eine viereckige Fläche, mit `shape="circle"` einen Kreis, und mit `shape="polygon"` können Sie ein beliebiges Vieleck als verweissensitiv definieren. Bei `coords=` geben Sie die Koordinaten der verweissensitiven Flächen an. Die Pixelangaben bedeuten absolute Werte innerhalb der Grafik, die verweissensitiv sein soll. Trennen Sie alle Pixelwerte durch Kommata.

7.10: Über ausgewählten Städten verwandelt sich der Mauszeiger in das typische Hand-Symbol, das einen Link anzeigt.

- Ein **Viereck** (`shape="rect"`) definieren Sie mit den Koordinaten für x1,y1,x2,y2, wobei bedeuten:
  x1 = linke obere Ecke, Pixel von links
  y1 = linke obere Ecke, Pixel von oben

x2 = rechte untere Ecke, Pixel von links
y2 = rechte untere Ecke, Pixel von oben

- Einen **Kreis** (shape="circle") definieren Sie mit den Koordinaten für x,y,r, wobei bedeuten:
x = Mittelpunkt, Pixel von links
y = Mittelpunkt, Pixel von oben
r = Radius in Pixel

- Ein **Polygon** (shape="polygon", Vieleck) definieren Sie mit den Koordinaten x1,y1,x2,y2 ...
x_n,y_n, wobei bedeuten:
x = Pixel einer Ecke von links
y = Pixel einer Ecke von oben
Sie können so viele Ecken definieren wie Sie wollen. Von der letzten definierten Ecke müssen
Sie sich eine Linie zur ersten definierten Ecke hinzudenken. Diese schließt das Polygon.

Mit dem Attribut href= bestimmen Sie das Verweisziel, das aufgerufen werden soll, wenn der
Anwender die verweissensitive Fläche anklickt. Dabei gelten die Regeln zum Referenzieren in
HTML – es kann sich also um beliebige Verweisziele innerhalb oder außerhalb des eigenen Web-
Projekts handeln. Wenn Sie eine Fläche explizit als nicht anklickbar ausweisen wollen, können
Sie dies mit dem Attribut nohref tun (ohne Wertzuweisung). Nötig ist dies allerdings nicht,
denn Flächen, die nicht durch href= abgedeckt sind, sind automatisch nicht anklickbar.

Mit dem alt-Attribut notieren Sie Alternativtext für den Fall, dass die verweissensitive Fläche
nicht angezeigt werden kann. Dieses Attribut ist ein **Pflichtattribut**, d.h. Sie müssen es notieren,
um gültiges HTML zu erzeugen.

Die Grafik, die verweissensitive Flächen haben soll, referenzieren Sie auf herkömmliche Weise
mit Hilfe des <img>-Tags. Um die Grafik als verweissensitiv zu kennzeichnen, müssen Sie das
Attribut usemap= notieren. Dieses Attribut erwartet als Wertzuweisung einen URI, der zu der
Stelle führt, an der das zugehörige map-Element notiert ist. Normalerweise ist dieses Element in
der gleichen Datei notiert. Deshalb besteht die Zuweisung einfach in einem Gatterzeichen # und
dem Namen des Ankers, der bei <map name=> definiert wurde.

Beachten Sie: Um die gewünschten Pixelkoordinaten für verweissensitive Flächen einer Grafik zu
erhalten, können Sie beispielsweise ein Grafikprogramm benutzen, bei dem Sie mit der Maus in
der angezeigten Grafik herumfahren können und dabei die genauen Pixelkoordinaten des
Mauszeigers angezeigt bekommen.

Um beim Überfahren einer verweissensitiven Fläche mit der Maus ein kleines Fenster (»Tooltip«-
Fenster) anzuzeigen, können Sie in den <area>-Tags jeweils das Universalattribut title=
"Mein angezeigter Text" verwenden. Dies wird allerdings nicht von allen Browsern interpretiert.

Innerhalb eines jeden <area>-Tags ist auch das Attribut tabindex= erlaubt. Die Wirkung ist die
gleiche wie bei der Tabulator-Reihenfolge bei Verweisen (Kapitel 6.7) und wird dort näher
beschrieben. Ebenfalls erlaubt ist das Attribut accesskey=. Dies funktioniert genau wie bei
Tastaturkürzeln für Verweise und wird in Kapitel 6.7 näher beschrieben.

Wenn Sie **XHTML-konform** arbeiten, müssen Sie das area-Element als inhaltsleer kennzeichnen. Dazu notieren Sie das allein stehende Tag in der Form <area.../>. Weitere Informationen
dazu im Kapitel 14.1.11 über *XHTML und HTML*.

Im <area>-Tag kommen häufig auch JavaScript-Event-Handler zum Einsatz. Beim Aufruf von JavaScript-Funktionen mit Event-Handlern darf jedoch im <area>-Tag das href-Attribut nicht fehlen, sonst streikt der Netscape Navigator. Um das Problem zu lösen, können Sie eine Angabe notieren wie:

```
<area shape="rect" coords="1,1,249,49" href="#" onclick="IhreFunktion()" alt="Kurze
Beschreibung">
```

Durch die Wertzuweisung "#" an das href-Attribut wird ein »leerer« Verweis erzeugt, und Netscape führt dann auch den Event-Handler (hier: onClick=) aus.

7.4.2 `HTML 2.0` `X HTML 1.0` 🅰 `N 1.1` Server-seitige verweissensitive Grafiken

Bei dieser Methode ist zum Verwalten von verweissensitiven Grafiken eine Kommunikation zwischen Web-Browser und Web-Server erforderlich. Der Nachteil ist, dass solche verweissensitive Grafiken nicht lokal in jeder Umgebung funktionieren, und dass der Server zusätzlich belastet wird. Insgesamt kann diese Methode heute als veraltet gelten und wird hier nur noch der Vollständigkeit halber erwähnt.

Das Prinzip funktioniert folgendermaßen: Aufgrund eines HTML-Attributs weiß der Web-Browser, dass es sich bei einer Grafik um eine verweissensitive Grafik handelt. Wenn der Anwender dann irgendwo auf die angezeigte Grafik klickt, überträgt der Web-Browser die Pixelkoordinaten des Mausklicks (relativ zur oberen linken Ecke der Grafik) an eine spezielle »Imagemap«-Software auf dem Server-Rechner. Diese Software ermittelt, ob die Pixelkoordinaten innerhalb einer als verweissensitiv definierten Fläche der Grafik liegen. Wenn ja, ermittelt die Software, welcher Verweis dieser sensitiven Fläche zugeordnet ist. Die entsprechende Verweisadresse wird dem Web-Browser gesendet. Dieser führt den Verweis dann aus.

Wenn Sie eine verweissensitive Grafik nach diesem Schema einsetzen möchten, fragen Sie bei Ihrem Provider nach, welche Software zum Verarbeiten verweissensitiver Grafiken auf diesem Server im Einsatz ist und was genau Sie brauchen. In der Regel brauchen Sie eine so genannte »Map-Datei« und einen Eintrag in einer Konfigurationsdatei. In der Map-Datei ordnen Sie verweissensitive Flächen und gewünschte Verweise einander zu. In der Konfigurationsdatei ist ein Eintrag für die Server-Software nötig.

Bei der Syntax der Map-Dateien gibt es mehrere Varianten. Fragen Sie gegebenenfalls Ihren Provider nach Beispieldateien und nach einer Dokumentation zu der von ihm angebotenen Variante. Das folgende Beispiel zeigt den Teil, den Sie in der HTML-Datei notieren müssen.

```
<a href="MapName"><img src="datei.gif" ismap alt="Grafik"></a>
```

Es handelt sich also um eine schlichte Grafik als Verweis. Im Beispiel wird die Datei datei.gif auf diese Weise notiert. Das <img>-Tag muss das zusätzliche Attribut ismap enthalten. Hierdurch wird dem Server-Rechner mitgeteilt, dass es sich um eine verweissensitive Grafik handelt. Das Ziel des Verweises bei href= ist keine Datei, sondern ein symbolischer Name, der zuvor in der oben angesprochenen Konfigurationsdatei des Server-Rechners vergeben wurde. Im Beispiel ist das der symbolische Name "MapName".

8   Tabellen

8.1   Aufbau einer Tabelle

8.1.1   `HTML 3.2` `X HTML 1.0` `2.0` `N 1.1` Tabellen definieren

Sie können in HTML Tabellen definieren, um tabellarische Daten darzustellen oder um Text und Grafik attraktiver am Bildschirm zu verteilen. Obwohl Tabellen natürlich vornehmlich zur Darstellung tabellarischer Daten geschaffen wurden, sind sie in der heutigen Praxis des Web-Designs vor allem als Grundgestaltungsmittel für Seitenlayouts nicht mehr wegzudenken. Mehr dazu im Abschnitt 8.6 *Tabellen als Mittel für Web-Seitenlayouts*. Puristen, die HTML so weit wie möglich von gestalterischen Aufgaben befreit sehen wollen, rümpfen darüber zwar die Nase, aber so klar sind die Grenzen zwischen Struktur und Gestaltung nicht immer. Die saubere Verteilung von Information auf einer Web-Seite ist durchaus ein Aspekt der Strukturierung, obwohl sie zugleich ein Aspekt der Gestaltung ist. Rein optisch lässt sich also grundsätzlich unterscheiden zwischen Tabellen, die Gitternetzlinien haben (für tabellarische Daten), und Tabellen ohne sichtbare Gitternetzlinien (so genannte »blinde Tabellen« für mehrspaltigen Text oder für saubere Verteilung von Inhalten auf einer Web-Seite).

Tabelle mit Gitternetzlinien

Berlin	Hamburg	München
Miljöh	Kiez	Bierdampf
Buletten	Frikadellen	Fleischpflanzerl

Tabelle ohne Gitternetzlinien (blinde Tabelle)

ARQ   Automatic Repeat Request. Eine allgemeine Bezeichnung für Fehlerprotokolle, die Übertragungsfehler erkennt und defekte Blöcke selbständig wiederholt

HDLC   High Level Data Link Control. Ein Standard-Protokoll, das von der Kommission für internationale Standards für Softwareanwendungen in synchronen Anlagen verwendet wird.

8.1:   Mit Tabellen präsentieren Sie nicht nur Daten, sondern gestalten das Layout von Web-Seiten.

Das zum Bild gehörige Beispiel:

```
<!DOCTYPE HTML PUBLIC "-//W3C//DTD HTML 4.01 Strict//EN"
  "http://www.w3.org/TR/html4/strict.dtd">
<html>
<head>
<title>Aufbau einer Tabelle</title>
</head>
<body>

<h1>Tabelle mit Gitternetzlinien</h1>

<table border="1">
<tr>
<th>Berlin</th>
<th>Hamburg</th>
<th>M&uuml;nchen</th>
</tr><tr>
<td>Milj&ouml;h</td>
<td>Kiez</td>
<td>Bierdampf</td>
</tr><tr>
<td>Buletten</td>
<td>Frikadellen</td>
<td>Fleischpflanzerl</td>
</tr>
</table>

<h1>Tabelle ohne Gitternetzlinien (blinde Tabelle)</h1>

<table border="0">
<tr>
<td><h2>ARQ</h2></td>
<td><p>Automatic Repeat Request. Eine allgemeine Bezeichnung f&uuml;r
Fehlerprotokolle, die &Uuml;bertragungsfehler erkennt und defekte Bl&ouml;cke
selbst&auml;ndig wiederholt</p></td>
</tr><tr>
<td><h2>HDLC</h2></td>
<td><p>High Level Data Link Control. Ein Standard-Protokoll, das von der Kommission
f&uuml;r internationale Standards f&uuml;r Softwareanwendungen in synchronen
Anlagen verwendet wird.</p></td>
</tr>
</table>

</body>
</html>
```

```
<table>
       <th>    <th>    <th>
<tr>               </th>   </th>   </th>   </tr>

       <td>    <td>    <td>
<tr>    </td>   </td>   </td>   </tr>

       <td>    <td>    <td>
<tr>    </td>   </td>   </td>   </tr>
                                           </table>
```

8.2: Die Grafik zeigt die Wirkung der HTML-Elemente, die eine Tabelle erzeugen.

`<table>` leitet eine Tabelle ein (*table = Tabelle*). Wenn die Tabelle sichtbare Gitternetzlinien enthalten soll, müssen Sie im einleitenden `<table>`-Tag das Attribut `border=` notieren und ihm einen Wert größer 0 zuweisen. Der angegebene Wert ist dann die Breite des Rahmens in Pixeln. Um eine blinde Tabelle ohne sichtbaren Rahmen und Gitternetzlinien zu erzeugen, lassen Sie die Angabe zu `border=` entweder weg oder – was sauberer ist – Sie notieren `border="0"`.

`<tr>` leitet eine neue Tabellenzeile ein (*tr = table row = Tabellenzeile*). Im Anschluss daran werden die Zellen (Spalten) der betreffenden Reihe definiert. Am Ende einer Tabellenzeile wird ein abschließendes Tag `</tr>` notiert.

Eine Tabelle kann Kopfzellen und gewöhnliche Datenzellen enthalten. Text in Kopfzellen wird hervorgehoben (meist fett und zentriert ausgerichtet). `<th>` leitet eine Kopfzelle ein, `<td>` eine normale Datenzelle (*th = table header = Tabellenkopf, td = table data = Tabellendaten*). Der Inhalt einer Zelle wird jeweils hinter dem Tag notiert. Obwohl die zugehörigen End-Tags `</th>` bzw. `</td>` offiziell optional sind, ist dringend zu empfehlen, sie immer und in jedem Fall zu notieren.

In einer Tabellenzelle können beliebige Elemente stehen, d.h. außer normalem Text z.B. auch andere Block- und Inline-Elemente. Sogar eine weitere Tabelle können Sie innerhalb einer Zelle definieren.

Beachten Sie: Die Anzahl der Zellen sollte bei jeder Zeile gleich sein, sodass die Tabelle durchweg die gleiche Anzahl Spalten pro Zeile hat. In der ersten Zeile, die Sie definieren, legen Sie deshalb durch die Anzahl der dort definierten Zellen die Anzahl der Spalten Ihrer Tabelle fest.

Tabellenzellen dürfen auch leer sein. Wenn Sie in einer Zeile für eine Spalte keine Daten eingeben wollen, notieren Sie ein einfaches `<td></td>`. Beachten Sie dabei jedoch, dass viele Web-Browser die Zelle in diesem Fall als »nicht vorhanden« darstellt. Probieren Sie deshalb auch mal die Notation `<td> </td>` für leere Tabellenzellen aus.

8.1.2 HTML 4.0 · X HTML 1.0 · 4.0 · N 4.0 Spalten vordefinieren

Die Darstellung einer Tabelle ergibt sich zwar automatisch aus den definierten Zeilen und Spalten. Doch für einen Web-Browser ist es nicht ganz einfach, die Darstellung frühzeitig zu ermitteln. Er muss erst die gesamte Tabelle einlesen, bevor er irgendetwas davon darstellen kann. Bei großen Tabellen kann das zu unschönen leeren Bildschirminhalten während des Seitenaufbaus führen.

HTML 4.0 bietet eine Syntax an, um dem Browser gleich zu Beginn der Tabelle mitzuteilen, wie viele Spalten die Tabelle hat und wie breit diese sind. Dadurch kann der Browser die Tabelle schneller aufbauen, d.h. bereits Teile der Tabelle anzeigen, bevor die gesamte Tabelle eingelesen ist. Ältere Browser ignorieren diese Angaben allerdings.

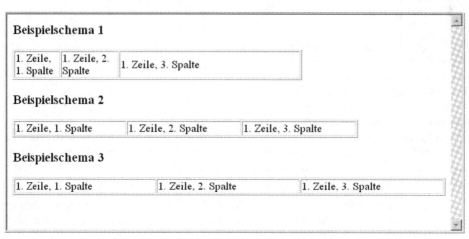

8.3: Die Darstellung einer Tabelle für die drei folgenden Schemata.

Beispielschema 1:

```
<table border="1">
    <colgroup>
        <col width="80">
        <col width="100">
        <col width="320">
    </colgroup>
    <tr>
      <td>1. Zeile, 1. Spalte</td>
      <td>1. Zeile, 2. Spalte</td>
      <td>1. Zeile, 3. Spalte</td>
    </tr>
        <!-- usw. andere Zeilen der Tabelle -->
</table>
```

Beispielschema 2:

```
<table border="1">
    <colgroup width="200" span="3">
    </colgroup>
    <tr>
      <td>1. Zeile, 1. Spalte</td>
      <td>1. Zeile, 2. Spalte</td>
      <td>1. Zeile, 3. Spalte</td>
    </tr>
        <!-- usw. andere Zeilen der Tabelle -->
</table>
```

Beispielschema 3:

```
<table border="1" width="100%">
    <colgroup>
        <col width="4*">
        <col width="2*">
        <col width="1*">
    </colgroup>
    <tr>
      <td>1. Zeile, 1. Spalte</td>
      <td>1. Zeile, 2. Spalte</td>
      <td>1. Zeile, 3. Spalte</td>
    </tr>
        <!-- usw. andere Zeilen der Tabelle -->
</table>
```

Mit `<colgroup>` leiten Sie hinter dem einleitenden `<table>`-Tag eine Vorab-Definition der Tabellenspalten ein (*colgroup = column group = Spaltengruppe*). Dabei haben Sie zwei Möglichkeiten: Entweder Sie möchten unterschiedlich breite Tabellenspalten haben. Dann gehen Sie so vor wie im obigen Beispielschema 1. Oder Sie haben eine Tabelle, in der alle Spalten die gleiche einheitliche Breite haben sollen. Dann können Sie so vorgehen wie im obigen Beispielschema 2.

Im Beispielschema 1 enthält das `<colgroup>`-Tag keine weiteren Attribute. Dafür notieren Sie im Anschluss an `<colgroup>` für jede einzelne gewünschte Tabellenspalte je ein `<col>`-Tag. Das erste `<col>`-Tag definiert die erste Spalte, das zweite die zweite Spalte usw. Wenn Sie keine weiteren Angaben machen, wird die Breite der Spalten automatisch aufgrund des Tabelleninhalts ermittelt. Mit `width=` [Pixel/Prozent] können Sie jedoch eine Spaltenbreite für die einzelnen Spalten vorgeben (*width = Breite*). Mit `width="100"` erzwingen Sie beispielsweise eine Spaltenbreite von 100 Pixeln, und mit `width=33%` eine Breite von einem Drittel der Breite der Gesamttabelle.

Im Beispielschema 2 werden keine `<col>`-Tags notiert. Stattdessen notieren Sie im einleitenden `<colgroup>`-Tag das Attribut `span=` (*span = spannen*). Als Wert weisen Sie die Anzahl der Spalten zu, die Sie wünschen. Mit dem Attribut `width=` können Sie in diesem Fall eine einheitliche Spaltenbreite für alle Spalten definieren.

Bei `width=` haben Sie neben der Möglichkeit, Pixel oder Prozentwerte anzugeben, auch noch eine dritte Möglichkeit: Sie können das relative Breitenverhältnis der Spalten untereinander bestimmen, unabhängig davon, wie breit die Tabelle im Verhältnis zum Anzeigefenster ist. Eine solche Möglichkeit stellt das obige Beispielschema 3 vor. Bei Breitenangaben dieser Art weisen Sie `width=` eine Zahl und dahinter ein Stern-Zeichen zu. Das Stern-Zeichen ist dabei nur ein Signalzeichen für den Browser, dass er die Zahlen davor nicht als Pixel interpretieren soll. Wichtig sind die Zahlen. Im obigen Beispiel 3 werden drei Spalten definiert, bei denen die relativen Zahlen 4, 2 und 1 in der Summe 7 ergeben. Damit definieren Sie eine Tabelle, bei der die erste Spalte vier Siebtel der Tabellenbreite einnimmt, die zweite Spalte zwei Siebtel und die dritte Spalte ein Siebtel.

Zur Geltung kommt ein relatives Spaltenverhältnis aber erst, wenn Sie außerdem eine Breite für die gesamte Tabelle angeben. Im obigen Beispielschema 3 geschieht das durch die Angabe `width="100%"` im einleitenden `<table>`-Tag.

Beachten Sie: `<col>`-Tags dürfen kein Abschluss-Tag haben. Das abschließende `</colgroup>`-Tag ist dagegen optional. Notieren Sie, wenn Sie XHTML-konform arbeiten wollen, das `<col>`-Tag beispielsweise so: `<col width="4*" />`.

Auch das `<col>`-Tag darf das Attribut `span=` erhalten. Dadurch gruppieren Sie jedoch nicht mehrere Spalten zu einer, sondern Sie geben lediglich an, dass Attribute dieser Spalte auch für die nächsten soundsoviel Spalten gelten sollen. Wenn Sie beispielsweise `<col span="3" width="100">` notieren, erhalten diese und die nächsten zwei Spalten die Breite 100 Pixeln.

Das `<colgroup>`-Tag darf die Attribute `span=` und `width=` auch dann enthalten, wenn unterhalb davon `<col>`-Tags definiert werden. Dabei überschreibt die Anzahl der definierten `<col>`-Tags jedoch die Angabe, die mit `<colgroup span=>` gemacht wurde, und das Attribut `width=` innerhalb eines `<col>`-Tags hat Vorrang vor der Angabe `width=` im `<colgroup>`-Tag.

Es ist auch erlaubt, mehrere `<colgroup>`-Tags zu notieren. So können Sie beispielsweise mit `<colgroup width="100" span="3">` und `<colgroup width="50" span="5">` hintereinander notiert insgesamt 8 Spalten für die Tabelle definieren, wobei die ersten drei Spalten eine Breite von 100 Pixeln erhalten und die nachfolgenden fünf Spalten eine Breite von 50 Pixeln.

Für die Breite der Tabellenspalten gelten die gleichen Hinweise wie beim Erzwingen von Spaltenbreiten (Kapitel 8.2.4) auf herkömmliche Weise.

8.1.3 ⬛ HTML 4.0 XHTML 1.0 ⬛ 4.0 N 6.0 Kopf, Körper und Fuß einer Tabelle definieren

Sie können eine Tabelle logisch in Bereiche aufteilen: einen Kopfbereich, einen oder mehrere Datenbereiche und einen Fußbereich. Interessant ist dies zum Beispiel in Verbindung mit der Möglichkeit, Regeln für Gitternetzlinien (Kapitel 8.2.3) zu bestimmen. Beim Ausdruck langer Tabellen sollte der Browser Tabellenkopf und Tabellenfuß auf jeder Seite wiederholen. Ein Beispiel:

```
<!DOCTYPE HTML PUBLIC "-//W3C//DTD HTML 4.01 Strict//EN"
        "http://www.w3.org/TR/html4/strict.dtd">
<html>
<head>
<title>Spalten vordefinieren</title>
</head>
<body>

<h1>Betroffene Menschen</h1>

<table border="1" rules="groups">
    <thead>
    <tr>
        <th>Assoziation 1</th>
        <th>Assoziation 2</th>
        <th>Assoziation 3</th>
```

```
      </tr>
    </thead>
    <tfoot>
    <tr>
      <td><i>betroffen:<br>4 Mio. Menschen</i></td>
      <td><i>betroffen:<br>2 Mio. Menschen</i></td>
      <td><i>betroffen:<br>1 Mio. Menschen</i></td>
    </tr>
    </tfoot>
    <tbody>
    <tr>
      <td>Berlin</td>
      <td>Hamburg</td>
      <td>M&uuml;nchen</td>
    </tr><tr>
      <td>Milj&ouml;h</td>
      <td>Kiez</td>
      <td>Bierdampf</td>
    </tr><tr>
      <td>Buletten</td>
      <td>Frikadellen</td>
      <td>Fleischpflanzerl</td>
    </tr>
    </tbody>
  </table>

</body>
</html>
```

Betroffene Menschen

Assoziation 1	Assoziation 2	Assoziation 3
Berlin	Hamburg	München
Miljöh	Kiez	Bierdampf
Buletten	Frikadellen	Fleischpflanzerl
betroffen: *4 Mio. Menschen*	*betroffen:* *2 Mio. Menschen*	*betroffen:* *1 Mio. Menschen*

8.4: Der Browser ordnet Kopf und Fuß einer Tabelle automatisch an.

Den Tabellenkopf leiten Sie mit <thead> ein (*thead = table head = Tabellenkopf*). Daran anschließend können Sie eine oder mehrere Zeilen der Tabelle notieren, die zum Kopfbereich gehören sollen. Mit </thead> schließen Sie den Tabellenkopf ab (das End-Tag ist bei allen

Elementen für Tabellenkopf, Tabellenfuß und Tabellenkörper optional, aber dringend zu empfehlen).

Bevor Sie einen oder mehrere Tabellenkörper-Elemente notieren, müssen Sie hinter dem Tabellenkopf den Tabellenfuß notieren. Diesen leiten Sie mit <tfoot> ein (*tfoot = table foot = Tabellenfuß*). Daran anschließend können Sie eine oder mehrere Zeilen der Tabelle notieren, die zum Fußbereich gehören sollen. Mit </tfoot> schließen Sie den Tabellenfuß ab.

Einen Tabellenkörper leiten Sie mit <tbody> ein (*tbody = table body = Tabellenkörper*). Daran anschließend notieren Sie den Datenbereich mit einer oder mehreren Tabellenzeilen. Mit </tbody> schließen Sie den Tabellenkörper ab.

Beachten Sie: Wenn Sie mit den Elementen thead, tfoot und tbody arbeiten, müssen Sie immer alle drei Elemente verwenden, und zwar immer in der Reihenfolge thead -> tfoot -> tbody. Die Elemente thead und tfoot dürfen pro Tabelle nur einmal vorkommen, das tbody-Element einmal oder beliebig oft.

8.2 Gestaltung einer Tabelle

8.2.1 HTML 3.2 / XHTML 1.0 / 2.0 / N 1.1 Zellenabstand und Zelleninnenabstand

Sie können den Abstand zwischen den Zeilen und Spalten einer Tabelle in Pixeln bestimmen. Ferner können Sie den Abstand zwischen Zellenrand und Zelleninhalt bestimmen. Ein Beispiel:

```
<!DOCTYPE HTML PUBLIC "-//W3C//DTD HTML 4.01 Strict//EN"
  "http://www.w3.org/TR/html4/strict.dtd">
<html>
<head>
<title>Spalten vordefinieren</title>
</head>
<body>

<h1>Weit auseinander</h1>

<table border="8" cellspacing="10" cellpadding="20">
    <tr>
      <th>Berlin</th>
      <th>Hamburg</th>
      <th>M&uuml;nchen</th>
    </tr>
    <tr>
      <td>Milj&ouml;h</td>
      <td>Kiez</td>
      <td>Bierdampf</td>
    </tr>
    <tr>
      <td>Buletten</td>
      <td>Frikadellen</td>
```